MARIO POSAS Y RAFAEL DEL CID

LA CONSTRUCCIÓN DEL SECTOR PÚBLICO Y DEL ESTADO NACIONAL EN HONDURAS 1876—1979

ERANDIQUE
DEBATES

LA CONSTRUCCIÓN DEL SECTOR PÚBLICO Y DEL ESTADO NACIONAL EN HONDURAS (1876—1979)

MARIO POSAS y RAFAEL DEL CID
©Colección Erandique
Supervisión Editorial: Óscar Flores López
Diseño de portada: Andrea Rodríguez
Administración: Tesla Rodas—Jessica Cordero
Director Ejecutivo: José Azcona Bocock
Primera Edición
Tegucigalpa, Honduras—Septiembre 2025

CONTENIDO

6

INTRODUCCIÓN

Una de las características definitorias del Estado hondureño en su fase actual es la notable complejidad de su estructura administrativa y su creciente intervención en la actividad económica del país, ya no solo para tratar de crear las condiciones generales para la producción y reproducción capitalista mediante la construcción y mejoramiento de obras de infraestructura vial, lo que ha venido haciendo secularmente y que se ha visto acelerado en los últimos años, sino también mediante la creciente intervención económica en la actividad productiva, a través de un conjunto de instituciones descentralizadas, autónomas, que juegan un importante papel en la promoción del crecimiento económico del país, i.e., la Corporación Hondureña del Banano (COHBANA), empresa estatal dedicada a la producción y exportación bananera, renglón productivo secularmente controlado en forma casi exclusiva por las empresas bananeras norteamericanas, la Corporación Hondureña de Desarrollo Forestal (COHDEFOR), que ejerce control sobre la explotación de los bosques y la exportación de madera en el país, la Corporación Nacional de Inversiones (CONADI), que junto al Banco Nacional de Fomento, actúan como organismos inversores del Estado en la producción agroindustrial y manufacturera. Se trata, en general, de un conjunto de instituciones, de autonomía administrativa, cuya funcionalidad recoge un estudio realizado en el ámbito centroamericano al observar que "muchos países en desarrollo se han valido en gran medida de empresas públicas como instrumentos de desarrollo económico, en particular para establecer una infraestructura, en parte para acelerar el crecimiento económico de sectores, en que los inversionistas y las empresas privadas no podían o no querían actuar, y en parte también para llevar a cabo planes políticos y económicos generales"[1].

Asimismo, el Estado hondureño ha ido asumiendo crecientes responsabilidades, que se expresan institucionalmente, en la reproducción y calificación de la fuerza trabajo cuyo valor de uso consume el capital. Algunas de estas instituciones aparecen englobadas en el área de la política social del Estado. La Junta Nacional de Bienestar Social, que opera con un criterio asistencialista y el Instituto Nacional de Formación Profesional (INFOP), encargado del adiestramiento de

---

[1] ICAP, Recursos Humanos. El Sector Público y su Situación Actual en Centroamérica. San José, 1968, pág.4.

mano de obra calificada para uso del capital, son un ejemplo de lo planteado líneas arriba. Estas y las funciones que tradicionalmente ha venido desempeñando el aparato estatal, integración política del país, la actividad represiva, quedan definidas a partir de la necesidad de crear las mejores condiciones para la reproducción ampliada del capital, mantener la dominación de ciertas clases y fracciones de clase sobre el conjunto de la sociedad y del requerimiento de reproducir la naturaleza de las relaciones sociales dominantes y generar un cierto consenso sobre la legitimidad del orden social vigente, así como estabilizar y orientar en un sentido menos cuestionador la posibilidad de desafío político que pueda implicar la movilización de las clases subalternas, para tal sistema social de dominación.

Desde el punto de vista teórico (formulo de manera sucinta esta problemática teórica. Para un desarrollo más amplio remito a J. Hirsch, J. Lojkine, E. Altvater, y I. Gough, de los cuales he tomado las ideas que aquí reproduzco)[2], tal diferenciación institucional del aparato estatal es explicable dentro de los marcos de la funcionalidad que asume el Estado en las formaciones sociales capitalistas, funcionalidad que tiene un contenido histórico y dialéctico, determinada en cada momento por los requerimientos de la acumulación capitalista y del nivel de la lucha de clases.

El Estado capitalista, que es un Estado de clase, a pesar de la ficción jurídica de pretender ser el representante del conjunto de la población, lo que, sin embargo, lo obliga a hacerse cargo en cierta medida de los intereses de las clases dominadas y explotadas, tiene como "función" esencial el mantenimiento y reproducción en escala ampliada, de las relaciones de producción dominantes, creando no sólo los mecanismos ideológicos de su legitimación, sino también interviniendo activamente sobre la base económica.

El Estado es, pues, el agente político sobre el cual descansa no solo la cohesión ideológica de la sociedad, sino también la reproducción económica del sistema social de dominación. Desde este punto vista la creación de las condiciones materiales para la reproducción ampliada del

---

[2] Cf. Altvater, Elmar, Notas sobre algunos problemas del intervencionismo del Estado. Ian Gough, Gastos del Estado en el Capitalismo Avanzado, ambos en Heinz Rudolf Sonntag y Héctor Vallecillos (editores). El Estado en el Capitalismo Contemporáneo, Siglo XXI Editores, México, 1977. Jean Lojkine, Contribución a una teoría marxista de la urbanización capitalista en Estudios Sociales Centroamericanos, número 15, San José, septiembre—diciembre de 1976. Joachim Hirsch, Observaciones Teóricas sobre el Estado Burgués y su Crisis en Nicos Poulantzas, et. al. El Marxismo y la Crisis del Estado, Universidad Autónoma de Puebla, México, 1977.

capital, así como la absorción de aquellas áreas productivas o de servicio que no resultan rentables para el capital, son proveídas por el Estado. "La intervención económica" del Estado, desde la creación de "condiciones materiales generales para producción" hasta la garantía de la reproducción de la fuerza de trabajo, etcétera, es en consecuencia, parte integrante de la consolidación de la dominación burguesa. La dominación siempre significa, a la vez, represión de clases y garantías del proceso de reproducción material. Esto se expresa, en las condiciones capitalistas, por una determinación de forma específica, como "intervención" de una instancia coercitiva ubicada fuera del proceso de reproducción material, instancia que bajo esta forma está esencialmente organizada de una manera reactiva con relación a la acumulación y a la lucha de clases"[3].

La acción estatal es, pues, de manera esencial, reflejo condensado de la lucha de clases, de tal suerte que la acción política del Estado permite al sistema capitalista en su conjunto resolver un conjunto de contradicciones que genera el desarrollo capitalista y que los capitalistas individuales no pueden resolver por sí mismo. "La forma institucional concreta y el modo de acción del Estado —explica un autor— están determinados por la estructura (que resulta de las condiciones funcionales del ejercicio de la dominación burguesa) de las relaciones de clases y por "las relaciones de fuerza establecida en la lucha de clases"[4].

El Estado como agente político de la burguesía, es una entidad diferente de los capitalistas individuales y posee una "autonomía relativa" en relación con la clase cuyos intereses representa y gestiona. Tal autonomía relativa ayuda a comprender el carácter contradictorio de algunas medidas políticas estatales, que a corto plazo aparecen como oponiéndose a las clases o fracciones de clase, cuyos intereses representa y gestiona el Estado, pero que, en una perspectiva más dilatada, contribuyen al mantenimiento de la naturaleza de las relaciones de producción que dan el carácter distintivo a la formación social de que se trata.

Sin embargo, no hay que concebir la clase capitalista como un bloque homogéneo. Un conjunto de clases y fracciones de clase se estructuran en el Estado en un "bloque de poder", "caracterizado por contradicciones internas y relaciones de hegemonía, cuya cohesión y capacidad de acción política deben estar organizados por una instancia formalmente separada de las fracciones de clases, de las clases

---

[3] J. Hirsch, op. cit. pág. 126
[4] Ibidem, pág. 122

dominantes, o sea por el Estado"[5]. Si el Estado organiza las clases y fracciones de clase dominantes, intentará al mismo tiempo mantener desorganizadas y confundidas ideológicamente a las clases subalternas.

En las formaciones sociales periféricas, de todas maneras, la funcionalidad que va asumiendo el Estado capitalista debe ser pensada en el marco de la compleja red de determinaciones que introduce su articulación al sistema internacional capitalista y a la lógica política y de acumulación capitalista de los centros de poder imperialista. Sin esta variable teórica, las transformaciones que ocurren en los aparatos estatales del capitalismo periférico resultan un tanto difíciles de ser comprendidas.

Como ha podido verse, empleamos concepción restringida del Estado, la que lo reduce esencialmente al aparato institucional, es decir, el Estado concebido como poder político institucionalizado, integrado por el Ejecutivo, la administración central del Estado, las fuerzas militares y policiales, el aparato judicial y legislativo y el gobierno subcentral. Otras instituciones, consideradas usualmente como privadas y que forman parte del Estado en un sentido amplio, que actúan como generadoras de hegemonías[6], no serán consideradas aquí. Se trata de ese conjunto de instituciones que algunos autores engloban bajo el nombre genérico de aparatos ideológicos del Estado (escuelas, partidos políticos, medios de comunicación colectiva, etcétera). (Poulantzas). Cuando alguno de estos elementos interviene en nuestro análisis, los partidos políticos, por ejemplo, lo serán a título de portadores de proyectos políticos clasistas, expresando alianzas políticas de clase y asumiendo posiciones en la búsqueda del control del aparato estatal.

Como quiera que sea, en este trabajo, al tiempo que se intenta trazar una imagen general de la economía y sociedad en que se desarrolla el contenido superestructural de la actividad estatal, se pretende captar la dinámica de las transformaciones institucionales en la administración pública (en este trabajo se usan indistintamente aparato estatal, administración pública y sector público), así como la posibilidad de implementar la realización de la funcionalidad que demandan al Estado los intereses de las clases dominantes y la reproducción del carácter de la formación social, cuya responsabilidad queda en último análisis en manos del Estado, como agente político de la dominación burguesa.

Es decir, que se intenta captar cómo el aparato institucional del Estado se va diferenciando y cómo se adapta a las exigencias de la

---

[5] Ibidem, pág. 127
[6] Giuseppe Tamburrano, Antonio Gramsci, Sugar Co. Edizioni, Milano, 1977, pág. 276 y ss. (primera edizioni, 1963).

formación social y de las clases y grupos sociales que se enfrentan en ella.

Metodológicamente, se pretende a partir del estudio de la formación social, de la dinámica de las clases y desde una perspectiva histórica un tanto explicativa, determinar cómo se va configurando funcionalmente el Estado capitalista hondureño, sus transformaciones institucionales, así como el énfasis de la actividad institucional del Estado y la definición de sus prioridades, lo que está determinado, en último análisis, por las características que asume la dinámica contradictoria de las clases y grupos sociales que se enfrentan en la escena política, de la naturaleza de sus proyectos políticos y económicos que se verán sobre determinados por la dialéctica compleja de factores externos o internos de la dinámica social.

El trabajo por realizar no admite otra opción. Debe tratarse de un esfuerzo de investigación de naturaleza esencialmente exploratoria, que nos permita esbozar una imagen pertinente de la paulatina consolidación del aparato estatal desde finales del siglo pasado hasta el presente y de la dinámica de las transformaciones institucionales que este va sufriendo para asumir las funciones que demanda el desarrollo capitalista del país y moderar las contradicciones que este va generando.

Para los propósitos de este estudio, han de distinguirse tres grandes períodos históricos, señalados por importantes cambios políticos que a su vez significan importantes transformaciones estructurales que permiten la comprensión de los cambios institucionales que se van operando en el aparato estatal. Un primer período (1876—1948), se inicia con el régimen político de Marco Aurelio Soto, promotor del proceso de la reforma liberal en Honduras, y concluye con el final de la dictadura cariista. En general, se trata de un período de consolidación del aparato estatal de la legitimación de un poder centralizador, que se ve continuamente desafiado por las tendencias centrífugas del caudillismo local y regional. Durante este período, la diferenciación del aparato estatal es apenas considerable. Un segundo período histórico, es el comprendido entre 1949 y 1972. Este se abre con el régimen modernizante de Juan Manuel Gálvez y concluye con el fracaso del experimento bipartidista liderado por Ramón Ernesto Cruz. En términos de los propósitos de esta investigación, se trata de una etapa de sumo interés, testigo de un importante crecimiento y diferenciación funcional del aparato estatal. Durante este período aparece claramente expresada en forma institucional la cuestión social y se inicia la creciente militarización del poder político del país. Un tercer período, desde finales de 1972 hasta hoy día, que se inicia con uno de los más importantes experimentos de reformismo militar en el país, marca un notable crecimiento del aparato institucional del Estado. Este relativamente fugaz reformismo militar ha ido dando paso a un creciente proceso de autoritarismo militar, sin que ello signifique que el proceso de diferenciación y crecimiento del aparato estatal se haya detenido.

CAPÍTULO I: CAPITALISMO AGRARIO, ESTADO Y DOMINACIÓN EXTRANJERA (1876—1948)

El aparato institucional del Estado capitalista hondureño experimenta un momento fundamental en su proceso de consolidación a partir de 1876 con el advenimiento del régimen político liderado por Marco Aurelio Soto y Ramón Rosa, portavoces de la ideología liberal y de la modernización capitalista de la estructura económica y social del país. Su gestión política constituye, por tanto, un buen punto de partida para trazar la evolución del aparato institucional del Estado. Un primer período de este proceso histórico debe concluir a finales de 1948, cuando llegue a su término la dictadura cariísta (1933—1948). En este período histórico (1876—1948) corresponde a una larga fase de consolidación del Estado hondureño y de subordinación de las tendencias centrífugas que conspiran contra la centralización del poder estatal. Se trata de un período histórico en que predomina un estilo de dominación política excluyente, basado en el consenso no activo de las clases subalternas y garantizado en el uso de la violencia institucional del Estado. El final de esta etapa marca el inicio de una fase histórica caracterizada funda— mentalmente por la creciente intervención del Estado en la promoción directa del desarrollo capitalista del país, más allá de los simples estímulos jurídicos e instituciona— les, que constituyen la nota característica del espacio histórico que ahora estudiamos.

IDEOLOGÍA LIBERAL, DESARROLLO CAPITALISTA Y POLÍTICA ESTATAL

De toda suerte, hacia mediados de la década de 1870, por señalar un límite cronológico, no se ha logrado establecer una sólida economía de exportación que ligue al país al mercado internacional capitalista, como ya lo han logrado otras naciones de América Latina. Si bien existen por entonces en Honduras algunas actividades de exportación, no serán suficientemente significativas para constituir una sólida economía exportadora. Esto último alude, sobre todo a las exportaciones ganaderas que parecen haber alcanzado cierta importancia a partir del siglo XVII, aunque su real significación en el comercio exterior hondureño aún espera ser estudiada. Como bien ha dejado anotado Héctor Pérez Brignoli, que ha incursionado en el siglo XIX hondureño, "los ciclos de exportación, que caracterizan la economía hondureña desde el siglo XVI hasta fines del siglo XIX, son, todavía hoy, mal conocidos. Fuera de la exportación de plata de los siglos XVI y XVII, que parece completamente dominante, no existe, hasta el auge bananero, un producto que caracterice a la exportación, como es el caso del azúcar de caña, el añil, el cacao o el algodón, en otros países latinoamericanos.

Desde el siglo XVII, la región de Olancho parece convertirse en una floreciente zona ganadera, productora para el mercado de Guatemala y las ferias de San Miguel de la Frontera, mientras que los llanos de Copán se convierten en abastecedores de tabaco. Añil, grana y zarzaparrilla constituyen los otros productos que se exportan, aunque siempre en pequeñas cantidades. Los cortes de madera en el Atlántico son efectuados por ingleses, estrechamente vinculados a Belice, desde la segunda mitad del siglo XVIII, y ningún esfuerzo de los españoles, aún con la energía de un Matías de Gálvez, logró desalojarlos, salvo ocasionalmente. Las minas de plata y oro siempre estuvieron en explotación, conociendo períodos de auge y decadencia. Sin embargo, las riquezas mineras de Honduras, que sin duda existían, engañaron a más de un iluso, y estuvieron lejos de los esplendores del Potosí o de Minas Gerais. Su explotación parece condicionada por el precio internacional de la plata, que solo al ser suficientemente elevado, justificaba las dificultades de explotación y el costo del transporte"[1].

---

[1] Héctor Pérez Brignoli, Economía y Sociedad en Honduras durante el siglo XIX. Las Estructuras Demográficas en Estudios Sociales Centroamericanos, número 6,

De todas maneras, ninguna de estas actividades productivas logró generar una sólida y vigorosa economía de exportación. Son obstáculos de primera importancia las dificultades que trae consigo una topografía difícil, el alto costo de los transportes, así como la ausencia de capitales productivos. Dicho en términos de un funcionario oficial "La falta de capital para la implantación de empresas agrícolas e industriales, la diseminación de los pueblos, el territorio relativamente inmenso y lo benigno de nuestro clima tropical, hace a cada propietario de un girón de tierra señor feudal, que se conforma con llevar una vida miserable y apartada del movimiento social"[2]. Es dentro de este panorama económico y social, que se desarrolla la actividad, tanto político e institucional del Estado liberal, a que nos referimos a renglón seguido.

En agosto de 1876, con el apoyo de los gobiernos de Guatemala y El Salvador —principalmente del primero—, Marco Aurelio Soto asume la dirección de los asuntos del Estado, iniciando la promoción de un proceso de reformas liberales (burguesas) bajo el modelo y la influencia de las transformaciones que en este sentido se producen en Guatemala, Soto y Ramón Rosa, su ilustrado ministro, principales ideólogos del reformismo liberal hondureño, habían sido altos funcionarios del régimen liberal de Barrios en Guatemala, Soto asume el control del Ejecutivo en el marco de una profunda inestabilidad política, de un Estado generalizado de agitación. Luego de un esfuerzo de pacificación, Soto inicia un proceso de reformas institucionales y de impulso a la actividad económica, en el sentido de crear las condiciones generales para el desarrollo capitalista del país e integrarlo al esquema de división internacional del trabajo que el desarrollo del capitalismo mundial va creando como opción a los países periféricos, al tiempo que promueve un conjunto de medidas para la integración política de la nación.

De los regímenes políticos[3], inmediatamente anteriores al de Soto, hay que llamar la atención sobre el de José María Medina (1863—1872), durante el cual se observan un importante conjunto de modificaciones estructurales e institucionales que deben ser tenidos en cuenta. Medina

---

septiembre/diciembre, 1973, pág. 52

[2] Informe de la Secretaría de Hacienda, 1888, pág. 25.

[3] Para el bosquejo de los regímenes políticos que se hacen en este trabajo he usado ampliamente a Félix Salgado, Compendio de Historia de Honduras. imprenta El Sol, Comayagüela, 1928, así como otras obras de la historia política, institucional y militar, elaboradas por la historiografía tradicional, que me han resultado de suma utilidad. De inestimable valor es el libro, —concebido en la tradición del government anglosajón—, de William S. Stokes. Honduras, An Area Study in Government. The University of Wisconsin Press Madison,1950.

convoca a la Asamblea Nacional Constituyente que deroga la Constitución Política de 1848, emitiendo en su lugar la de 1865, en que por primera vez, desde el punto de vista jurídico, se concede al país la nominación de República; se suprime el sistema legislativo bicameral implantado por Juan Lindo (1846—1852) a quien también se debe la instauración del período presidencial de cuatro años, que se mantendrá en vigencia hasta 1936, cuando se extiende a seis años y se reinstaura el sistema legislativo unicameral. Durante el régimen de Medina, el Congreso Nacional (Parlamento) emite un conjunto de leyes: de Organización de la Educación Primaria, de creación de una Policía Rural, una Ley de Inmigración, de Gobernación, de Justicia y se dicta la Ley de Hacienda, que establece la estructura administrativa, que, sin modificaciones fundamentales, ha de operar el régimen hacendario en el país durante buena parte del siglo XIX y las primeras décadas del presente siglo. Por otra parte, la necesidad de proveer a la integración política del país y de crear condiciones para la circulación de mercancías y la incorporación a las corrientes del comercio internacional, además de cuestiones geopolíticas que derivan de un paso interoceánico de interés para las potencias que se disputan la hegemonía del área: Inglaterra y Estados Unidos, llevan a Medina a iniciar la construcción de un ferrocarril interoceánico, para lo que contrae varios empréstitos en Londres y París (1867, 1869 y 1870).

El proyectado ferrocarril interoceánico apenas alcanza 53 millas, partiendo de Puerto Cortés, en el Mar Caribe[4]. La deuda adquirida, teñida por el robo y la especulación, fue considerable (seis millones de libras esterlinas) y su gravitación sobre la situación financiera del país, como veremos, será notablemente significativa. El establecimiento del "orden público" y la creación de un aparato estatal centralizado con predominio del Ejecutivo, será una de las preocupaciones de su régimen, Son especialmente comentadas por los autores que se han dedicado a escribir sobre la historia política e institucional del país, sus "pacificaciones", en que sometió a sangre y fuego, a sus enemigos políticos. Medina, que se perpetúa en el ejercicio del Ejecutivo mediante una reforma a la Constitución Política de 1865, será desalojado de la dirección del aparato estatal bajo la presión militar de los regímenes de Guatemala y El Salvador que, junto a Nicaragua, van a jugar durante la

---

[4] Sobre el proyectado ferrocarril interoceánico y las irregularidades de los empréstitos realizados véase Adolfo León Gómez, El Escándalo del Ferrocarril, Ensayo Histórico, Tegucigalpa, 1978, y Gene Sheldon Yeager. The Honduran Foreing Debt, 1825—1953. Ph,D. Dissertation, Tulane Univeraity 1975, published by University Microfilms Internatioal Ann Arbor, Michigan

segunda mitad del siglo XIX y aún en las primeras décadas del actual, un verdadero papel de árbitros interventores en la vida política del país. A Medina suceden en el marco de un período de relativa inestabilidad política y de continuas guerras civiles, Céleo Arias (1872—1874) y el general Ponciano Leiva (1874—1876).

En 1876, el general Medina se ve comprometido en una guerra civil para conquistar, nuevamente, la dirección del aparato estatal, pero esta vez la clara decisión del régimen guatemalteco de seleccionar a Soto como nuevo gobernador hondureño marca el nuevo rumbo que asume la vida política nacional.

El régimen encabezado por Marco Aurelio Soto (1876—1883) realiza un conjunto de transformaciones jurídico—institucionales de gran importancia. Formula el Código Civil, Penal, Criminal, de Minería y Comercio. Emite la moderna Constitución de 1880. Dicta la Ley de Organización Militar y con la ayuda de militares caribeños organiza el Ejército. En general, seculariza los bienes de la iglesia y de las comunidades religiosas, los cementerios, el matrimonio y la educación primaria, que convierte en obligatoria y gratuita. Inicia la construcción de la carretera del sur que ligará la zona centro—oriental, minera por excelencia, con los puertos del Pacífico. Reestructura el Correo Nacional y crea una red telegráfica para integrar los distintos puntos geográficos del país. Consolida la deuda y presta atención preferentemente a la generada por el frustrado ferrocarril interoceánico. "El malhadado asunto del ferrocarril que ha traído al país deshonra y descrédito que no merece —señalan los ideólogos de la reforma liberal—; no solo afecta los actuales intereses de la República, sino también y lo que es más grave, los intereses del porvenir. Sabido es que el porvenir próspero de los países centroamericanos y, en particular de Honduras, se cifra en el crédito exterior y esto no es posible mientras no se dé una solución satisfactoria y honrosa al negociado del ferrocarril"[5].

El régimen de Soto organiza el sistema monetario, aumenta los ingresos fiscales y delinea una clara política de promoción un producto agrícola de exportación que ligue al país a los circuitos del comercio internacional capitalista. En este sentido, crea ventajas arancelarias para la producción de algunos productos agrícolas (tabaco, café azúcar de caña), suprime los diezmos que gravitan pesadamente sobre la agricultura y crea fáciles condiciones para el acceso a la propiedad de la

---

[5] Citado por Ramón Oquelí en las notas de un trabajo sobre la reforma liberal inédito y que permanece inconcluso. Agradezco al autor su gentileza por permitirme usarlo.

tierra. "Digna es la industria agrícola de fijar vuestra atención", apunta la Memoria de Fomento, Agricultura y Comercio de 1879, al dirigirse al Parlamento. "Hoy el comercio del país —continúa— se sostiene casi artificialmente. Un país cuya exportación de productos agrícolas y manufacturados no es equivalente o superior a la importación de los artículos o efectos que consume, no puede estar económicamente, en condiciones regulares; no puede tener un comercio próspero que descanse sobre sólidas bases. Honduras, por largo tiempo —se concluye— no podrá ser un país manufacturero; tiene que ser, por sus elementos y por las aptitudes de sus habitan— tes, un país esencialmente agrícola. Se necesita, pues, a todo trance, proteger y desarrollar la agricultura"[6].

La nueva funcionalidad del Estado promotor queda claramente expresada en el artículo 25 de la Carta Magna. "El Estado proveerá todo lo conducente al bienestar y adelanto del país fomentando el progreso de la agricultura, de la industria y del comercio; de la inmigración, de la colonización de tierras desiertas, y de la construcción de caminos y ferrocarriles de planteamientos de nuevas industrias y del establecimiento de instituciones de crédito; de la importación de capitales extranjeros y de la explotación y canalización de los ríos y lagos, por medio de leyes protectoras de estos fines, y de concesiones tempo— rales de privilegios y recompensas de estímulo".

De todas maneras, los esfuerzos del régimen liberal de Soto no resultan exitosos en la creación de un modelo de desarrollo capitalista, agrícola y dependiente. Conspiran contra ello, una nación geográficamente accidentada que dificulta la comunicación interregional, la relativa escasez de obras de infraestructura vial, la ausencia de fuentes de acumulación de capital precedente, además de la pesada carga que representa para Honduras la deuda del frustrado ferrocarril interoceánico que bloquea al país las posibilidades de crédito internacional, con el cual el Estado pudiera estimular financiera y crediticiamente la actividad productiva agrícola, lo que solo podrá realizar, en condiciones históricas diferentes a partir de la década del 50 del presente siglo.

Como quiera que sea, Soto, siendo un empresario minero, crea, sin embargo, las condiciones para hacer del país un exportador de minerales preciosos, al pactar con optimismo liberal, con el capital extranjero, particularmente norteamericano, para la exportación de los recursos

---

[6] Memoria de Fomento, Agricultura y Comercio, 1879, reproducido por Héctor Pérez Brignoli. La Reforma Liberal en Honduras, Cuaderno de Ciencias Sociales No.2, Editorial Nuevo Continente, Tegucigalpa, 1973, pág. 50.

mineros del país. Como explica el presidente Soto, en tono justificativo: "Esta industria (refiriéndose a la minería MP) que ha estado casi muerta en la República, no podía reanimarse y robustecerse con los elementos del país. Los capitales que se empleaban eran sumamente escasos y los procedimientos usados obedecían a antiguas y atrasa— das rutinas. Las compañías extranjeras establecidas demostrarán que, con capitales suficientes, científica explotación, trabajo y perseverancia, el laboreo de minas en la República puede dar todos los provechos de una gran industria nacional. Conocida por el extranjero la riqueza nacional, espontáneamente, vendrán a nuestro suelo inmigrantes laboriosos y considerables capitales. Honduras recibirá una corriente fecunda de progreso y de civilización... Sé, por experiencia, que ninguna empresa útil puede establecerse y desarrollarse en el país sin el apoyo decidido de la autoridad y menos la industria de explotación de minas, que en todas partes tiene que vencer mayo— res dificultades que las que se oponen al establecimiento de las demás industrias. Juzgo que las concesiones hechas darán aliento a los trabajos de minería y atraerán del exterior benéficas empresas"[7].

En efecto, bajo la generosa política concesionaria de Soto y su inmediato sucesor, Luis Bográn, las actividades mineras controladas fundamentalmente por capital extranjero (norteamericano, inglés y en menor proporción francés), que introducen moderna tecnología para el laboreo de las minas, tendrán un período de auge, que hacen del país un exportador de minerales[8].

Hacia finales del siglo XIX, la actividad minera del país ha decaído notablemente. Muchas de las empresas extranjeras se han inmovilizado agobiadas por problemas financieros, por la baja del precio de la plata, por la propia riqueza de los depósitos mineros no siempre tan abundante e incluso afectadas por la inestabilidad política que acusa el país a inicios

---

[7] Citado por Charles A. Brand. The Background of Capitalistic Underdevelopment: Honduras to 1913. Ph.D Dissertation, University of Pittsburg, 1972. pág. 91, published by University Microfilms International, Ann Arbor, Michigan.

[8] U n excelente estudio sobre la Rosario Mining Company y otras empresas mineras hacia finales del siglo XIX, puede encontrarse en Kenneth Finney, Precious Metal Mining and the Modernization of Honduras. In Quest of El Dorado (1880—1900). Ph. D. Dissertation, Tulane University, 1973, published by University Microfilms International, Ann Arbor, Michigan. Es solo en 1902 que las exportaciones bananeras superan por primera vez a las exportaciones mineras. Entre los años 1910 y 1929, época del auge bananero, el valor de las exportaciones bananeras, se duplica el valor de las exportaciones mineras. Cf. Gene Sheldon Yeager. Honduras, Transportation and Communication Development: The Rise of Tegucigalpa, 1876—1900. Thesis Master of Arts, Tulane University, 1972, pág. 103

de la década de 1890. De entre el núcleo extenso de empresas extranjeras que explotan riquezas mineras en el país sobresale la Honduras and Rosario Mining Company, de la cual el propio presidente Soto será uno de sus asociados, cuya actividad se inicia a principios de 1880 explotando, con moderna tecnología, la mina de San Juancito en las cercanías de Tegucigalpa, ciudad que durante el régimen de Soto se convierte en la capital del país, desplazando a la vieja Comayagua.

El régimen concesionario que ampara a la Rosario Mining Company incluye libre derecho de importación para todo el equipo requerido en la exportación minera, así como exenciones sobre el pago de todo tipo de impuestos, excepto los municipales. A cambio de ello, la empresa minera se compromete con el gobierno a mantener una guarnición militar "para asegurar el orden en el mineral de San Juancito", a proveer los servicios de un hospital para la "asistencia gratis de sus empleados operarios sean nacionales o extranjeros por accidentes o enfermedades en general". "Para el sostenimiento de dicho hospital —se señala—, la compañía podrá deducir a sus empleados y jornaleros el 2% de sus respectivos sueldos y salarios, siempre que consintiesen en ello". Por la concesión de 1920, la Rosario Mining Company se compromete a construir, o más bien, reconstruir la cañería que surte de agua la capital con todas sus obras de mampostería y demás anexidades hasta entregar la obra en condiciones apropiadas para prestar un servicio eficiente de agua en Tegucigalpa y Comayagüela, con doble capacidad al que ahora existe y proporcionar la fuerza motriz necesaria para energía eléctrica. A partir de la concesión de 1940, la Rosario Mining Company deberá pagar el 7% de sus utilidades netas a lo que estarán obligadas todas las empresas mineras existentes en el país después de 1939. Como puede verse, las concesiones que se otorgan a la Rosario para la explotación de la mina de San Juancito son renovables cada 20 años, lo que debe ser contrastado con las que se conceden a las compañías bananeras a las que nos referiremos más adelante.

Sobre los beneficios que percibe el país de la explotación minera resultan notablemente ilustrativas las observaciones realizadas por Julio Lozano Díaz, en un escrupuloso estudio publicado a inicios de 1938: "Principia el Estado por conceder el dominio de una zona minera mediante el pago de un pequeño impuesto anual; luego, otorga al interesado una concesión, por un determinado número de años, eximiéndolo del pago de todo impuesto establecido y por establecer sobre su capital sobre sus rentas y sobre todas sus propiedades. Le otorga además el privilegio de importar al país, libre de todo gravamen, su maquinaria y materiales necesarios para el funcionamiento de su empresa y le concede la franquicia de extraer y exportar, libre también de todo impuesto, los productos de sus minas. En esta forma favorece el Estado al capital que llega a Honduras a dedicarse a la industria minera. En cambio, el Estado ha tenido que conformarse con el trabajo que esa industria proporciona al operario local y con alguna obra pública que el concesionario se obliga a ejecutar, cuyo valor distribuido entre el número de años que corresponden a su concesión, con relación a las utilidades que obtiene el capital, resulta en una participación casi insignificante para el Estado, con fuerte sacrificio para el tesoro público, en beneficio directo de aquellos que aportan su contingente económico. Los sueldos y salarios que pagan las empresas mineras aún en su estado de mayor florecimiento, a los hijos del país, han llegado a un límite mínimo indispensable para la subsistencia del empleado y operario. Por otra parte, los dividendos que perciben los accionistas han alcanzado su mayor porcentaje en la historia de esas compañías, En consecuencia, el país de donde procede el capital logra mayores rendimientos que aquel que suministra el trabajo, sacrifica sus rentas y agota sus recursos naturales"[9].

Hacia 1937, año de notables ganancias, la Rosario Mining Company mantenía una plantilla de un poco más de mil personas. En total, se empleaban 1,051 trabajadores, de los cuales, 1,012 eran hondureños que recibían un salario se US$ 1.47 al día, los otros 39 empleados eran extranjeros que, por jornada laboral, ganaban US$ 9.22 aproximadamente[10]. La Rosario Mining Company concluye la explotación de la mina de San Juancito en 1954, no sin antes haber iniciado la explotación de un nuevo yacimiento en El Mochito, departamento de Santa Bárbara (1948) que en la actualidad es la principal área de operaciones de esta multinacional minera en el país.

De cualquier manera, el proyecto de reformas burguesas (liberales) iniciado por Soto, mantiene relativa continuidad bajo los regímenes políticos del general Luis Bográn y de Policarpo Bonilla, para luego ir agotándose en los gobiernos posteriores.

Bográn (1883—1891) da un importante impulso a la actividad minera al igual que su predecesor y continúa el esfuerzo de Soto en la construcción de obras de infraestructura vial que comuniquen las zonas mineras con los puertos sureños, es decir San Lorenzo y Amapala, por entonces los principales centros de actividad portuaria nacional. "El gobierno está convencido que —puntualiza Bográn sin buenos

---

[9] Julio Lozano Díaz, La Industria Minera en Honduras protegida por el Estado, reproducido en Revista Ariel, octubre, 1970, pág. 15
[10] Ibidem, pág. 16.

caminos—, es poco menos que imposible atraer la inmigración extranjera que pueble nuestros desiertos, empresarios inteligentes y ricos que exploten nuestros riquísimos minerales y otros productos no menos valiosos de nuestro suelo y, por consiguiente, ha dado al ramo de caminos su preferente atención"[11].

Para Bográn, como para Soto y otros que en adelante han de dirigir la gestión política de los asuntos del Estado, la inversión extranjera y una amplia política concesionaria estatal, se convierten en las llaves maestras del desarrollo económico del país. Romper con la rutina y entrar resueltamente en el ancho campo de la política económica, abriendo el país a las empresas del progreso moderno —explica Bográn—, "ha sido el objeto primordial de mi Gobierno y la razón fundamental que ha tenido para las diversas contra— tas y concesiones sobre minería, agricultura, caminos, carreteras y ferrocarriles. En estos aspectos, el gobierno ha sido liberal y ha debido serlo. Para que el capital extranjero venga a radicarse en este país desértico, inculto y anárquico —enfatiza—, debe ser halagado con la esperanza de pingües ganancias"[12].

Hacia finales de la década de 1880, en plena gestión política de Bográn, la reducida burocracia civil[13] o militar que mantiene en funcionamiento el aparato central del Estado, se encuentra distribuida en un conjunto de secretarías (o ministerios) que se agrupan así: Gobernación, Justicia e Instrucción Pública, Relaciones Exteriores, Hacienda y Crédito Público, Guerra y Fomento. El resto de los funcionarios estatales se localiza en el Parlamento (Congreso Nacional) y en el conjunto de cortes judiciales que van desde la Corte Suprema de Justicia hasta los juzgados de letras, pasando por las cortes de apelaciones, así como en las escalas locales y regionales de poder: alcaldías y gobernaciones[14].

A la salida de Bográn de la dirección de los asuntos del Estado, se abre un período de tremenda inestabilidad política, ligado a las actividades políticas de Policarpo Bonilla, que luego de un prolongado periodo de guerra civil, accede finalmente a la dirección del Ejecutivo. En efecto, Bográn será sustituido por su exministro de guerra, el general Ponciano Leiva (1891—1893), candidato oficial que derrota a Bonilla,

---

[11] Ch, Brand, op. cit., pág. 217.
[12] Ídem
[13] Como señala Brand, hacia finales del siglo XIX, la oficina del Ejecutivo y sus variados ministerios, mantenían un promedio de cuatro a cinco empleados, que incluían el ministro, un oficial mayor y dos secretarios, Ch. Brand, op, cit., pág.210. Véase además las páginas 58 y 59.
[14] Cf Antonio R. Vallejo. Primer anuario estadístico, 1889, pág. 201 y ss,

jefe del Partido Liberal, en las elecciones virtualmente fraudulentas de 1891. Leiva se verá obligado a defender su gobierno de los ataques de los liberales adictos a Bonilla, quienes cuestionan la legitimidad de su régimen. 1892, el primer año del gobierno de Leiva, estará asignado por las guerras civiles en que debe comprometerse para defenderlo. (Terencio Sierra y Leonardo Nuila, entre otros, encabezan sublevaciones contra el gobierno de Leiva ese año). Por su parte, Leiva, en la búsqueda del restablecimiento de la paz interior deposita provisionalmente la presidencia del país en su ministro de guerra Rosendo Agüero, quien también tendrá que enfrentar la oposición armada de los seguido— res de Bonilla. Luego de un poco más de dos meses de estar dirigiendo el aparato institucional del Estado (febrero a abril de 1893), Agüero deposita la dirección del Ejecutivo en el general Domingo Vásquez, quien luego de la renuncia definitiva del general Leiva en agosto de 1893, mediante un proceso eleccionario de un solo candidato, se convierte en el "presidente constitucional de la República" en septiembre de ese año. Durante el breve régimen de Vásquez, se decreta la creación de los departamentos de Cortés (4 de julio de 1894), con su cabecera departamental, San Pedro Sula y el departamento de Valle el 11 de julio de ese mismo año. Vásquez eleva a "puerto mayor de la República" a La Ceiba, reconociendo con ello el potencial económico de la que se perfila como la "capital" del floreciente negocio bananero. En 1902, al ser creado el departamento de Atlántida, La Ceiba se convertirá en su cabecera departamental. Sin embargo, el gobierno de Vásquez no podrá resistir la ofensiva dirigida personalmente por Bonilla, caudillo y líder máximo del Partido Liberal, que contará para ello con el apoyo del régimen nicaragüense de José Santos Zelaya, a quien Vásquez imprudentemente ha declarado la guerra.

El régimen de Policarpo Bonilla (1894—1899), destacada figura del pensamiento liberal hondureño e importante ideólogo de la unidad centroamericana, continúa la obra de Marco Aurelio Soto, el gran reformador liberal, más en el sentido de adecuar el régimen jurídico existente a las necesidades del desarrollo capitalista que en la realización de obras de "progreso material". Bonilla reforma los Códigos Civil, Penal, de Comercio, de Minería y de Procedimientos armonizándolos con la Constitución Política de 1894, importante documento jurídico e institucional que, entre otras cosas, crea el Tribunal Superior de Cuentas, la Fiscalía General de Hacienda, la autonomía municipal, la Ley de Imprenta, del Estado de Sitio, de Amparo, de Elecciones y de Agricultura. Bonilla, que estructura un régimen de relativa estabilidad política realiza, incluso, el juego demoliberal de entregar personalmente la presidencia al vencedor del proceso electoral, de candidatura única, de octubre de 1898, Terencio Sierra (1899—1902), cuyo régimen político cierra el siglo XIX e inicia el siglo XX, organiza un gobierno de tipo autoritario y se dedica fundamentalmente a la construcción de obras de infraestructura vial, entre las que destaca la carretera de Tegucigalpa al Puerto de San Lorenzo, cuya construcción dirigió y supervisó personalmente. Por otro lado, congruente con el carácter de su régimen, se preocupó por la organización del Ejército dotándolo de nuevos armamentos.

De todas maneras, el establecimiento de un orden político estable y en general, la promoción de un orden jurídico proclive al "progreso", así como la realización de obras materiales que conducen al establecimiento de condiciones generales para el desarrollo capitalista, serán la preocupación que unifica la acción de los regímenes políticos que se suceden en las últimas décadas del siglo pasado. Estas preocupaciones las recoge perfectamente el eslogan de "paz, progreso y caminos" esgrimido por el presidente Luis Bográn. Sin duda, el establecimiento de un orden estable permitiría al aparato estatal un empleo más adecuado de sus recursos financieros, derivados fundamentalmente de los impuestos de exportación e importación, de los monopolios estatales (aguardiente y pólvora), de la venta de especies fiscales e incluso de tierras. Contra el establecimiento de un orden político estable conspiran los levantamientos de dirigentes de facciones políticas o de caudillos locales o regionales a ellos adictos, que intentan apoderarse de la dirección del aparato estatal para derivar los beneficios personales y faccionales que se obtienen de su gestión. El caudillismo y la guerra civil devienen elementos fundamentales que juegan en la alternatividad en la dirección del aparato estatal. "La política nuestra ha tenido que desarrollarse en un campo de sangre", observa con agudeza Paulino Vallada— res. "De aquí la fuerza del cacique y su influencia poderosa en los destinos de la nación. En relación íntima la política con la conspiración armada, el éxito ha estado de parte del más audaz o del que más intensamente ha sabido despertar el sentimiento bélico de la muchedumbre ardorosa. El gobernante fuerte es el que sabe conservar en el poder el prestigio del caudillo. Perdido este prestigio, perdió su influencia y su valor eficiente"[15].

En una formación social en que los sectores dominantes no han conseguido estructurar una sólida base económica, el control de la

---

[15] Ramón Oquelí (editor). Paulino Valladares, El pensador y su mundo, Nuevo Continente, Tegucigalpa, 1972, pág. 185.

actividad estatal deviene la principal fuente de riqueza y de privilegios de los grupos políticos que se enfrentan en la arena política. Del ejercicio burocrático de la actividad estatal, los núcleos dominantes derivan un conjunto de beneficios que incluyen empleo para los partidarios, favoritismo en la concesión de contratos estatales de aguardiente o tabaco, generosas recompensas por supuestos daños ocasionados por las guerras civiles, acceso directo a las negociaciones con el capital extranjero a quienes en muchos casos otorgan asistencia legal de quienes obtienen incluso empleo para sus hijos y otras facilidades, educación por ejemplo[16], fácil apropiación de tierras nacionales, que luego emplean, usualmente, para explotar rentísticamente a la población campesina y asegurarse de esta manera su control político. Las masas campesinas, como ha quedado indicado, actuarán como masa de maniobra, ya en los procesos electorales cuando estos se verifican o en los ejércitos de los caudillos sublevados o del gobierno que se defiende de ellos.

Debido a los múltiples beneficios que se derivan de la gestión del aparato estatal, la perpetuación en la dirección de este deviene una preocupación fundamental. Esta, se realiza, ya por imposición del candidato oficial que significa la perpetuación de la misma clase política mediante elecciones controladas, por autoperpetuación del director del Ejecutivo, ya sea por reformas constitucionales o por la negativa a entregar el ejercicio de la presidencia al candidato no oficial en los casos que este triunfa electoralmente. De toda suerte, el desplazamiento de una facción política y su personal burocrático, por otra, resulta un asunto muy complejo. En este marco, como ha sido indicado, el caudillismo y la guerra civil devienen elementos fundamentales para dirimir quién ha de orientar la gestión estatal.

Esta situación de continua inestabilidad política, de periódicos levantamientos de caudillos locales o regionales adictos a figuras políticas caudillistas, que se ven apoyados por la intervención militar de los gobiernos de los países vecinos, determinan que el "orden público" se vea continuamente alterado y que los egresos destinados al restablecimiento de este dominen los gastos del Estado. En la última década del siglo pasado, los gastos de guerra gastan, en términos absolutos, la mayor cantidad asignada por el presupuesto general, en tanto que, en términos relativos, alcanzan un promedio del 30 por ciento. La reproducción del presupuesto general correspondiente al año de 1894 puede darnos una idea de la distribución de los gastos del Estado:

---

[16] Cf, Ch. Brand, op. cit., pág. 125

	Pesos Plata	Porcentaje
Gobernación	181,140	13.7%
Hacienda	122,240	9.3%
Crédito Público	244,756	18.5%
Relaciones Exteriores	38,124	2.9%
Fomento	24,148	1.8%
Instrucción Pública y Justicia	239,360	18.1%
Guerra	471,149	35.7%
Total	**1,320,917**	

Si agrupamos los gastos de Gobernación, Guerra y los que corresponderían a Justicia, podríamos decir que el mantenimiento del orden y la estabilidad política insumirían casi la mitad del presupuesto de gastos del país. Durante el régimen autoritario de Terencio Sierra, los gastos de guerra se elevan aún más: de 33.69% en 1900, a 42.02% en 1901 y 36% en 1902. Estos datos tienen apenas un carácter indicativo, ya que la falta de continuidad de las fuentes locales dificulta la construcción de series estadísticas.

En épocas normales, el presupuesto de guerra sirve fundamentalmente para cubrir los gastos de un reducido cuerpo de oficiales (y sus requerimientos militares) distribuidos por el país, que integran una suerte de Ejército permanente, incrementado con las milicias de reclutamiento obligatorio. En términos precisos, el Ejército, órgano fundamental del aparato represivo del Estado, es algo menos que una institución permanente y profesional. Siendo gobiernos faccionales, los efectivos del Ejército, tanto a escala local, regional como nacional, están integrados por partidarios de los caudillos militares con cuyo apoyo se ejerce la gestión política del aparato estatal. Ello determina la continua movilidad de los efectivos militares. Los "generales" proliferan continuamente. Los cargos militares se obtienen, en el mejor de los casos, en el campo de batalla y están ligados al arbitrio de los altos oficiales que dirigen las acciones bélicas. El siguiente parte de guerra es ilustrativo: "Cumple a mi deber recomendar a la consideración del supremo gobierno el buen comportamiento de la división a mi mando en esta célebre jornada. Por lo que hace a los jefes y oficiales, con muy pocas excepciones, todos cumplieron honrosamente su deber, pero muy particularmente los generales Nuila y Vásquez, los coroneles Figueroa, Laínez y González, los capitanes Castillo y Cerón, lo mismo que los tenientes Trejo, Perdomo y Nicolás Paloma, a quienes tuve a bien ascenderlos a capitanes como un acto de justicia que no dudo aprobará el supremo gobierno"[17].

El servicio militar deviene obligatorio, quedando excluidos solo aquellos productivamente ligados a ciertas explotaciones que cuentan con la protección gubernamental, como los obreros mineros, por ejemplo. Las reformas, desiguales durante ciertos periodos presidenciales, no dieron mayor resultado, viéndose obstaculizadas por la indisciplina de los cadetes militares y la inestabilidad política secular[18].

Como sea, el aparato estatal que se forja hacia finales del siglo XIX no representa precisamente los intereses de un núcleo agroexportador fuerte, como en la mayoría de los países de Centroamérica. Además de los intereses norteamericanos en la minería, que adquieren creciente representación, la actividad administrativa refleja los intereses de terratenientes ligados a la explotación extensiva y rentista de la tierra, disputándose continuamente la dirección y control del aparato estatal, administrado bajo criterios clientelistas y de adhesión a facciones políticas.

Así, cuando a principios del siglo XX la expansión imperialista norteamericana se afianza en la producción bananera —hasta entonces controlada por pequeños y medianos productores nacionales—, el débil aparato estatal pasa a gestionar los intereses de las empresas bananeras, sobre todo a partir de la segunda década. Los núcleos dominantes, ligados a la tierra y agobiados por pugnas internas, negocian desde una posición débil las condiciones de operación de las compañías norteamericanas, imponiéndoles impuestos bajos y convirtiéndose, a escala estatal, en una suerte de aparato administrativo para ellas, creando condiciones óptimas para la acumulación de capital en beneficio de estas empresas.

1. Bananos y Política

El desarrollo del capitalismo agrícola y de una economía de exportación que vincula al país a los circuitos internacionales solo se consolida a principios del siglo XX, coincidiendo con la transición a una fase superior del capitalismo mundial marcada por el capital monopolista, el imperialismo y la hegemonía norteamericana en Centroamérica y el Caribe. De toda suerte, la penetración del capitalismo en la agricultura se da en un panorama general caracterizado por el optimismo liberal de los efectos dinamizadores del capital extranjero, en

---

[17] Citado por Félix Salgado, op. cit., p. 151.
[18] Cf. Steve C. Ropp, The Honduran Army in the Sociopolitical Evolution of the Honduran State en The Americas, 30, 1974, págs. 507—508.

el cual se ve la única fuerza capaz de desarrollar las fuerzas productivas y explotar las riquezas del país, frente al cual se elabora una amplia política concesionaria para atraerlo hacia ellas.

En sus orígenes, la explotación bananera en el país no difiere notablemente de la explotación de otros productos agrícolas de exportación en América Latina: control nacional del renglón de producción y dominio extranjero sobre los canales de transporte y comercialización. Desde 1870, en que empieza a consolidarse el negocio, hasta finales del siglo, la producción bananera, que se realiza fundamentalmente en las tierras insulares y costeras del litoral norte, está controlada mayoritariamente por pequeños y medianos productores nacionales, que comercializan la fruta a un reducido núcleo de modestas empresas comercializadoras norteamericanas, que tienen su base de operaciones principalmente en el puerto de Nueva Orleans[19].

En esta situación, la preocupación fundamental del aparato central del Estado y de las instancias regionales de poder, frente a la producción bananera que se va convirtiendo en fuente importante de rentas, es asegurar la competencia entre las empresas norteamericanas concurrentes para garantizar mejores precios a los productores, así como crear las condiciones para la fácil apropiación de tierras.

De todas maneras, 1899 marca un importante punto de corte en la actividad bananera del país. Durante ese año, la empresa de los hermanos Vaccaro, hasta ese momento una de las más importantes comercializadoras norteamericanas de la producción local, inicia sus plantaciones en las áreas costeras cercanas a La Ceiba.

El régimen concesionario del Estado hondureño todavía no llegaba hasta las empresas bananeras. En 1902 se inicia la era de las concesiones estatales hacia las compañías norteamericanas. A principios de abril de ese año, un norteamericano, William Frede Streich, recibe una concesión por la cual se le da en arrendamiento 5000 hectáreas de tierra en la zona costera de Omoa, a ambos lados del río Cuyamel[20]. Esta concesión, como veremos más adelante, deviene la base de operaciones de la Cuyamel Fruit Company, la empresa ligada a la legendaria figura del mundo bananero: Samuel Zemurray. Streich, además de comprar bananos a los productores locales, cultiva sus propias plantaciones y construye un ferrocarril de cinco millas —desde Omoa a Veracruz— para su transporte.

---

[19] Sobre la explotación bananera es menester consultar, entre otros, la obra ya clásica de Charles D, Kepner, Jr. y Jay H. Soothil. El imperío del banano, Editorial Triángulo, Buenos Aires, 1957.
[20] La Gaceta, 2 de abril de 1902, págs. 138—139

"Con todo —como observan Kepner y Soothill en su ya clásico libro— esta plantación no avanzó mucho por falta de fondos. Por consiguiente, Streich se preparó a vender sus propiedades y sus derechos con una pérdida considerable. Por entonces, Samuel Zemurray, un inmigrante de Besarabia (Moldavia, en Europa), tomaba parte activa en el comercio de frutos en Mobile (Alabama, EE. UU.). Al ir a Nueva Orleans, observó que la United Fruit Company estaba arrojando al mar grandes cantidades de fruto maduro que se estropearía antes de llegar a los mercados del interior. Entonces solicitó Zemurray a la United un contrato para que le vendieran esos frutos descartados, pero se negó a decir a la compañía cómo se proponía utilizarlos. Algunos creían que con ellos fabricaría alcohol y otros subproductos. Sin embargo, al recibir el contrato empezó a vender los plátanos en el mercado local a precios tan bajos que mermaron las ganancias de la compañía. Al principio fracasaron todas las tentativas hechas para hacerle renunciar a su lucrativo contrato.

Sin embargo, finalmente vio que, si renunciaba a él, podría obtener de la United ayuda financiera para comprar las propiedades y los derechos de Streich. La United ayudó a organizar la Hubbard—Zemurray Company, tomando el 60% de sus acciones. Al principio, esta compañía recién organizada compró plátanos en Honduras y los llevó a Mobile y a Nueva Orleans, siendo vendidos a esta última por la United Dispatch Company. Sin embargo, tan pronto como Zemurray compró la vieja compañía Cuyamel de Streich, procedió a cultivar por sí mismo el plátano. En 1907 la United vendió sus acciones de la compañía de Zemurray. Corrió entonces el rumor en Nueva Orleans de que Zemurray sería cogido en una trampa cuando llegara el vencimiento de algunas de sus deudas con la United. Sin embargo, no sucedió nada de esto. En 1911, ayudado por un nuevo respaldo financiero, formó la Cuyamel Fruit Company, con un capital inicial de cinco millones de dólares, libre de obligaciones financieras con la United. La nueva Cuyamel procedió entonces a vender su propio fruto; antes de que transcurriera mucho tiempo se convirtió en el competidor más poderoso de la United"[21].

Como quiera que sea, la actividad bananera de la primera década del siglo XX estará dominada por el espectacular desarrollo de la Vaccaro Brothers and Company y de La Ceiba, ciudad cuya expansión está ligada a las actividades de esta empresa. Hacia mediados de 1903, la Vaccaro, basándose en los siguientes argumentos —que resultan ilustrativos de la situación de la explotación bananera en el país—, solicita una concesión

[21] Ch. Kepner y J. Soothil, op. cit., págs. 111—112

para la construcción de canales y de un tranvía en el área de sus plantaciones. Señala la petición:

"Es notorio que la producción de la fruta ha alcanzado un gran desarrollo en la costa norte de la República, al punto que muchas de las fincas se encuentran ya en puntos lejanos de la orilla del mar; que esta última circunstancia produce el mal resultado de que la fruta que se exporta a Estados Unidos de América llega en muy mal estado a bordo de los buques, debido al imperfecto y rudimentario modo de transporte que se emplea para llevarla desde las fincas hasta los vapores, a causa de la falta de tranvías y muelles y de la difícil navegación por los ríos que pueden aprovecharse, lo que hace que la fruta llegue golpeada y desmerezca de precio; que este mal es general, con excepción de las localidades situadas a los lados del ferrocarril de La Pimienta a Puerto Cortés, y es urgente ponerle remedio, así para que nuestra fruta pueda resistir la competencia que actualmente se le hace en los mercados de Estados Unidos, como para beneficio de nuestros agricultores"[22]

En 1904 la Vaccaro recibe una concesión del gobierno de Manuel Bonilla para la canalización de los ríos Salado y El Porvenir, así como para construir cauces artificiales para el transporte del banano. Mediante esta concesión, la empresa no solo consigue mejorar la explotación de sus plantaciones bananeras, sino que, al ser utilizada esta facilidad de transporte por otros productores, le permite obtener nuevas fuentes de ingresos monetarios y ejercer creciente control sobre la actividad de otros productores, control y dependencia que se acentúa con la construcción y expansión de sus ferrocarriles, a los que va ligada la penetración definitiva de las plantaciones bananeras al interior de las zonas costeras.

"Se discute hoy un asunto referente a la compañía que en sus principios celebró con el Gobierno la contrata más liberal que se conoce aquí respecto a ferrocarriles —puntualiza un diputado—, pero que ora con oportunos servicios prestados al Ejecutivo en las revueltas intestinas, ora deslumbrándolo con el espejismo sahárico de un camino de hierro de La Ceiba a la ciudad de Yoro que logró convertirla en otra concesión muy distinta, que dio en tierra con la industria bananera de la región que cruza la vía. ¿Por qué?, dirán los ilustres colegas. Hay en dicha concesión un artículo, que él solo basta para justificar mi aserto. Se estipuló que un racimo de banano, cualquiera que fuera su tamaño, pagaría de flete medio centavo de oro por kilómetro, e imaginaos que un hijo del país, sudando el quilo día y noche, logró formar una su finquita allá, a unos

---

[22] La Gaceta, 27 de octubre de 1903, pág. 385.

50 kilómetros distante del muelle de La Ceiba y que no queriendo vender la fruta a un bajo precio a la compañía pretende trans— portarla al puerto; ese pobre hondureño, derechoso más que el extranjero a recibir beneficios del suelo patrio, le es imposible sustraerse a los tentáculos del monstruo porque tiene que pagar 25 oro americano, o sea, al cambio del día, 59 centavos plata por el transporte de cada racimo. El ferrocarril de La Ceiba, que en su nacimiento despertó las esperanzas de aquella región, porque abre un ancho campo a la agricultura y a la industria, es hoy visto hasta con odio, pues representa el monopolio de la Vaccaro en el cultivo del banano, o en términos más claros, de la United Fruit Company"[23].

De toda suerte, por decreto n.° 45 de 1904, esta empresa ítalo— norteamericana obtiene una concesión para la construcción de un ferrocarril en sus plantaciones ubicadas a inmediaciones de El Porvenir, en las cercanías de La Ceiba, donde instala sus oficinas centrales. Manuel Bonilla, quien visitó personalmente las plantaciones de los Vaccaro y las recorrió en el ferrocarril, otorga a esta empresa en 1906 una concesión para su prolongación. A principios de abril de 1908, el ferrocarril de los hermanos Vaccaro llega finalmente a La Ceiba. En 1910 se le otorga otra licencia para la extensión del ferrocarril. Para 1912, los Vaccaro mantenían 87 kilómetros de vías férreas[24]. Esta expansión de la línea férrea va acompañada de un rápido incremento de sus plantaciones, de sus locomotoras y equipo rodante, además de un incremento de su flota naviera para el transporte de bananos. (Hacia mediados de 1911, esta empresa bananera poseía cuatro buques de gran calado que hacían el transporte de bananos desde el muelle de La Ceiba, del cual era también propietaria, hasta Nueva Orleans). En la segunda década del siglo XX, la Vaccaro Brothers and Company hace progresos espectaculares copando las más importantes actividades productivas de La Ceiba: expande su línea férrea, abre nuevas plantaciones, funda un banco: el Banco Atlántida. A través de la Compañía Industria Ceibeña, monopoliza la fabricación de cervezas. Además, elabora refrescos y hielo. Mediante la Compañía Lempira (más tarde la fábrica de manteca y jabón Atlántida, fabricante de la manteca Blanquita y aceite Fabla) monopoliza la elaboración de jabones y aceites vegetales. A través de su subsidiaria, la Honduras Sugar and Distilling Company, siembra caña y abre un ingenio en Montecristo, que fabrica azúcar, licores, cremas y perfumes. Hacia 1921 invade el mercado nacional de calzado para

---

[23] Boletín Legislativo, Tegucigalpa, 14 de febrero de 1914, pág. 106
[24] Tiempo, San Pedro Sula, 14 de mayo de 1977, suplemento especial dedicado a La Ceiba

hombres y mujeres al poner a funcionar la National Sole Leather and Shoe Factory, Inc. (Naco).

Los progresos de La Ceiba son igualmente espectaculares. En 1902 se convierte en la capital provincial (cabecera departamental) del recién creado departamento de Atlántida, que incluye los municipios de Tela y El Porvenir. Ya en 1904, la actividad febril de La Ceiba es considerable. El cosmopolitismo y la expansión de los negocios se constituyen en dos de sus rasgos esenciales: "En los pueblos encontrarás —señala un observador—, el cosmopolitismo: alemanes, ingleses, franceses, españoles, razas industriosas que vienen de Europa, ávidos de riqueza, a soportar el ardoroso clima tórrido y a desafiar la muerte. También hay tipos de otras razas, como armenios, árabes y aventureros de todas clases, caballeros de la industria o del milagro. La fiebre del negocio es aquí la cuestión del día. Este puerto, al parecer pequeño, tiene más vida comercial que Tegucigalpa. El pensar aquí en negocios no es fantasía de otro mundo, porque los hombres de negocios son inteligentes y abiertos y, sobre todo, humanitarios. No son como la roca fría del egoísmo de ciertos comerciantes que yo conozco en esa capital. Después del incendio que devoró los establecimientos magníficos (1904 MP), el comercio se está reponiendo de sus grandes pérdidas y todos los días se levanta una casa, acreditando la maravilla de capital activo"[25].

Hacia 1914, La Ceiba verá nuevamente arrasada su zona comercial por un voraz incendio. "Tomando en consideración el entonces gobernador político de Atlántida, general Monterroso, que de las investigaciones judiciales seguidas resultaba patente y claro que el incendio había sido un medio de negocio de que se habían valido los que tenían póliza de seguro —señala un entusiasta observador—, ordenó que las nuevas construcciones en la zona quemada deberían ser de cemento o piedra, y esto no solo libraría de llamas a la nueva ciudad, sino que también vendría a aumentar la riqueza nacional. De esta disposición gubernativa salió la nueva "Ceiba", con sus valiosos y elegantes edificios de cemento, sus hermosas calles y avenidas. Ciudad, la mejor de Honduras y que bien puede compararse con cualquier población de Estados Unidos de Norteamérica que tenga la misma área. Supongamos Covington en el sur y Syracuse en el norte. El año 1914 marca la primera etapa de positivo progreso. En aquella época llega el general don Leopoldo Córdova como delegado del Ejecutivo y, mediante sus gestiones, la municipalidad celebra con la compañía Vaccaro Bros. una contrata, por medio de la cual esta se compromete a sangrar el caudaloso

---

[25] Diario de Honduras, Tegucigalpa, 11 de mayo de 1904, pág. 2.

río Danto y regar sus aguas en la ciudad de La Ceiba y a establecer un moderno servicio de acueducto. Seguidamente se organiza la Junta de Aguas y se nombra al ingeniero Mónico Zelaya H. para que vigile los trabajos y atienda a las instalaciones particulares. Aquí cabe advertir que hasta en la más humilde casa se encuentra una instalación sanitaria. A continuación, la bella ciudad es iluminada con luz eléctrica, ¡y qué luz! Fuerte y límpida, grandes y potentes focos en las calles. La avenida San Isidro es un reflejo de Canal Street, de aquella hermosa calle que se reclina a las orillas del 'Meschabé'". Cuánta diferencia con la luz de esta capital. La limpieza de la población es rigurosa y se hace por medio de autocamiones, cuyo servicio no es interrumpido de día ni de noche. En la estación calurosa, sus calles son regadas por medio de un enorme tanque movible. 1921, otra etapa que debe marcarse con letras de oro: la municipalidad cancela todas sus deudas y las entradas a la tesorería por impuestos y contribuciones ascienden a 175 mil pesos.

La alcaldía firma una contrata con la compañía Vaccaro Bros., para que pavimente y componga las calles, construya edificios públicos, rellene pantanos, etcétera. La comuna, en cambio, para amortizar la deuda, compromete el 70% del impuesto de mercaderías, calculado en 75 mil pesos anuales. El Poder Ejecutivo aprobó esta contrata, cuyos beneficios resultarán muy pronto una hermosa realidad. Ninguna ciudad, en la última década, ha progresado tanto como La Ceiba. Se ha organizado una Junta de Beneficencia. Se ha creado un hospital. Existen dos logias que no solo procuran el bien de sus asociados, sino que llevan el bien al necesitado, aunque no pertenezca al rebaño. Estas son: Logia Masónica y Logia Stag. En el orden material, además de los trabajos en las grandes plantaciones y el movimiento de vapores, la actividad se extiende febril en sus fábricas de jabones, perfumes, licores, puros y cigarrillos, calzado en gran escala, aguas gaseosas, cervezas, hielo, etcétera. Un libro puede escribirse sobre esta ciudad, cuyas riberas reciben eternamente los besos del Atlántico y los progresos de la civilización[26].

Todo esto, para sugerir que un importante núcleo de ciudades del litoral norte nace y se desarrolla al influjo de la actividad bananera y de las empresas norteamericanas que la usufructúan. Ello no solo es cierto para La Ceiba, sino también para Tela, Puerto Castilla, La Lima, Omoa e incluso Puerto Cortés. Sin embargo, conviene indicarlo. El crecimiento de tales ciudades no será desmesurado debido al hecho de que el grueso de la afluencia de personas que provoca la expansión de la economía

---

[26] Diario El Cronista, 17 de mayo de 1922, pág. 1.

bananera no se ubicará en los centros urbanos, sino que se esparcirá en las fincas localizadas a ambos lados de la línea férrea. De toda suerte, el destino de estas ciudades —su esplendor o ruina— estará, en la mayoría de los casos, sometido a un particular proceso de urbanización que separa la zona en que se asientan las oficinas y núcleos de vivienda y servicios (escuelas, etcétera) de los altos funcionarios de las empresas bananeras del resto de la ciudad (Lima Nueva, Lima Vieja, Tela Nueva, Tela Vieja, Mazapán y el resto de la ciudad), y está fatalmente ligado a los ciclos expansivos o depresivos de la actividad bananera. En el último caso, la perspectiva es dramática: el aislamiento, la desolación, las construcciones semiderruidas, mudos testimonios de pasadas glorias. Puerto Castilla y Omoa, abandonadas a principios de las décadas de 1940 y 1950, respectivamente, constituyen dos buenos ejemplos de lo que aquí se dice.

Como quiera que sea, la expansión de la actividad bananera y la creciente penetración del capital norteamericano en ella va generando efectos contradictorios. Por una parte, una actitud de optimismo por el tremendo desarrollo de las fuerzas productivas que ello significa, expectativas igualmente optimistas sobre el aumento de las rentas estatales y el particular proceso de urbanización al que van siendo sometidas las antes desoladas localidades del litoral norte. Por otra, una actitud de duda creciente, expresada cada vez más frecuentemente, sobre las posibilidades reproductoras que para la economía nacional haya de tener la expansión del negocio bananero, dado el creciente afán monopolizador del capital norteamericano. "La zona más favorecida por ferrocarril —apunta un agudo observador— va siendo absorbida por los yanquis y otros extranjeros, predominando los primeros. Muchos propietarios del país, intelectuales, venden a buen precio sus terrenos a ricos hombres norteamericanos o prestadores de aquellos y, en el fondo, sus agentes. Sea lo que quiera de esto, es el caso que los terrenos pasan a manos de los estadounidenses; han absorbido hasta lejos del ferrocarril y el día que abran más vías férreas, carreteras, canalizaciones para navegación, sucederá idéntica cosa. Estos hombres tienen dinero y hábito de trabajo y pueden comprar caro el suelo; los hondureños capitalistas o propietarios venden sus tierras si se les muestra un puñado de oro que pueden esconder en un rincón o bajo el suelo de su casa y se la pasan cuidándolo, si no lo disipan. Esto se entiende aún respecto de la clase que antes he llamado intelectual. Las masas ni sueñan con esas zarandajas de ser propietarios. Todo esto favorece que los extranjeros lleguen a ser, quizá pronto, dueños del suelo de Honduras, y de esto me parece que se desprenden varias consecuencias... Seguro es que habrá una agricultura floreciente y un comercio próspero. Pero esa agricultura será de los yanquis y esos capitales ahorrados gracias a ella irán a parar a América del Norte o más allá. O, suponiendo que no salga, ellos quedarán en las cajas o con los negocios de los norteamericanos. El país se lucrará algo, los jornales de los trabajadores y el rendimiento de los impuestos tal vez sea algo fuerte. Pero tal prosperidad no será de los hondureños ni de Honduras, sino de los Estados Unidos de Norteamérica, poder que dominará en las personas y propiedades de sus súbditos... Pronto no serán los hondureños más que mozos de los yanquis, tan pronto como vías fáciles crucen el país, y los que no puedan o no quieran serlo tendrán que emigrar"[27].

La estimulación de la libre competencia deviene para los funcionarios estatales un imperativo ante el creciente monopolio que ejercen las empresas bananeras norteamericanas. "El banano es el producto agrícola de mayor exportación en el país —señala un escrupuloso funcionario estatal— y aunque da magníficos rendimientos a los que se dedican a él, mayores serían si estos pudieran formar una unión respetable que pusiera fin a los monopolios que tienen establecidas las compañías compradoras, que en el fondo constituyen una sola. Desgraciadamente, esto es difícil entre nuestros agricultores, y la historia de las injusticias y estafas que a diario se observan en los puestos de entrega de fruta continuarán, sin duda, para ruina del negocio, a menos que se promueva la competencia entre los exportadores, lo cual podría lograrse con el constante anuncio en la prensa americana y con el envío de agentes que dieran a conocer, por medio de conferencias, a los hombres de negocios de los centros de consumo del producto, las facilidades y ventajas que tiene nuestro tráfico de bananos y la indiscutible calidad del artículo"[28].

De todas maneras, todos los esfuerzos por liberarse del control monopólico que la dinámica del desarrollo capitalista va engendrando resultan infructuosos, sobre todo, a partir de la segunda década del siglo actual, cuando la presencia del capital norteamericano se consolida con la inserción en la producción bananera hondureña de la United Fruit Company. En efecto, la United, que desde su fundación en 1899 inicia un rápido proceso de monopolización de la explotación bananera internacional, está presente en Honduras desde 1900 a través de dos empresas comercializadoras que venían operando en Honduras:

---

[27] Citado por Edward Bostman en el borrador preliminar, excelente tesis sobre las actividades políticas de la Fruit Company en Honduras, Debo agradecer al autor permitirme su lectura y utilización

[28] Memoria de Fomento y Agricultura 190(¿?)—1909 págs. 63—64.

Salvador Oteri y la empresa Michel Machecca, ambas de Nueva Orleans. Incluso mantendrá en La Ceiba su propia oficina, actuando como compradora directa de bananos. En este campo, durante la primera década del presente siglo, la United parece haber pagado altos precios por el banano hondureño para alejar la competencia de otras empresas comercializadoras. Como quiera que sea, en 1905 la United adquiere intereses en una de sus competidoras en Honduras: la Vaccaro Brothers and Company. Hasta 1918, la United Fruit retuvo el 46% de las acciones de esta floreciente empresa bananera. En Honduras, la United será también propietaria de un importante núcleo de acciones en la Hubbard—Zemurray Company, empresa ligada al nombre del gran magnate bananero Samuel Zemurray. Hacia 1905, cuando entra en operaciones en Honduras la Hubbard—Zemurray, la United poseía el 60% de las acciones de esta empresa. Hacia principios de la Primera Guerra Mundial, virtualmente la United retenía aún el 35% de las acciones de la recién constituida Cuyamel Fruit Company (en 1911)[29]. Sin embargo, es solo en la segunda década del siglo XX, como ha quedado indicado, que la United hace su ingreso al país como productora directa de bananos, instalando plantaciones en la zona de Tela y en el área del puerto de Trujillo, operando bajo dos subsidiarias: la Tela Railroad Company y la Trujillo Railroad Company, respectivamente.

El ingreso de la United Fruit Company como productora directa de bananos en Honduras está estrechamente ligado a la actividad política de Manuel Bonilla y Samuel Zemurray, y resulta notablemente ilustrativo el intervencionismo político de estas empresas norteamericanas para garantizar sus intereses. Zemurray apoyará financieramente y de manera harto evidente la "revolución" encabezada por Manuel Bonilla, con la cual este consigue, luego de breve interludio en que aparece la actuación mediadora del gobierno norteamericano y la instalación del mandato provisional de Francisco Bertrand, acceder a la presidencia del país.

En esta acción intervencionista, Zemurray actuará a nombre personal y, fundamentalmente, de la United Fruit Company, interesada en penetrar en Honduras bajo un régimen político favorable a sus intereses y sin complicarse muy visiblemente en esta aventura política. Es decir, que, en la acción política de apoyo a Manuel Bonilla, Zemurray actuará como una suerte de testaferro de la United. Sin embargo, Zemurray será

---

[29] Cf, Memorandum for Judge Ames, in the United Fruit Company. Subjet of alleged monopoly, abril, 1920. Se trata de un alegato antimonopólico contra la United Fruit Company realizado en EE. UU.

más que un simple títere en sus manos[30]. Además de haber obtenido una ventajosa concesión para él, Zemurray conseguirá obtener relativa independencia de la United (no hay que olvidar que la UFCo controlaba un importante porcentaje de las acciones de la compañía bananera de Zemurray) y ha de amenazar el poderío de esta empresa monopólica hacia mediados de la década de 1920, como veremos más adelante. La United, por su parte, percibe como dividendos de la acción política de apoyo a Bonilla sendas concesiones que le permiten penetrar ventajosamente en el mercado productor de bananos en Honduras.

En efecto, una vez que Bonilla accede a la presidencia del país (octubre de 1911), el "buen general ha de retribuir a sus amigos su ayuda económica y la fe puesta en su causa". El 4 de marzo de 1912, Zemurray obtiene el arrendamiento de 10,000 hectáreas de tierras nacionales en el área de operaciones de la Cuyamel Fruit Company, en las cercanías de la frontera hondureño—guatemalteca.

El 8 de abril del mismo año, fue otorgada a H. V. Rolston, vicepresidente de la Cuyamel, una concesión para la construcción de una línea férrea que parte de Tela y llega hasta la localidad de El Progreso, aunque extensible hasta un punto en el río Comayagua, si el concesionario así lo deseare. Esta licencia es transferida a Samuel Zemurray, quien a su vez la transfiere a la Tela Railroad Company, una subsidiaria de la United Fruit Company, fundada con el propósito expreso de explotar la concesión citada. Una segunda subsidiaria de la United en Honduras, la Trujillo Railroad Company, se organiza para explotar un segundo permiso (9 de abril de 1912) para la construcción de una línea férrea desde Trujillo hasta Juticalpa, en Olancho, en el interior del país. Esta línea férrea pensaba extenderse posteriormente hasta Tegucigalpa, la capital hondureña. El influyente Zemurray también interviene directamente gestionando la segunda concesión a favor de Víctor Camors y John Glynn, a quienes se otorga nominalmente la misma, que luego será transferida a la Trujillo Railroad Company.

Estas concesiones son notablemente generosas en su contenido, plenas de exenciones y privilegios para el concesionario, así: uso gratuito de maderas, así como de todos los materiales de construcción que se encuentren en tierras nacionales y ejidales; libre uso de agua para ser empleada como fuerza motriz; uso gratuito de tierras nacionales para

---

[30] La información sobre la intervención política de Zemurray de la UFCo en la asonada "revolucionaria" de Manuel Bonilla ha sido tomada del trabajo de E. Boatmenantes citado y el cual he usado amplísimamente para documentar los aspectos políticos de la presencia de las empresas norteamericanas en el país.

la construcción de oficinas, bodegas y talleres para servicio del ferrocarril; "exención de todo derecho fiscal o municipal ordinario o extraordinario establecido o que en lo sucesivo se establezca, por todo lo que se relacione con la construcción, mantenimiento y funcionamiento del ferrocarril, muelle y sus accesorios y dependencias"; importación "libre de derechos aduaneros y de toda clase de impuestos fiscales y municipales, marítimos y terrestres, establecidos o por establecerse, de todas las maquinarias, carros, herramientas, rieles, durmientes y, en general, todos los artículos y materiales necesarios para construir, equipar, mantener, administrar y hacer funcionar el muelle, ferrocarril y todas sus dependencias y ramales...".

El gobierno cede, además, a ambas empresas bananeras el usufructo de tierras nacionales por la construcción del ferrocarril: seis mil hectáreas por cada 12 kilómetros de línea principal y ramales construidos a la Tela Railroad Company, y 10 000 hectáreas por cada 20 kilómetros de línea principal y cinco mil hectáreas por cada seis kilómetros de ramal construido, en el caso de la Trujillo Railroad Company. Estas tierras serán adjudicadas en la forma de lotes alternos: una faja de tierra para las compañías bananeras y la siguiente reservada para uso del Estado. Los lotes alternos se otorgan en secciones de 4 000 hectáreas en el caso de la Tela y de 5 000 hectáreas para la Trujillo. Las empresas bananeras recibirán inicialmente títulos provisionales por las tierras adjudicadas, que serían cambiados por títulos permanentes al concluirse 12 kilómetros de línea férrea en el caso de la Tela y, en el caso de la Trujillo, cuando la línea férrea llegara a Juticalpa.

Las concesiones son de duración indefinida, aunque los derechos y privilegios contenidos en ellas expirarían a los 60 años, tiempo en el cual el gobierno tendría el derecho de ejercer la opción de compra del ferrocarril y los muelles. Si el gobierno no hiciere uso de tal opción a los 60 años de otorgamiento de la concesión, las compañías bananeras continuarían operándolos, pero ya bajo el régimen jurídico normal del Estado—Nación. A partir de entonces, cada 10 años el gobierno podría ejercitar su derecho de compra.

Como puede verse, el régimen concesionario del Estado hondureño hacia las empresas bananeras norteamericanas es notablemente generoso. Sin embargo, hay que subrayar un importante aspecto de la política agraria estatal: la cesión de la tierra para su explotación en la forma de lotes alternos, tal como lo prescribía la Ley Agraria de 1895, emitida en un momento en que la "industria agrícola" mostraba los perfiles de lo que sería más tarde: una actividad notablemente productiva y rentable. En el caso particular de las bananeras estadounidenses, la aspiración que subyace en la política de lotes alternos —uno para las bananeras y otro cuya adjudicación se reserva el Estado— es bastante evidente: evitar el control monopólico de vastas regiones agrícolas, así como lograr que los avances tecnológicos y productivos que, en general, significa la inversión extranjera sean también compartidos por núcleos de capitalistas nacionales.

Sin embargo, tales propósitos no devienen realidad. "Entre 1919 y 1924 —señala un autor— logró la empresa (se refiere a la Tela Railroad Company. MP) adquirir la totalidad de los lotes alternos, mediante compra a determinados elementos de nuestra política, lo que a la postre se descubrió que adolecía de nulidad, por carecer los traspasos aludidos de la firma del presidente de la República. El Congreso de 1929 invocó honradamente ese vicio de nulidad y emitió un enérgico decreto ordenando al Ejecutivo la recuperación de los lotes alternos. Sin embargo, el Poder Ejecutivo vetó este decreto, ratificándolo el Congreso en 1930. Se encarpeta el expediente y hasta 1933 no logra éxito completo la Tela Railroad Company, al obtener ratificación de sus derechos de posesión, mediante la venalidad de algunos funcionarios públicos y diputados al Congreso Nacional"[31].

De toda suerte, la liberalidad del régimen concesionario hondureño hacia las empresas bananeras, que en más de alguna manera mantiene una línea de continuidad con el sustentado por los gobernantes liberales de fines del siglo XIX, será vista con extrema preocupación por algunos observadores. "En Costa Rica y Honduras —apunta Paulino Valladares, un agudo observador de la vida política nacional— el mal está en las concesiones demasiado liberales que se han otorgado a una compañía americana, mal que también corroe a Guatemala... Si las concesiones continúan prodigándose y no se pone a raya la acometividad de estos fuertes capitales extranjeros, dentro de poco tiempo no habrá Honduras. Mandará la 'United Fruit Company'. Ella pondrá y quitará gobiernos. Los ingleses conquistaron el inmenso territorio de la India por medio de una compañía. Recordemos que los yanquis son los hijos primogénitos de los británicos"[32].

De toda suerte, con el ingreso de la United Fruit Company en la producción bananera hondureña, la penetración imperialista asume rasgos precisos y vigorosos, y Honduras adquiere indubitablemente el perfil de una *banana republic*. Hacia mediados de la década de 1920 incluso se habrá convertido en el primer exportador mundial de bananos.

---

[31] Jorge J. Callejas, Comentarios al libro La empresa estadounidense en el extranjero, Editorial JUS, México, 1960, pág. 39.
[32] Ramón Oquelí (editor), Paulino Valladares... Pág. 170

Sin embargo, como señala un acucioso observador, esta riqueza así generada es "riqueza desnacionalizada", que "solo sirve para exornar nuestros cuadros estadísticos de exportación, pero que no puede en modo alguno, según queda dicho, considerarse incorporada al patrimonio nacional. No desconocemos, ni desconoceremos jamás —puntualiza— el beneficio que el país reporta de tales empresas. La enorme cuantía de los elementos y recursos aventurados en la explotación agrícola; la construcción de vías férreas que transformaron vastos terrenos casi desolados en grandes centros de agitación productora, en donde millares de brazos encuentran ocupación; el apoyo, onerosísimo, pero al fin lucrativo, que dan dichas empresas al agricultor atrevido y laborioso, que se aviene a trabajar bajo su protección y, sobre todo, la influencia civilizadora que ellos ejercen, favoreciendo en detalle y por virtud de sus operaciones mercantiles el acercamiento de los hondureños a Estados Unidos de América; todas estas circunstancias y muchas otras que pudieran enumerarse, patentizan el relativo beneficio de aquellas empresas; más, con todo, el último resultado, la riqueza por ellas adquirida en suelo hondureño, debe considerarse, repitámoslo, como riqueza desnacionalizada"[33].

La nota precedente nos permite hacer algunas reflexiones sumarias. Ciertamente, la instalación de las empresas bananeras norteamericanas en el litoral norte significó la habilitación productiva de una importante masa de tierras hasta entonces improductivas, e incluso su habitabilidad, porque se trataba de tierras bajas, húmedas y malsanas. Sin embargo, con ello éstas retienen la posesión y el usufructo de las tierras aluvionales más fértiles del país y fácilmente accesibles a la comunicación marítima. Igualmente, resulta inobjetable que la creación de una amplia red de infraestructura vial y productiva resultó un importante esfuerzo financiero, sin que ello haya tenido como consecuencia un significativo estímulo a la economía hondureña, ya que buena parte de los materiales —los que no se concedieron gratuitamente, madera, por ejemplo— y los técnicos requeridos para ello, proceden del exterior, de los Estados Unidos, y sólo sirven para activar los procesos de acumulación de capital en aquel país. Se recluta, eso sí, al interior de la economía local o se importa de otros países del área centroamericana o del Caribe, la mano de obra no calificada requerida.

Aunque hay que indicarlo, las líneas férreas que se construyen apenas lo serán para comunicar los centros productivos con los puertos de embarque; no se construyen según las previsiones de las contratas.

---

[33] El Nuevo Tiempo, 2 de junio de 1916, p. 63—42

Solo han de llegar hasta donde las necesidades de la acumulación de capital de las empresas bananeras lo demanden. Por otro lado, de la explotación extranjera de los recursos naturales del país por las compañías extranjeras, el aparato central del Estado percibe apenas un centavo de dólar por cada racimo exportado y, a partir de 1918, las municipalidades también percibirán medio centavo de dólar por cada racimo exportado, lo que computa un total de un centavo y medio de dólar por cada racimo exportado. Esta tasa impositiva es comparativamente más baja que lo que estas empresas tributan en Costa Rica y Guatemala. Incluso, el tributo así establecido se verá notablemente menguado por el mecanismo evasivo aplicado por las bananeras, consistente en declarar, fuera de todo control, menos racimos de bananos que los que realmente exportan.

En general, las bananeras no estimularon la formación de nuevos grupos económicos, aunque subordinados, ligados a la explotación capitalista de actividades productivas para el abastecimiento y la reproducción de la fuerza de trabajo por ellas empleada, debido a la voluntad monopólica que animaba la acción de estas empresas, que controlarán todos los renglones posibles de donde pudieran derivarse beneficios (el abastecimiento de carne, leche y derivados), al estricto control ejercido sobre los suministros y la demanda obrera mediante la compleja red de comisariatos (tiendas de raya) esparcidos por las plantaciones y en las ciudades donde mantenían asentadas sus oficinas centrales, así como el control ejercido sobre las actividades de importación, favorecidas por la posesión de una extensa flota con mucho espacio disponible a su regreso al país. Conviene no negar que, en más de alguna manera, la explotación bananera estimula en torno a algunas ciudades del norte, particularmente San Pedro Sula, las actividades de una pequeña y mediana burguesía comercial, cuyas aspiraciones de masiva acumulación de capital se verán restringidas por el ya citado control ejercido sobre la demanda obrera a través de los comisariatos. El desarrollo de estos grupos económicos es significativo en el área de operaciones de la Cuyamel Fruit Company, interesada en crearse aliados políticos para coronar con éxito el desafío planteado a la United Fruit Company en el interior del país durante la década de 1920.

Eso sí, la dinámica de desarrollo de las empresas bananeras norteamericanas subordina primero y destruye después la incipiente mediana burguesía que se había venido creando desde finales del siglo XIX en torno a la producción de la referida fruta. Hacia mediados de la década de 1930, la casi totalidad de los productores independientes ha desaparecido, destruidos por las bananeras y por los costos crecientes que implica dicha actividad luego del aparecimiento de las enfermedades del banano en el país. Cuando las necesidades lo exigen —y eso ocurre a mediados de la década de 1950, cuando el imperativo de deprimir los salarios obreros, entre otras razones—, las transnacionales, primero la Tela y más tarde la Standard Fruit, han de revivir a los "productores bananeros independientes", escogiéndolos fundamentalmente entre sus capataces, suerte de testaferros de la explotación imperialista.

Para decirlo en pocas palabras, la plantación bananera se consolida en el país como un enclave, sin notables efectos multiplicadores sobre el conjunto de la formación social, que permanece atada, en otras áreas del país, a viejas formas de producción precapitalistas. El aparato estatal, como ha quedado indicado, debido a la debilidad de los núcleos dirigentes, no consigue siquiera captar de estos suficientes recursos por la vía impositiva, que pudieran servir para estimular otras actividades productivas o, por lo menos, garantizar el funcionamiento solvente del aparato institucional del Estado.

Como quiera que sea, hacia inicios de la década de 1920, las empresas bananeras controlaban la totalidad de los ferrocarriles del país esparcidos en el litoral norte, incluido el llamado Ferrocarril Nacional, cuya explotación había sido cedida a una subsidiaria de la Cuyamel Fruit Company mediante el contrato de anticresis (1924)[34]. Controlaban también la totalidad de los muelles del país, la flota naviera que transportaba los racimos de bananos hacia los mercados norteamericanos, los únicos, por no decir los más importantes ingenios azucareros hondureños —el ingenio Montecristo de la Vaccaro Brothers and Company y el ingenio de La Lima, de mayores dimensiones que el primero, propiedad de la Cuyamel Fruit Company—, el banco más grande e importante del país, el Atlántida, la energía eléctrica de las localidades en que operaban, lavanderías, fábricas de hielo, así como notables inversiones en el sector industrial del país (jabones, zapatos, manteca, aceites vegetales, cervezas) e incluso en las

---

[34] Contrato de Anticresis es el nombre que se le da al acuerdo por medio del cual el Estado hondureño cede la administración del conocido como Ferrocarril Nacional a la Compañía Agrícola de Sula, subsidiaria de la Cuyamel Fruit Company. Por este contrato, esta empresa norteamericana se comprometía a conceder al Estado un préstamo de un millón de dólares que debían ser destinados a la reparación, reconstrucción, adquisición de equipo y nuevas construcciones requeridas para el normal funcionamiento del ferrocarril citado. La compañía prestataria administraría el préstamo y el ferrocarril. Para información sobre las irregularidades en la administración de este préstamo y del ferrocarril véase JJ Callejas, Miseria y despojo en Centroamérica, Tegucigalpa, 1954, pág. 174 y ss.

radiocomunicaciones.

Dentro del panorama expansivo de las empresas bananeras norteamericanas, el crecimiento de la United Fruit es, sin duda, espectacular. "En 1914, un año después de la adquisición de las concesiones de Tela y Trujillo —observan Kepner y Soothill—, las tierras cultivadas por la United, de su propiedad, ascendían a mil acres, o sea aproximadamente la mitad de sus cultivos bananeros en Guatemala y Panamá y un tercio de sus extensos cultivos bananeros en Costa Rica. Por espacio de cinco años continuaron las subsidiarias de la United cultivando aproximadamente la misma extensión de tierra. En 1919 se cultivaban 12 mil acres de tierras nuevas, en 1920 alrededor de 15 mil acres, en 1922 otros 15 mil acres y en 1923 veinte mil.

Por consiguiente, en 1924, es decir, 10 años después, las compañías ferroviarias de Tela y Trujillo estaban en pleno desarrollo. Los cultivos de bananos de la United en Honduras ascendían en total a 87 800 acres, o sea tres veces la extensión de sus cultivos en Colombia y Guatemala, y cinco veces sus plantaciones en Panamá y Costa Rica —habiendo descendido en esta última república de 47,723 acres en 1913 a 17,575 en 1924—. Es evidente que el progreso más conspicuo de la United durante el decenio de 1914—1924 se hizo en Honduras. Hacia este último año, los cultivos bananeros hondureños no solo triplicaban con creces los de cualquier otro país, sino que, como consecuencia de su construcción de ferrocarriles bananeros, edificios para oficinas, hospitales, campamentos, talleres, sistemas de abastecimiento de agua y electricidad, lavanderías, calles, puentes, líneas telefónicas, etc., el valor total de sus tierras e instalaciones en Honduras había subido hasta 26 millones de dólares, cifra que debe compararse con sus inversiones de nueve millones de dólares en Costa Rica y 6,5 millones de dólares en Colombia"[35]. Con ello, hacia mediados de la década de 1920, la United Fruit Company se ha convertido en Honduras en el más grande exportador de bananos, la mayor empresa capitalista, que concentra el mayor número de asalariados en el país.

Las masas proletarizadas que hacen funcionar todo el aparato productivo, cuya fuerza de trabajo genera la plusvalía que se apropia la burguesía imperialista bananera, se concentran fundamentalmente en los Company Town (campos bananeros en el lenguaje local, en el cual se designa como "campeños" a los obreros agrícolas allí residentes). Estas se han formado por las masivas migraciones de personas de otras zonas del país, atraídas por los salarios relativamente altos que las bananeras

---

[35] Ch, Kepner y J. Soothil, op. cit., pág. 123.

se vieron obligadas a pagar debido a la escasez poblacional de la zona al momento de su instalación, lo que se explica en función de condiciones geo climáticas y sanitarias deficientes, así como la ausencia de actividades productivas importantes preexistentes. El proletariado agrícola y/o las otras categorías de obreros a que dan lugar las actividades de las bananeras norteamericanas —ferrocarrileros, muelleros, de la construcción, entre otros— se verá incrementado por migraciones masivas de otros países: negros, caribeños, mexicanos, centroamericanos (especialmente salvadoreños), que constituyen la notable mayoría entre estos últimos.

Hacia finales de la década de 1920, las empresas bananeras operando en el país empleaban alrededor de 22 mil trabajadores distribuidos así: Tela Railroad Company, 9123 personas (promedio); Trujillo Railroad Company con 6416 trabajadores; la Cuyamel Fruit Company con 552 operarios y empleados en el ferrocarril, en fincas con una plantilla de 3098 trabajadores, de 250 a 300 empleados en el muelle en la carga y descarga de vapores, para un total de 3 900 a 3950 trabajadores; y la Standard Fruit Company con 2343 trabajadores[36].

Es justamente en estas concentraciones capitalistas que se producen las huelgas obreras de mayor consideración en el país. A pesar de los obstáculos casi insuperables que crean las empresas bananeras a la libre sindicalización de sus empleados y del panorama político adverso a estas manifestaciones de inconformidad obrera, las huelgas, aunque no muy numerosas, se suceden con un alto grado de organización y relativo éxito en la materialización de sus demandas. Los años 1916, 1920, 1925, 1930, 1932 y, finalmente, la huelga de mayo—julio de 1954 marcan importantes hitos en la lucha reivindicativa de los obreros ligados a las plantaciones bananeras y sus servicios (agrícolas, ferroviarios, de los muelles, etc.)[37].

De toda suerte, hacia mediados de la década de 1920, Honduras se verá sacudida por la extraordinaria disputa en los mercados norteamericanos entre la United Fruit Company (UFCo.), el más importante monopolio bananero del mundo, y la Cuyamel Fruit Company, ligada a Samuel Zemurray, que desafía el poderío y el control casi monopólico de la United sobre el mercado bananero. La Cuyamel desafía no solo la hegemonía de la UFCo. en Honduras, sino que llega a intentar —sin mayor éxito—, quebrar su monopolio productivo en

---

[36] Memoria de Fomento, Agricultura y Trabajo, 1929—1930, Talleres Tipográficos Nacionales, Tegucigalpa, 1930, págs. 59, 71, 73 y 79.
[37] Cf, Mario Posas. El movimiento obrero hondureño: huelgas y lucha sindical en el enclave bananero (1916—1955). Tesis, Universidad de Costa Rica, 1976.

Guatemala, Costa Rica y Jamaica, ofreciendo a los plantadores locales un precio mayor que el pagado por la UFCo. La Cuyamel Fruit Company, cuyos orígenes se remontan, como ha quedado indicado, a una cercana asociación con la UFCo, experimenta durante la segunda e inicios de la tercera década del siglo un crecimiento espectacular en sus operaciones: incrementa sus cultivos bananeros, inicia la producción azucarera, obtiene favorables concesiones del gobierno hondureño — incluso el usufructo del ferrocarril nacional— e introduce técnicas pioneras, sobre todo la irrigación en la producción bananera, lo que significó un notable aumento de la productividad de la tierra y de la calidad de la fruta producida. Esto le permitió disputar los precios de expendio de los bananos en Estados Unidos y desafiar la hegemonía de este poderoso *trust* frutero.

Este conflicto Inter bananero tuvo importantes consecuencias políticas en el país y llegó incluso a provocar situaciones de virtual enfrentamiento bélico entre Guatemala y Honduras, sobre la base del agudizamiento de un secular conflicto de límites territoriales. Un diplomático guatemalteco llegó a calificar los matices que iba adquiriendo el conflicto, no como una "guerra de hermanos", sino como una "guerra de bananos"[38], aludiendo al trasfondo de la disputa que enfrentaba a ambos países. A lo largo de esta confrontación Inter bananera, la Cuyamel Fruit Company, para promover sus intereses, se movilizó en apoyo de políticos o, más precisamente, de candidatos presidenciales del Partido Liberal o de otras corrientes que representaran una opción contraria al general Tiburcio Carías Andino, en quien la United Fruit encontraba un político leal. Este podía crear dificultades a la Cuyamel, que había realizado actividades cuestionables como la construcción de ferrocarriles clandestinos y una dudosa administración del ferrocarril nacional.

Esta competencia Inter bananera solo concluyó en el marco de la crisis mundial (finales de 1929), cuando Zemurray accedió a vender sus instalaciones productivas a la UFCo a cambio de 300 mil acciones sin valor nominal de esta empresa multinacional, lo que lo convirtió en uno de los más importantes accionistas de esta. A partir de 1932, Zemurray, convertido en director de Operaciones Tropicales de la UFCo, consolidó su poderío sobre esta empresa monopólica.

"La adquisición por la United de su más grande y exitoso competidor —apunta un informe oficial norteamericano—, en un período en que este

---

[38] Virgilio Rodríguez Beteta, No es guerra de hermanos, sino de bananos. Editorial Universitaria, Universidad de San Carlos de Guatemala, Guatemala, 1969.

ya tenía bajo su dominio más de la mitad del mercado en Estados Unidos, puso en peligro la libre competencia. Ello dio a la United el poder, que subsecuentemente procedió a usar, de restringir importaciones, desviar recursos a otros países, determinar precios y realizar prácticas excluyentes contra sus restantes competidores. La única corporación ahora ocupada en la importación de bananos en Estados Unidos, la cual sobrevivió a la fuerza de la combinación United—Cuyamel en 1929, es la Standard Fruit Company. Las importaciones de la Standard hoy día son menos que un cuarto de las de la United y menos que un sexto del total de las importaciones de Estados Unidos. Frecuentemente, en su historia, la Standard ha entrado en entendimiento con la United. Como resultado de ello, ha sobrevivido con el consentimiento tácito de la United"[39].

De toda suerte, con la adquisición de la Cuyamel por la United en Honduras, esta última empresa norteamericana pasó a controlar monopólicamente la producción nacional y a convertirse en árbitro indiscutible de la vida política local. Carías, el hombre de la United Fruit en esta nación, dos veces candidato fallido a la presidencia (1923 y 1928), asumió finalmente, mediante triunfo electoral en 1932 —y no sin el apoyo de la UFCo—, la dirección ejecutiva de los negocios del Estado hondureño (1933).

La burguesía imperialista bananera, que realizaba sus actividades productivas en condiciones de enclave, al que no llegaban ni se aplicaban en algunos casos las leyes del país[40], se convirtió en un importante factor de poder político. A escala local y regional, el poder de las bananeras era incuestionable, e incluso era usual que funcionarios de estos niveles se encontraran en las planillas de las transnacionales. "Los poderes públicos desde el nacimiento de aquellas compañías han vivido, así como en perpetuo concubinato con ellas —observa un diputado y a la vez empleado de la United Fruit Company—, y prueba de esto es que la

---

[39] United States of America vs United Fruit Company. Preliminary pretrial memorandum for the United States. pág. 14. Se trata de un segundo juicio antimonopólico seguido por el Estado norteamericano contra la United Fruit Company en la primera mitad de la década de 1950.

[40] Un ejemplo de lo que aquí se dice es el decreto número 108 del 5 de abril de 1916 que exigía a todas las empresas capitalistas del país el pago semanal y en moneda de curso legal en el país, prohibiendo el pago en "fichas metálicas, cupones, bonos, cédulas o cualquier otro papel representativo de valor, lo mismo que en mercaderías" (Boletín Legislativo, Tegucigalpa, 19 de abril de 1916, pág. 290). Como se sabe, las empresas bananeras pagaban cada 15, 30 o 40 días empleando para ello cupones. Virtualmente, los cupones como forma de pago dejarán de usarse hacia finales de la década de 1920.

gran mayoría de los empleados nacionales de la costa norte reciben sueldos de esas empresas, muchas veces el doble de lo que les paga el gobierno. Esto abarca a los comandantes, administradores de aduana, guarda muelles, comandantes locales de los campos, algunos ministros del Estado, se diría, de estos yo no lo sé, pero la opinión pública los sindica. (...) Allí (en la costa norte, MP) he visto desfilar por los dominios de la Tela a nuestros grandes hombres públicos a vivir, comer y beber de balde de las tan odiadas compañías"[41].

A escala nacional, el poder político de las bananeras era igualmente considerable. Refiriéndose al caso particular de las subsidiarias de la United Fruit Company en Honduras, un escrupuloso estudio de la actividad política de esta observó con agudeza —lo cito in extenso—:

"La influencia de la United Fruit Company en Honduras se ejercía en una variedad de niveles, a diferentes grados de intensidad, usando muchos canales, en un complejo, recíproco y creciente esfuerzo por afectar el desarrollo de los asuntos políticos del país. El bosquejo de este sistema era claro ya en 1914, de acuerdo con un informe de un representante diplomático norteamericano en Honduras. Dos años después de la iniciación de la era de la United Fruit en Honduras, el embajador norteamericano comentaba la extensión de la influencia de la compañía en todos los niveles del gobierno hondureño.

Sería equivocado, sin embargo, concluir de este y otros informes que el gobierno hondureño se había convertido en un títere servil en manos de la United Fruit Company. Esto sería erróneo y no haría justicia a la complejidad de la política hondureña ni a la sofisticación de los esfuerzos de la compañía en guiar al gobierno en aquellos asuntos que eran de su interés. La United nunca llenó las salas de sesiones del Parlamento con serviles ("yes men"). Esto probablemente habría estado más allá de sus habilidades y, lo que es más importante, habría sido innecesario para el logro de las pretensiones de la compañía.

Buena parte del quehacer gubernamental iba mucho más allá del limitado círculo de los intereses de la compañía. Lo que la compañía hizo fue mantener un decisivo empuje en los más altos niveles de la política nacional, haciendo presión sobre el gobierno e induciéndolo a ver con aprobación los asuntos relativos a los intereses de la corporación bananera.

"La United se convirtió y ha continuado siendo un factor dominante en la vida política hondureña debido a diversos factores económicos. Su

---

[41] Intervención del Diputado Izaguirre, Médico de la Tela Railroad Company, en Boletín Legislativo, número 83, Tegucigalpa, 1931, pág. 726.

posición como el más grande exportador, el más grande empleador privado, la más grande empresa capitalista del país, el más grande terrateniente privado y la más rica entidad que opera en Honduras no expresan completamente su posición económica. La importancia de sus subsidiarias en la economía local era abrumadora y los recursos que disponían eran varias veces mayores que los del propio Estado hondureño.

Cuando la compañía expresaba un deseo a las altas esferas gubernamentales era escuchada con mucha atención. Este simple hecho estaba presente en todos los contactos con el gobierno, como un factor que intervenía explícita e implícitamente en las negociaciones, ya fueran oficiales o no. Algo más que inducía a una cuidadosa atención de los requerimientos de la compañía era su papel como fuente financiera de emergencia para el empobrecido sector público hondureño. Estos avances monetarios eran ofrecidos directamente para obtener resoluciones favorables.

A un grado más general, estos préstamos tenían un efecto político en un país tan pequeño como Honduras. La negación o el otorgamiento de tales préstamos era un signo que afectaba la confianza del gobierno, así como estimulaba las intenciones de los oponentes políticos al régimen.

"Un canal fundamental a través del cual la United aseguraba sus deseos era mediante el uso de figuras de la élite local, quienes, por una razón u otra, tenían una apreciación positiva del papel de la compañía en Honduras. Esta actitud hacia la United era producto de variados y complementarios factores: algunos tenían asegurado empleo, otros recibieron ayuda en específicas necesidades económicas o políticas; otros habían sido impresionados por la hospitalidad de sus representantes y por los regalos que recibían. Algunos estaban influenciados por la idea de la necesidad del capital extranjero para desarrollar el potencial de la nación.

"Carentes de una dinámica base económica para construir su control sobre el país, la élite hondureña apreció rápidamente en la United Fruit Company un instrumento que podía financiar el presupuesto nacional y proveer recursos económicos y empleo para el sostenimiento de la oligarquía del interior. La relación entre la Compañía y la élite local fue de intercambio: el uso del poder público para fines corporativos, a cambio de excedentes monetarios que mantenían y solidificaban el monopolio del poder político".

"La lista de los aliados de la compañía estaba compuesta por dos categorías: aquellos que en un tiempo u otro habían sido asalariados directos, y a quienes podíamos denominar "amigos de la compañía", objeto de sus atenciones, pero que no figuraban en sus planillas. Las figuras de la élite local empleados por la United Fruit Company lo eran generalmente como abogados de esta. En pocos casos, la posición exacta de algunos empleados aparecía encubierta en la categoría general de "representante" (traducción libre del autor)[42].

Una lista de estas figuras de la vida política nacional, compilada en los archivos de esta empresa bananera, incluye a ministros, fundamentalmente diputados, sus parientes e incluso encontramos entre ellos a un vicepresidente en funciones, Presentación Quezada (1924—1928), quien actuará simultáneamente como miembro del cuerpo legal de esta empresa bananera. Plutarco Muñoz P., presidente del Congreso Nacional (Parlamento) durante todo el régimen cariísta (1933—1948) y "residente" en el Parlamento desde mediados de la década de 1920, será sin duda uno de los más conocidos abogados de la UFCo en Honduras y uno de sus más leales y "consecuentes" defensores. A esta lista de funcionarios asalariados hay que agregar, como ha quedado señalado en la nota precedente, una lista de importantes figuras de la vida política nacional, una suerte de "amigos" de las bananeras halagados por formas eufemísticas de soborno (atenciones y regalos personales, entre otros), que sin ser empleados directos de estas actuarán como correa de transmisión en la defensa y promoción de sus intereses.

En suma, la United "poseía una red de asociados locales, hombres que ocupaban posiciones muy importantes en el gobierno local y quienes eran empleados o habían sido empleados de la United Fruit, o que mantenían múltiples relaciones y contactos con la United. Su asociación con la compañía y, en muchos casos, su dependencia de ella para ganarse la vida aseguraba que cuando aparecían involucrados asuntos de interés de la compañía, estos hombres se inclinaran a verlos desde la perspectiva de los intereses de esta. Su visión del orden mundial, su relación personal con los ejecutivos de la compañía, la historia de atenciones y regalos y su personal futuro económico, todo ello, los presionaba a estar al lado de la compañía en cualquier disputa. La línea de demarcación entre lo privado y lo político en la vida de un hombre público es siempre difícil de trazar. Ayudando a la compañía, no se veían como "vendidos"; era simplemente la convergencia del interés personal con el bien público. El resultado general era promover los intereses de la transnacional. La opinión favorable de las figuras de la élite local hacia la United se expandía o se mantenía a través de las actividades de relaciones públicas de la compañía. La oficina a cargo de estas actividades propagandizaba

---

[42] Edward Boatan, op. cit

las contribuciones de la compañía a la economía local, hacía donaciones caritativas y mantenía buenas relaciones con la prensa local. Las aseveraciones sobre los subsidios de la compañía a los editores de periódicos son bien conocidas en Honduras y es probable que la compañía hiciera esfuerzos por ganarse los medios de comunicación a través de atenciones, anuncios y pagos directos. Poco tiempo después de las controversias de 1931—1932, la compañía vio la conveniencia de establecer su propio periódico, el Diario Comercial, que se publicó hasta mediados de la década de 1950. La oficina de relaciones públicas estaba siempre presta a hacer favores especiales a las familias 'respetables' y tenía a su cargo la presentación de regalos y la hospitalidad a los visitantes de las zonas bananeras. Las relaciones públicas extendían el círculo de contactos de la compañía, más allá del limitado, aunque profundamente influyente, grupo de sus empleados y aliados políticos. El más importante puesto de operación de las relaciones públicas estaba localizado en la ciudad capital, Tegucigalpa. Esta oficina manejaba los asuntos cotidianos relacionados con el gobierno nacional. A través de esta oficina eran canalizados los pagos a funcionarios gubernamentales. El representante en Tegucigalpa se mantenía siempre muy activo. Era constantemente asediado por solicitudes de donaciones, alojamiento y 'tours' por la costa norte, así como empleo y otros servicios que la compañía podía ofrecer".

En resumen, "la United Fruit Company definitivamente tenía interés en el curso de los eventos políticos en Honduras y asumió un activo papel en la protección y promoción de sus intereses. Los canales a través de los cuales esta influencia fue ejercida son de alcance variado y van desde el uso de su poder económico, pasando por las actividades de relaciones públicas, hasta el entendimiento directo con figuras políticas locales. La amplia variedad de canales disponibles permitía a la compañía calibrar la intensidad de sus esfuerzos en promover políticas beneficiosas al progreso de la compañía. Estos van desde solicitudes informales, apelaciones personales, pagos monetarios, a través de la negativa de solicitudes de préstamo, amenazas de reducción de sus actividades económicas, proveyendo 'apoyo financiero' a los candidatos de la oposición política, así como el apoyo efectivo o tácito a generales políticamente ambiciosos, listos a iniciar una revuelta armada. Sin duda, estas poderosas medidas habrían tenido impacto en cualquier gobierno hondureño. En la promoción de sus intereses y en la prevención de políticas perjudiciales a los mismos, la compañía fue extraordinariamente exitosa en su trato con el gobierno hondureño. Las acciones tomadas por la United a este respecto solamente pueden ser llamadas por lo que son, sean de ejecución activa o pasiva: intervención en la política interna de Honduras, intervención que afectó el curso de la historia política del país" (Traducción libre del autor)[43]. Se trata, sin duda, de un magnífico panorama de la actividad política de la United Fruit Company en el país, en el que no hay, en mi parecer, casi nada que agregar.

Empleando estrategias un poco más sofisticadamente personales, la actividad política de la Cuyamel Fruit Company, aunque en menor escala que la United Fruit Company, era igualmente considerable. La base del éxito de Zemurray —se observa—, más allá de su talento natural, que era reconocidamente notable, residía en la posición de la Cuyamel Fruit Company en Honduras. Hacia 1924 la empresa había establecido su propia red de amigos y aliados, a los cuales había brindado protección en los días difíciles. Muchos factores deben ser tenidos en cuenta en relación con la posición de la Cuyamel en la política hondureña. Fundamentalmente, quizás, el éxito se debía (en parte) al reconocimiento de que Zemurray representaba competencia organizada contra la United Fruit. La Vaccaro—Standard en La Ceiba mantenía sus operaciones a un nivel bajo y sin desafiar el poderío de la United Fruit de ninguna manera. Este simple hecho y el reconocimiento de que la competencia era beneficiosa para los intereses nacionales ayudaron mucho a Zemurray. En la mente de una significativa porción de los más prominentes hombres del país, el empresario ofrecía el único camino posible para evitar los efectos del monopolio. Ellos veían el potencial costo político del monopolio bananero y los efectos económicos de tal situación sobre los productores locales y los obreros. Este fue un vigoroso factor psicológico que influyó en quienes apoyaban a la Cuyamel. Además, la compañía, cuyas operaciones eran más pequeñas que las de la United, tenía un toque personal que resultaba atractivo a los hondureños, mucho más acorde con los patrones socioculturales con los que estos estaban familiarizados. Zemurray vivía buena parte del año en Honduras y atendía personalmente muchos de los detalles del negocio. El contraste entre la Cuyamel y la United era grande. La United era percibida como una fría, distante y poderosa entidad, cuyos funcionarios locales seguían las órdenes emitidas desde Boston, de aplicación general en todas las divisiones tropicales. Los métodos personales de Zemurray se ajustaban mejor a la escena hondureña, ya sea en los negocios locales o en su trato con el gobierno nacional. Él visitaba a los plantadores locales de banano, conocía a sus familias, les daba préstamos sin

---

[43] Ibidem

54

intereses, libre transporte en sus embarcaciones, herramientas y pequeños regalos en Navidad. Era una figura popular en todos los niveles de la sociedad hondureña y recibía a cambio una vehemente lealtad de parte de muchos plantadores locales de banano.

Emparentado con este aspecto psicológico estaba su base económica. La Cuyamel era el pivote económico del área que iba de la frontera con Guatemala hasta Puerto Cortés y La Lima. Esta región marchaba firme en el camino de convertirse en la espina dorsal económica de la nación. Los incipientes grupos económicos locales prosperaban gracias a los efectos directos e indirectos de la industria bananera. Estaban ligados a la élite del interior por lazos de sangre y habían sido atraídos a la costa por el prometedor futuro económico de la zona. El grupo originario del área de San Pedro Sula se desarrollaba hacia la conformación de la burguesía nacional que Honduras no había tenido. La pequeñez de este grupo, los limitados recursos dejados en Honduras por la actividad bananera y el casi total control de todos los aspectos de la industria por fuerzas externas, limitó severamente la consolidación de estos individuos en una clase cohesiva, confiada y poderosa. El excedente producido por la actividad bananera para el uso de la economía local no fue suficiente para la creación de esta clase social. Zemurray mantenía estrechas relaciones con este pequeño grupo, que se convertía rápidamente en un importante factor de poder en la política nacional (traducción libre del autor)[44].

En efecto, Zemurray mantenía cercanos contactos no solo con los plantadores bananeros locales, sino también con importantes figuras de la vida política y comercial de la zona y del país. Los préstamos realizados por Zemurray alcanzaban a una amplia gama de personalidades políticas. A título de ejemplo, pueden indicarse apellidos de prominentes familias locales ligadas financieramente a Zemurray: Bográn, Da Costa Gómez, Gálvez, Bonilla, Fasquelle, entre otros. De toda suerte, "las actividades de la Cuyamel a escala nacional se basaban en el apoyo de la región de San Pedro Sula, que estaba interesada vivamente en el futuro bienestar de la compañía, teniendo el apoyo de aquellos hondureños que deseaban ver alguna competencia a la United Fruit Company. Si bien sería equivocado concluir que un préstamo o una relación financiera con la Cuyamel convertía automáticamente a sus beneficiarios en fieros partidarios de la Cuyamel, este factor tendía a inducir a aquellos así vinculados con la Compañía a ver con ojos favorables sus necesidades y a hacer lo que fuera necesario para

---

[44] Ibidem

protegerla del bien conocido "pulpo", la United Fruit Company".

"En el grado político, se ha dicho a menudo que la Cuyamel apoyaba al Partido Liberal. Diplomáticos norteamericanos vieron evidencias que los llevaron a concluir que la Cuyamel era decididamente roja (que es el color de la bandera del Partido Liberal) en sus simpatías". Esto es exagerado. Zemurray definitivamente se llevó muy bien con Manuel Bonilla, padre del Partido Nacional, y con Francisco Bertrand, miembro de la facción bonillista. La Cuyamel mantuvo buenas relaciones con el siguiente régimen, encabezado por López Gutiérrez (de origen liberal) y con el siguiente presidente, Miguel Paz Barahona, miembro del Partido Nacional. La clave de las preferencias políticas de la Cuyamel no descansaba en etiquetas partidarias.

De consideración central fue la figura de Tiburcio Carías Andino. Carías era el hombre de la United Fruit Company y, en consecuencia, anti—cuyamel. Las actividades políticas de la Cuyamel entre 1924—1929 pueden entenderse como anticariístas. La Cuyamel apoyó a los liberales únicamente como alternativa a la facción cariísta del Partido Nacional. La compañía también ayudó y fomentó grupos anticariístas dentro del Partido Nacional cuando la oportunidad se presentó, lo que no fue frecuente dada la dominación que sobre el aparato del partido mantenía el grupo cariísta.

Las actividades de la Cuyamel a escala nacional fueron atendidas personalmente por Zemurray o por su lugarteniente Walter Turnbull. El pago de empleados por la Cuyamel que fueran, a su vez, figuras políticas importantes fue limitado. Solo dos abogados de la Cuyamel tenían alguna influencia política: Luis Melara, un conocido abogado de San Pedro Sula y miembro del Partido Liberal, y Juan Manuel Gálvez, un joven abogado electo al Congreso Nacional durante la administración Paz Barahona. Ambos tenían alguna influencia política, pero estaban lejos de ser poderosos. La Cuyamel empleaba varios agentes para los asuntos políticos, como Gilbert Pemberton, jefe de la oficina de Tegucigalpa, experto en rumor e intriga. La compañía también mantenía un grupo de amigos en la prensa.

Las tácticas de la Cuyamel en todo el país fueron semejantes a aquellas empleadas por la United Fruit Company. Podía usar —y lo hizo— su importancia económica otorgando préstamos y el más coercitivo de todos los recursos: el uso de dinero para apoyar figuras de la oposición política y ayudar materialmente a las revueltas armadas intestinas. En estas actividades tenía como contendor a la United Fruit Company, capaz de sobrepasar a la Cuyamel en cualquier acción financiera y con medios para contrarrestar la mayor parte de sus maniobras políticas (traducción libre del autor)[45].

La influencia política de la Vaccaro Brothers and Company, más tarde Standard Fruit Company, fue también importante, pudiendo hacerse observaciones similares a las anotadas para Zemurray en el caso de los hermanos Vaccaro y sus cercanos parientes, los D'Antoni, que mantenían una presencia personal y directa en sus actividades productivas. Probablemente, su red de aliados políticos haya sido menos extensa que la de las dos empresas imperialistas anteriores.

Un connotado miembro de la burguesía ceibeña, basándose en sus experiencias locales, declaraba recientemente que difícil será encontrar en Honduras alguien que haya sido empleado público sin haber recibido "atenciones de las bananeras", unas veces ofrecidas espontáneamente y casi siempre exigidas a título de funcionario. "Hagan memoria los exfuncionarios —decía—, desde presidentes, ministros, gobernadores, alcaldes, militares y periodistas, que han dormido, comido y vivido gratis en casas de las bananeras, con la nevera repleta de licores y alimentos. Magníficas vacaciones han pasado con motocarros, automóviles y hasta aviones expresos a la orden. Será muy, pero muy raro, alguien que haya tenido el poder de no aceptar o exigir esas "atenciones". (...) Desde que iniciaron sus operaciones, las bananeras han tenido la protección del ejército y ellas siempre han pagado esos resguardos: es terrible el irrespeto a la propiedad en nuestro país y, si no tuvieran estricta vigilancia en todos sus departamentos, repito, no podrían subsistir; el latrocinio es inconcebible, máxime ahora con las doctrinas exóticas en contra de los norteamericanos. Con frecuencia se insulta soezmente a las bananeras, a sus gerentes y empleados. El 90% son hondureños y los salarios que estas pagan son más del doble del salario mínimo que dicta el gobierno a los jornaleros; en sus oficinas han aprendido a trabajar muchos, y miles de profesionales se han perfeccionado y devengan jugosos honorarios y muchas ventajas y comodidades. Becas al exterior a los hijos de sus empleados, mantienen y pagan escuelas y hospitales"[46].

He reproducido ampliamente este importante testimonio no solo por su valor informativo, sino porque en sí mismo es una muestra bastante elocuente de la subordinación ideológica de un aliado que usufructúa y ha usufructuado ventajosamente de las actividades productivas de la empresa bananera aludida.

---

[45] Ibidem
[46] La Tribuna, 8 de abril de 1978, pág. 23. Se trata de Raúl Pineda, uno de los más connotados miembros de la burguesía ceibeña

Cuando sus intereses lo demandaban, como ha quedado indicado, las bananeras llegaban incluso a apoyar y estimular guerras civiles, incrementando la ya secular inestabilidad política del país y su secuela de devastación, muerte y dificultades para el erario. La intervención de Zemurray en la preparación de la guerra civil que abrió a Manuel Bonilla el camino hacia la presidencia por segunda vez es bastante conocida. Menos conocida es, sin embargo, la virtual intervención de la United Fruit Company en el estímulo y apoyo a dos guerras civiles ocurridas en momentos en que en el Parlamento se discutían con ardor dos cuestiones que afectaban los intereses bananeros: el impuesto sobre la utilización del agua de los ríos para irrigación y la cuestión relativa a los ferrocarriles clandestinos. La primera de estas guerras civiles fue encabezada por el caudillo Gregorio Ferrera, conocida como "rebelión de las aguas" (abril de 1931), y la segunda por el general Filiberto Díaz Zelaya, denominada "rebelión del ferrocarril" (diciembre de 1931). En ambos casos, la UFCo despidió simultáneamente a un considerable número de obreros a fin de que pudieran incorporarse a ellas.

Finalmente, para completar este marco de acciones políticas, conviene añadir la representada por las redes diplomáticas y militares del gobierno norteamericano, que acrecentaban la capacidad política de las bananeras. Si bien parece ser que no siempre los movimientos políticos del Departamento de Estado coincidían plenamente con las acciones particulares de las transnacionales —manteniendo en algunos momentos fricciones secundarias—, el gobierno norteamericano siempre estuvo presto a movilizarse en defensa de los "intereses norteamericanos en ultramar", representados por las bananeras. Todo esto, en un período histórico como las primeras décadas del siglo XX, en que la invasión norteamericana de otros territorios (la política del Big Stick o Gran Garrote) estaba a la orden del día. Los Marines desembarcaron en Honduras varias veces para proteger los "intereses norteamericanos": 1924 fue la más notable de ellas, porque llegaron hasta la capital del país, Tegucigalpa. En otros casos, apenas llegaron al litoral (1903, 1907 y 1925)[47].

2. Regímenes políticos y dinámica de administración estatal

[47] Cf, Harry A. Ellsworth, One Hundred Eighty Landings of United States Marines, 1800—1934. U.S.Government Printing Office, Washington, 1974, págs. 94—98. Véase además Willarg Beaulac, Un lapso en la vida política de Centroamérica con el apoyo diplomático y militar de los Estados Unidos, reproducido en Departamento de Ciencias Socia— les (editor) De la sociedad colonial a la crisis del 30 (antología). Editorial Nuevo Continente, Tegucigalpa, s.f.

(1903—1948)

La inestabilidad política es la característica dominante de la vida hondureña durante el siglo XIX. Desde 1824 hasta finales de esa centuria, es decir, en 76 años de vida política neocolonial, ocurrieron 98 cambios de gobierno, algunos de vida efímera, con un promedio de casi ocho meses por mandato. Durante casi el mismo período (1827—1900) se computaron 213 acciones de guerra civil. Como quiera que sea, la inestabilidad política, característica del siglo XIX, lo será también de las primeras décadas del XX. Si bien el número de cambios de administración entre el inicio del siglo y el acceso a la presidencia del general Tiburcio Carías Andino (1933) es relativamente menor —14 cambios de gobierno—, el número de acciones de guerra civil no deja de ser considerable: 159 durante este período[48].

Terencio Sierra (1899—1903), que abre el siglo como presidente y que había organizado un régimen autoritario bajo la bandera de estabilidad, crea a finales de su gestión las condiciones para una nueva fase de inestabilidad, al intentar imponer un candidato oficial como su sucesor. Para sustituirlo se enfrentan en la contienda Juan Ángel Arias como candidato oficial, Marco Aurelio Soto y Manuel Bonilla. Este último, pese a las denuncias de fraude electoral en su contra, triunfa en los comicios, aunque sin mayoría absoluta, como lo exigía la Constitución. Su elección debía ser ratificada por el Parlamento. Sierra deposita la presidencia en un consejo de ministros (enero, 1903) mientras es nombrado comandante general de la República para luchar contra las tropas de Bonilla, que desde Amapala se habían levantado en armas. El Parlamento nombra a Arias presidente constitucional (18 de febrero de 1903). Entretanto, Bonilla, juramentado en Amapala (10 de febrero de 1903), avanza militarmente sobre Tegucigalpa y en abril toma la capital, para derrocar a Arias.

Ratificado como presidente, Bonilla organiza un régimen autoritario, reprime la oposición en el Parlamento encarcelando diputados y en breve asume poderes dictatoriales. Será desalojado en 1907 por la "revolución" apoyada por el régimen nicaragüense de José Santos Zelaya. La Junta de Gobierno que lideró las escaramuzas asume el Ejecutivo y poco después designa a Miguel R. Dávila, que lo ocupa provisionalmente (18 abril de 1907). Sierra, desconociendo al nuevo gobierno, se declara presidente

---

[48] Cf. William Stokes, op. cit., págs. 329—331, y Alfonso Alvarado L. Elementos natura— les, artificiales y humanos en el desarrollo de Honduras en Revista de la Academia Hondureña de Geografía e Historia, Tegucigalpa, octubre, noviembre y diciembre de 1970, pág. 62 y ss. De todas maneras, para la redacción de este aparte he usado ampliamente, entre otros, el libro previamente citado de W. Stokes,

en Amapala (23 abril de 1907), pero las tropas de Dávila, al mando de Tiburcio Carías Andino y José María Valladares, lo derrotan, obligándolo a huir a Nicaragua y abandonar sus planes reeleccionistas. Dávila, constitucionalizado en 1908, no consigue organizar un régimen estable. Su principal preocupación es mejorar la academia militar y la escuela de artillería, para lo cual trae instructores extranjeros —un chileno y un francés—, lo que refleja las dificultades de su administración, incapaz de generar consenso entre los caudillos militares del país y del exilio.

En 1910 Dávila enfrenta la "revolución" encabezada por Manuel Bonilla, que busca recuperar la presidencia y ocupa La Ceiba, Trujillo y San Pedro Sula. Sus tropas son derrotadas, al igual que las de José María Valladares en Amapala. La crisis se agrava cuando Dávila pretende imponer un empréstito de diez millones de dólares con el grupo financiero Morgan de EE. UU., que implicaba control fiscal y aduanal del prestatario. El Parlamento lo rechaza (32 votos contra 4). Bonilla, con apoyo financiero de Zemurray, se apodera de las Islas de la Bahía, Trujillo y La Ceiba. La mediación del gobierno norteamericano, a bordo del crucero *Tacoma*, desemboca en la caída de Dávila y la instauración de un gobierno de transición encabezado por el médico Francisco Bertrand, quien convoca elecciones en octubre de 1911, de las cuales resulta triunfador Manuel Bonilla. Como se indicó, a él se ligan las principales concesiones que consolidaron a las compañías bananeras en la economía y la política hondureña.

A la muerte de Bonilla (1913), el vicepresidente Francisco Bertrand asume el Ejecutivo y gobierna hasta 1919, salvo seis meses en 1915 en los que Alberto Membreño dirige interinamente. Durante su mandato, se impone una tasa adicional de medio centavo de dólar por racimo exportado, recaudada por las municipalidades, e incluso se intenta frenar la expansión de ramales ferroviarios que favorecían a las bananeras. El Parlamento decide negar concesiones de tierras por ramales, reservándolas solo para la expansión de la línea principal. Sin embargo, Bertrand desata una nueva guerra civil al intentar imponer a su cuñado Nazario Soriano como candidato, en perjuicio de Rafael López Gutiérrez y Alberto Membreño, quienes se alzan en armas. La "revolución de 1919" se desarrolla entre julio y septiembre. El 9 de septiembre, Bertrand delega el poder en un consejo de ministros y parte del país con Soriano. Tras la declinación de Membreño, el Ejecutivo es asumido provisionalmente por Francisco Bográn. En las elecciones de octubre de 1919 triunfa sin oposición Rafael López Gutiérrez, quien asume la presidencia el 1 de febrero de 1920.

Enjuiciando el régimen de López Gutiérrez (1920—1924), Julián López Pineda ha observado, desde un punto partidario, aunque no sin razón, que "el fracaso de la administración *López—gutierrista* se debió a la debilidad del gobernante, que no pudo controlar la desenfrenada ambición y la febril sed de riqueza de sus paniaguados, los cuales formaron un bloque de especuladores (para) traficar con los bienes y el honor de la Nación. Cuando llegó a la presidencia el general López Gutiérrez, Honduras no tenía problema de la redención del ferrocarril nacional porque esta vía estaba libre y era administrada por hondureños. En los comienzos del gobierno liberal de López Gutiérrez, el ferrocarril fue entregado en anticresis, mediante un empréstito de un millón de dólares a la Cuyamel Fruit Company. De la entrega del ferrocarril a una compañía extranjera nació el problema de los ramales clandestinos, que es otra de las herencias que nos dejara el Partido Liberal. Otro de los problemas que creó su desastrosa administración fue el arrendamiento de las tierras llamadas 'lotes alternos'. Todos los gobiernos anteriores a López Gutiérrez habían respetado estos lotes alternos, pero apenas instalado este Gobierno, comenzó a desarrollarse un escandaloso tráfico de tierras nacionales. Bajo el gobierno liberal de López Gutiérrez se concedió a la United Fruit Company el derecho de establecer y explotar el monopolio de las industrias radiotelegráficas y radiotelefónicas, llegando al grado de dar lo que no pedían, es decir, que sólo la compañía concesionaria podría establecer estaciones inalámbricas en el país.[49]"

Precisando un poco más sus criterios, el mismo autor ha señalado que "en verdad, el general López Gutiérrez era un ciudadano honorable, bondadoso, humanitario, dulce, incapaz de perjudicar voluntariamente a nadie. Pero una cosa era el general López Gutiérrez y otra cosa fue su gobierno, que constituía una oligarquía de las más trágicas y vergonzosas que ha tenido Honduras, gobierno de familia y de sectarismos que, a la sombra del parentesco y del partidarismo, cometió los mayores errores y los crímenes más atroces y escandalizó al mundo con el agio y las conclusiones"[50].

Virtualmente, el gobierno de López Gutiérrez es uno de esos en que la corrupción administrativa y la apropiación privada de los fondos públicos parece haber alcanzado una notable significación, lo que de todas maneras no es privativo de su régimen político. Se ha presentado —y se presenta aún, en mayor o menor grado, en la casi totalidad de los regímenes políticos que han dirigido la gestión del aparato estatal— un

---

[49] Citado por Lucas Paredes, El drama político de Honduras, Editora Latinoamericana SA. México, s.f., pág. 277.
[50] Ibidem, pág. 285.

fenómeno similar. Una observación semejante debería hacerse acerca del nepotismo que caracterizó al régimen de López Gutiérrez. De toda suerte, su gobierno se verá ampliamente convulsionado por las guerras civiles. Se han estimado en 21 las revueltas ocurridas durante su administración política.

Serán particularmente sangrientas las guerras civiles que constituyen la llamada "revolución de 1924", generada a propósito de una nueva campaña electoral que no definió un candidato presidencial con mayoría absoluta y por la perpetuación en la dirección del aparato estatal de López Gutiérrez.

En las elecciones de octubre de 1923 compiten Policarpo Bonilla y Juan Ángel Arias por el Partido Liberal, y el general Tiburcio Carías Andino por el Partido Nacional. Carías resulta vencedor, pero sin mayoría absoluta. El Parlamento no sanciona las elecciones presidenciales y López Gutiérrez asume poderes dictatoriales el 1 de febrero de 1924. Estalla la guerra civil. Los generales Gregorio Ferrera y Vicente Tosta, aliados de Carías, inician la ofensiva. López Gutiérrez enferma y muere el 10 de agosto de 1924, siendo sustituido por un Consejo de Ministros encabezado por Ángel Zúñiga Huete.

La guerra civil continúa. El Departamento de Estado de EE. UU., con apoyo de Guatemala, El Salvador, Nicaragua y Costa Rica, negocia un arreglo a bordo del crucero *Milwaukee* en Amapala, del cual surge como presidente provisional Vicente Tosta (30 de abril de 1924). Entretanto, 200 marines se estacionan en Tegucigalpa para proteger intereses norteamericanos, provocando protestas antiimperialistas. La paz aún no se consolida: Tosta debe derrotar a los rebeldes de Gregorio Ferrera (agosto de 1924). Finalmente, en las elecciones de diciembre triunfa Miguel Paz Barahona, compañero de fórmula de Carías, quien asume el Ejecutivo el 1 de febrero de 1925, logrando, tras sofocar las rebeliones iniciales, organizar un régimen de notable estabilidad.

Sobre las interioridades de estas escaramuzas de guerra civil es notablemente ilustrativo el testimonio de un diplomático norteamericano:

"Muchos, quizá la mayoría de los hombres que constituían los ejércitos litigantes, no sabían por qué peleaban. Esto no significa necesariamente que lo hicieran de mala gana. Muchos peleaban por el placer de luchar; muchos murieron por una causa que probablemente creían gloriosa. Por otra parte, a muchos les interesaba principalmente, lo que era natural dadas las circunstancias, estar al lado del vencedor y, cuando cambiaba la corriente de la batalla, la deserción hacia el lado más fuerte era casi total. La mayoría de los soldados eran reclutados y no usaban uniforme. Un bando se distinguía de otro por los brazaletes que usaban los soldados en el brazo. Generalmente, a los soldados no se les conocía como liberales o conservadores, sino como azules y colorados. No era extraño que un soldado azul llevara en su bolsillo un brazalete colorado y viceversa, y no vacilara en cambiárselo cuando llegaba el momento"[51].

La inestabilidad política secular que domina la vida nacional se verá continuamente alentada y apoyada por los regímenes de los países vecinos —Guatemala, El Salvador y Nicaragua— interesados en que en Honduras gobernaran sus aliados políticos ¿Hemos tenido una verdadera autonomía después de la caída de José María Medina? —se pregunta un agudo comentarista político. Creo que no, —responde enfáticamente—. "Unas veces nos empuja Nicaragua, otras Guatemala y aun El Salvador ha extendido su mano intervencionista"[52].

Tal inestabilidad política, producto de rencillas inter faccionales que se disputan las ventajas partidarias derivadas del control estatal, causaba profundos trastornos en el funcionamiento de la administración pública. Un escrupuloso estudio realizado a inicios de la década de 1920 planteaba de manera precisa el problema:

"La historia de Honduras demuestra claramente los efectos de las guerras civiles sobre las finanzas públicas. Los gastos del Departamento de Guerra dominan completamente la situación durante una revolución y por muchos meses subsiguientes. Los gastos adicionales que el gobierno se ve precisado a hacer no pueden ser cubiertos enteramente con las rentas ordinarias, que sufren una disminución material debido a la paralización de la vida económica del país. Por consiguiente, el gobierno se ve en la necesidad de tomar dinero prestado bajo duras condiciones o a hacer requisiciones forzosas que aumentan sustancialmente la deuda pública. En adición, la pérdida de propiedades causada por las facciones contendientes asciende muchas veces a centenares de pesos. El pago de los empleados civiles, excepto en ciertos ramos como el servicio telegráfico y postal, cae en rezago por muchos meses y, por consiguiente, queda desmoralizada la administración pública"[53].

Como observa el mismo autor, la falta de puntualidad en el pago de

---

[51] W. Beaulac, Op. cit
[52] R. Oquelí (editor), Paulino Valladares... pág. 114
[53] Arthur Young, La reforma financiera en Honduras, Tegucigalpa, 1921, pág. 15, Editado y compilado por el Banco Central Historia financiera de Honduras, Tegucigalpa

los sueldos de los empleados públicos no era solo un fenómeno de los períodos revolucionarios y posrevolucionarios, sino también de los períodos ordinarios. Ello se convertía en un problema secular de la administración pública. La falta de pagos puntuales provocaba: "...hay que mencionar la reacción de este hecho sobre el servicio público. Entretanto, los empleados no están puntualmente pagados, es imposible que los jefes de oficina les impongan el cumplimiento correspondiente de sus obligaciones, sea en la regularidad de su asistencia durante las horas necesarias, sea en la intensidad del trabajo. Cuando el gobierno no tiene fondos con que pagar los empleados no es fácil rehusar con justicia su solicitud de exención parcial de sus obligaciones para suplicar su renta pequeña e irregular con trabajo afuera. Esta circunstancia ha conducido al gobierno a dar empleo a un número de personas considerablemente mayor de los realmente necesarios para hacer el trabajo público y de ese modo se ha creado la ineficiencia en las oficinas públicas".[54]

A este deficiente servicio administrativo también contribuía el predominio del *Spoils System* como mecanismo de reclutamiento. W. Stokes lo sintetizó así "En Honduras los factores personales y partidistas dominan todas las fases de la administración a todos los niveles del gobierno. No puede existir duda alguna que la selección partidista de los empleados ha contribuido en gran manera a la ineficiencia administrativa. En algunos casos, incluso los técnicos encargados de los servicios públicos han sido reemplazados por nombramientos políticos. En 1894, por ejemplo, Policarpo Bonilla efectuó el cambio del 100% del personal; en 1903, Manuel Bonilla siguió la misma política. En 1911, el presidente Bertrand eliminó toda la oposición llenando los puestos con simpatizantes. En 1919, Francisco Bográn rompió esta línea reteniendo personal competente, pero su sucesor, Rafael López Gutiérrez, reafirmó la vieja tradición. Sin embargo, desde la administración de Miguel Paz Barahona (1925), esta práctica comenzó a detenerse gradualmente, evitando despidos masivos de personal capacitado por razones políticas"[55].

Un criterio partidista semejante se aplicaba al pago de la deuda interna. Young observaba hacia 1920 que: "El continuo estado de déficit ha impedido al gobierno emprender la amortización de sus deudas según un plan sistemático e imparcial. Desde que el gobierno debía más de lo que podía pagar, y la mayor parte de lo adeudado figuraba apenas como créditos en los libros, era imposible evitar el favoritismo en determinar

---

[54] Ídem.
[55] W. Stokes, op, cit., págs. 191 y 193.

qué deudas debían ser pagadas. El pago ha sido decidido repetidas veces según si la parte interesada era amiga de personas en el poder, más que por los méritos de la deuda"[56].

Según A. Young, la deuda de Honduras consistía en dos clases principales:

- Deuda interior propia o Crédito Público, integrada por créditos inscritos en los libros y reclamaciones contra el gobierno, la mayoría sin devengar intereses.
- Préstamos recientes, principalmente anticipos de bancos y firmas comerciales, que sí generaban intereses.

Al 31 de julio de 1920, la deuda interior ascendía a 3,555,982.11 pesos y los préstamos y cuentas corrientes a 2,950,649.11 pesos[57].

Esta deuda provenía de rezagos en salarios, pérdidas de propiedades durante guerras civiles y adelantos de dinero o mercaderías a gobiernos o movimientos revolucionarios que luego inscribían sus "contribuciones de campaña" como deuda pública. Aunque la mayoría no devengaba intereses, algunas cuentas fueron reconocidas hasta con un 24% anual, lo que infló los montos de manera desmesurada[58].

Refiriéndose a los llamados "préstamos" y "cuentas corrientes" apunta Young que "esta deuda ha sido generalmente tratada enteramente separada de la deuda interior propia, por varias razones. En la mayor parte representa efectivo realmente recibido por el gobierno en vez de reclamaciones y obligaciones no pagadas. Por esta razón los bancos y casas comerciales que han anticipado fondos al gobierno han exigido que el gobierno asuma obligaciones serias para el reembolso de los préstamos y también han insertado general mente el pago de intereses"[59]. Entre los acreedores del gobierno en este renglón figuran Samuel Zemurray y la Cuyamel Fruit Company, la Vaccaro Bros and Co., el Banco Atlántida y el Banco del Comercio, ligados a esta última empresa bananera. Otras deudas de más vieja data que remontan al siglo pasado, las contrajo el gobierno con el Banco de Honduras y con comerciantes alemanes (J. Rossner y Cía., Pablo Uhler y Cía.).

La principal deuda externa, como se ha señalado, se originó en los empréstitos de 1867, 1869 y 1870 para el frustrado ferrocarril interoceánico. A inicios de la década de 1920, según Young, el total de deuda y rezagos de intereses ascendía a 27,724,682 dólares[60].

---

[56] A. Young, op. cit., págs. 15—16.
[57] Ibidem, pág. 39 y ss.
[58] Ídem.
[59] Ídem
[60] Ídem

A pesar de los variados intentos por arreglar la deuda externa[61], esto solo se logra finalmente bajo el régimen de Miguel Paz Barahona (1924—1929). Como señala un informe de la labor económico—hacendaria del régimen de Paz· Barahona, que citó ampliamente: "arreglo de la Deuda Externa celebrado entre la República de Honduras y la Corporación de Tenedores de Bonos Extranjeros de Londres, juntamente con el Comité de Tenedores de Bonos de Honduras y firmado en Washington el 29 de octubre de 1925. Decreto Legislativo No. 66 de 9 de marzo de 1926. Monto de arreglo... 1,200,000 libras. Sin interés. Duración de contrato... 30 años. Amortización, cuotas semestrales de ... 20,000 libras. Garantía ... Renta consular.

Los términos de este contrato —se señala— se están cumpliendo con toda regularidad, habiéndose efectuado ya el pago de tres semestres consecutivos, de 20.000 libras esterlinas cada uno.' Como complemento al arreglo de la Deuda Externa —se agrega— se celebró un contrato entre la República de Honduras y The National City Bank of New York el 25 de agosto de 1926, aprobado por Decreto Legislativo No. 38 del 10 de febrero de 1927, por el cual, el mencionado Banco queda constituido en Agente de la República "para la venta de los timbres" consulares y para el pago de la cuota semestral de la Deuda Externa. Como consecuencia de este contrato —se puntualiza— se ha obtenido un control efectivo de la recaudación consular, atendiéndose con toda puntualidad a la obligación semestral originada del contrato con los Tenedores de Bonos, al pago cumplido del servicio Diplomático y Consular, quedando un remanente mensual para atender a otros gastos del servicio público"[62]. El pago de la deuda externa del ferrocarril interoceánico sólo se concluye durante la administración de Juan Manuel Gálvez (1953).

Paz Barahona organiza también el pago de la deuda interna. En este sentido, hay que anotar su preocupación por concluir los compromisos financieros del Estado con las empresas bananeras y la banca ligada a ellas. "Las deudas de los Bancos y las Compañías Ferrocarrileras establecidas en el país se consolidaron por medio de un contrato de préstamo celebrado entre la República y el Marine Bank and Trust Company de New Orleans, fechado el 18 de febrero de 1928, habiéndose también firmado un contrato complementario entre la misma República y dichas Compañías, para la recaudación mensual del fondo destinado al

---

[61] Cf. Ibidem, págs. 46—47,
[62] Labor económica—hacendaria de la administración pública de Honduras. periodo presidencial del doctor Miguel Paz Barahona 1925—1929, Litografía Nacional, Tegucigalpa, 1928, pág. 3 y ss.

pago de intereses y amortización del capital. Estos contratos fueron aprobados por Decretos números 87 y 88 de la Legislatura del año en curso (1928). Los términos del contrato de préstamo son los siguientes: Monto del Préstamo... $1,500,000.00 dólares. Interés anual... 7%. Vencimiento: cuotas mensuales de... 25,000.00 dólares aplicables de preferencia al interés sobre el préstamo, y el remanente a la amortización del capital. Garantía: Renta Aduanera de los puertos de Tela, Puerto Cortés y Puerto Castilla". "Con este arreglo de consolidación —se observa— obtuvo el gobierno las siguientes ventajas: Reducción del tipo de interés de 7.31%, que era el promedio del tipo de interés que pagaba a los Bancos y las Compañías, al 7% que es el tipo actual que paga al Marine Bank and Trust Company. Reducción de la cuota mensual para pago de intereses y amortización de capital, de 52,000.00 por mes a 25,000.00 dólares mensuales. Liberación económica de aquellas instituciones"[63].

Al mismo tiempo, el régimen de Bográn crea una nueva tasación para aumentar los ingresos del Estado. Se trata de la renta de timbre (decreto 2, del 5 de octubre de 1927), que grava los productos de importación (bebidas, perfumes, jabones...), las gaseosas, cervezas, cigarrillos, licores y perfumes producidos en el país, las operaciones comerciales (pólizas, seguros), operaciones administrativas (registros de marcas de fábricas y patentes, concesiones, denuncias de tierras y minas, etcétera) y algunas operaciones jurídicas y de notarios públicos (divorcios, donaciones...)[64].

Una observación rápida al presupuesto de gastos del año fiscal 1928—1929 es igualmente ilustrativa de las modificaciones en la distribución de los gastos y funciones que desempeñaba el Estado durante ese período de relativa estabilidad política.

---

[63] Ibidem, págs. 6—7.
[64] Ibidem, págs. 8—9.

Ramos	Monto	Porcentaje
Gobernación	1,707,265.32	15.95%
Justicia	341,720.00	3.19%
Sanidad	235,000.00	2.20%
Relaciones Exteriores	293,622.70	2.74%
Instrucción Pública y Justicia	872,520.00	8.15%
Fomento y agricultura	2,147,088.00	20.06%
Guerra y marina	1,596,874.75	14.92%
Hacienda	1,166,820.80	10.90%
Crédito Público	2,344,708.43	21.90%
TOTAL	**10,705,620.00**	

El comentario gubernamental que acompaña esta distribución presupuestaria es bastante ilustrativo de lo que ocurre, como dijimos, en períodos de relativa paz interna. "Si se observa detenidamente la distribución que se ha dado a la suma total con que el Estado cuenta para atender a los gastos que impone la Administración Pública del país, se llega a la conclusión de que el presupuesto que próximamente entrará en vigor refleja el esfuerzo del gobierno, destinando un poco más de la quinta parte de los recursos anuales al pago de su Deuda Interna y Externa, restableciendo así el Crédito Nacional. Otra quinta parte ha sido destinada al ramo de Fomento, a cuyo cargo se encuentra la apertura y sostenimiento de Vías de Comunicación y el impulso que el Estado está obligado a dar a la Agricultura y al Trabajo. Las tres quintas partes restantes corresponden a los otros ramos del servicio administrativo".

"Los sueldos y gastos corrientes del año económico –se indica líneas adelante– han sido y son atendidos con estricta puntualidad al final de cada mes; del remanente mensual se ha pagado gran parte de los rezagos de los años económicos anteriores y el gobierno ha erogado y pagado grandes sumas de dinero destinadas a varias Municipalidades de la República para compra de terrenos y para construcción y reparación de obras municipales"[65].

En suma, el régimen encabezado por Paz Barahona es de relativa estabilidad política; en este marco, el impulso al "progreso" se convierte en una preocupación primaria y fundamental, por encima del problema de la restauración del "orden público", problema secular del país. Esto se refleja en el aumento creciente de los gastos en infraestructura vial, salud, educación y en el virtual descenso de los gastos dedicados a la

---

[65] Ibidem, págs. 10—11.

restauración del "orden público"[66], que no se ve alterado por la guerra civil. Por otra parte, que el mandato de Paz Barahona coincida con el período de mayor auge de la producción bananera en el país (desde 1924 Honduras se ha convertido en el mayor exportador de bananos en el mundo), significa para el Estado una mayor recaudación de rentas fiscales. Esta tendencia alcista, como veremos más adelante, se invierte hacia mediados del gobierno de Mejía Colindres (1929—1933), duramente afectado por la depresión mundial que le sirve de trasfondo.

Como se ha dicho, es justamente durante la época de Paz Barahona cuando se crean las condiciones para la consolidación definitiva de la deuda externa, se hacen las provisiones para la cancelación ordenada de la deuda interna y se intenta romper la dependencia financiera de las empresas bananeras, cuyos "saldos" serán cancelados mediante un préstamo (US$ 1,500,000.00) que con tal propósito contrata el gobierno hondureño con un banco norteamericano. Las bananeras, como se deja señalado, habían venido siendo —y lo serán aún por mucho tiempo más— importantes acreedores de los gobiernos hondureños. En algunos casos, se les prestaba hasta para el pago de los empleados públicos.

Finalmente, hay que indicar que el régimen de Paz Barahona se caracteriza por ser un período histórico de intensa actividad parlamentaria. La revisión de los boletines legislativos que recogen las discusiones parlamentarias no deja ninguna duda acerca de tal aseveración. En el marco de la disputa Inter bananera, que adquiere sus rasgos más nítidos durante el mandato de Paz Barahona, el Parlamento llega incluso a negar contratas a la Cuyamel Fruit Company, lo que irá acompañado de notables protestas de núcleos de la pequeña y mediana burguesía norteña, que tiene su principal base de operaciones en San Pedro Sula, para quienes Zemurray ha sido un importante aliado, a la sombra del cual han podido desarrollar y expandir sus actividades productivas y comerciales, y que ven con preocupación el dominio de la United Fruit Company en la actividad productiva y, por extensión, en la política del país. En este período, incluso, la lucha por establecer formas de control sobre las actividades de las empresas bananeras es igualmente importante. Es muy notable la lucha por el control y/o supresión de los comisariatos que funcionaban en las plantaciones, importante obstáculo a la expansión de los núcleos comerciales burgueses del país.

En el clima de relativa paz interna que representa la administración de Paz Barahona, incluso el juego demoliberal de elecciones libres y

---

[66] Cf. Joseph Thompson, An Economic Analysis of Public Expenditure: 1925—1963, Ph. D. Dissertation, The University of Florida, 1968, pág. 228, published by University Microfilms International, Ann Arbor, Michigan.

democráticas y de alternabilidad presidencial pacífica se hace posible. En las votaciones de octubre de 1928, definidas como "notablemente libres y ordenadas"[67], Vicente Mejía Colindres, postulado por el Partido Liberal, triunfa sobre su candidato opositor, el general Tiburcio Carías Andino.

Durante el gobierno de Mejía Colindres, el Parlamento —incluso la Corte Suprema de Justicia— estará controlado por el Partido opositor que lo llevó a la presidencia, esto es, el Partido Nacional. Este hecho resulta bastante problemático en un período de gran desarrollo parlamentario, como fue el comprendido entre los años 1924—1931. Por otra parte, su mandato se verá enfrentado a los agudos problemas que resultan de dirigir un país afectado por la depresión mundial, que, si bien no son tan graves como en otros países latinoamericanos, no por ello dejan de ser significativos. Se trata fundamentalmente de la reducción de actividades y exportaciones bananeras, particularmente de la United Fruit Company, un descenso de la actividad comercial de importaciones y, por tanto, una baja en las rentas del Estado derivadas de estos rubros. Si a esto se agrega el reaparecimiento del mal endémico del país —las guerras civiles— pienso en este caso en el alzamiento de abril de 1931 dirigido por el general Gregorio Ferrera, virtualmente auspiciado por la United Fruit Company y conocido como la revolución de las aguas, la situación general de su gobierno resulta ser notablemente delicada. Ciertamente, en el marco de la crisis mundial de 1929 y absorbida en su seno la Cuyamel Fruit Company, la United Fruit Company reduce sus operaciones en el país. El área de Omoa y Cuyamel será abandonada y desmantelada (1930). El despido de asalariados de esta empresa bananera será también significativo. Sin embargo, la mayor parte de ellos pudo volver a refugiarse en la economía agrícola de subsistencia. Se aplican, incluso, reducciones salariales que, agregadas a la lucha obrera por aumentar y cuando menos mantener el nivel de los salarios, se manifiestan en importantes huelgas que sacuden los primeros años de la década de 1930, particularmente en 1932, en que sucesivamente los obreros, con diferentes grados de intensidad, han de paralizar total o parcialmente las actividades productivas de las bananeras.

De resultar la reducción de actividades de la United Fruit Company, el nivel de las exportaciones bananeras alcanza su punto máximo en 1929, o sea, 19.1 millones de racimos de bananos, y comienza su vertiginoso descenso hasta llegar a su punto más bajo en 1942, unos 3.9 millones de racimos exportados ya en plena Segunda Guerra Mundial y

---

[67] W. Stokes, op. cit., pág 240.

durante la dictadura cariísta[68]. En esta situación depresiva, las rentas del Estado acusan un descenso significativo, particularmente los ingresos fiscales que proceden de la exportación e importación. Todavía en el año fiscal 1929—1930, en un momento en que las rentas estatales aún estaban en crecimiento, Mejía Colindres podía declarar con satisfacción que "a pesar de la crisis económica que abruma a casi todos los países de la tierra, las rentas fiscales de Honduras durante el año de referencia no fueron afectadas seriamente"[69]. Sin embargo, el año económico siguiente (1930—1931) las rentas estatales experimentan un descenso de casi dos millones y medio de pesos con relación al año anterior. El descenso de la recaudación fiscal aparece complicado por una crisis financiera. "Como una consecuencia de la crisis económica y conforme ella ha venido agudizándose —observa un informe oficial—, la depresión financiera se ha acentuado más y más, agravada con el desorden monetario en que ha permanecido la República durante muchos años, a base de un patrón teórico de plata (el peso de veinticinco gramos de peso y novecientos milésimos de fino) y con la presencia tolerada en la circulación de numerosas piezas de plata que ya fueron desmonetizadas en los países de donde proceden. La mala moneda ha sido una de las causas de la depresión financiera, por las perturbaciones que ha ocasionado en los negocios la inestabilidad del cambio, debida a la depreciación del metal blanco en el mercado mundial. Con tal motivo, la contracción del comercio ha sido más sensible a causa de la dificultad de obtener giros con plata depreciada. Como los importadores han tropezado con este inconveniente para cancelar sus deudas en el extranjero, las importaciones de mercaderías han disminuido considerablemente, determinando una baja proporcional en el producto de la renta aduanera"[70].

La guerra civil ferrerista de abril de 1931 solo viene a complicar aún más este panorama depresivo. Evaluando los efectos de esta "sobre la marcha de la administración pública, el presidente Mejía Colindres anota en su mensaje presidencial que "debo hacer constar, y es esta una convicción emanada de la realidad de los hechos, que la revuelta ferrerista que ha ocasionado erogaciones por mucho más de un millón de pesos, cantidad relativamente exigua comparada con lo que han

---

[68] Javier Márquez Paul Vinelli y otros, Estudio sobre la economía de Honduras, junio 1950, pág. 21, en Banco Central de Honduras (editor), Historia Financiera de Honduras, Tegucigalpa.
[69] La Gaceta, 2 de enero de 1931, pág. 4.
[70] Memoria de Hacienda y Crédito Público, 1930—1931, Litografía Nacional, Tegucigalpa, 1932, pág. 11.

costado revueltas anteriores, pero enormes para nuestra escasa potencialidad económica, sí fue un factor primordial de nuestra difícil situación, entre otros motivos, por la parálisis de las actividades comerciales y por el desastre que atrajo a nuestro crédito exterior, hasta el grado de que una empresa minera en alta escala y otras de diferente índole que habían colocado bonos por más de un millón de dólares en Estados Unidos de Norteamérica resolvieron desistir, en forma definitiva, de tal determinación". Líneas adelante, precisando, Mejía Colindres observa que "la disminución de la producción rentística —repito— no habría sido tan penosa, si a ella no se hubiera agregado la calamidad de la guerra civil, la cual impuso al país sacrificios pecuniarios y efectivo descrédito exterior que han causado perturbación muy honda con las finanzas del Estado. Con US$ 909,126.72 tomados de las Tesorerías Especiales y con préstamos de emergencia obtenidos del comercio y de los bancos, se pudo atender en alguna proporción a los gastos de la guerra civil"[71].

En esta situación, el gobierno deviene se ve incapaz de realizar las erogaciones que requiere el funcionamiento de la administración pública. "La aguda depresión habida en los ingresos fiscales, proveniente de factores económicos y políticos mundiales y locales —señala un documento oficial—, ha producido el considerable desequilibrio presupuestario que habéis observado; habiéndose visto el Ejecutivo en la dolorosa imposibilidad de atender puntualmente, como ha sido su mayor empeño, a todos los gastos de la administración pública"[72]. Los sueldos de los empleados públicos serán pagados con enormes retrasos; los préstamos a las empresas capitalistas y bancos locales se suceden de nuevo. El posterior levantamiento armado del General Filiberto Díaz Zelaya (diciembre, 1931) tendrá similares efectos sobre las rentas del Estado que la revuelta ferrerista.

Un rasgo notable del régimen de Mejía Colindres es, precisamente, el haber realizado la conversión monetaria que, basado en el patrón oro, impone el Lempira (US$ 0.50) como moneda nacional (1930—1931) sustituyendo el peso plata, continuamente afectado en su valor de cambio por las fluctuaciones del precio de este metal en el mercado mundial. En paralelo, es de profundo interés la propuesta de creación, sin ningún éxito, de un Banco Central a través del cual el Estado pudiera financiar las actividades productivas del país, e ir más allá de ser "un simple espectador de las actividades económicas", un simple emisor de

---

[71] La Gaceta, 5 de enero de 1932, pág. 2.
[72] Memoria de Hacienda y Crédito Público, 1930—1931, pág. 5

"leyes para garantizar y estimular el esfuerzo individual, ir más allá de esa política de "*Laissez faire*", adoptando "una política decisiva de protección directa e indirecta al desarrollo de las industrias, especialmente la industria agrícola". "La producción debe fomentarse por el Estado —se señala—, valiéndose de medios indirectos como la construcción de ferrocarriles, carreteras y otras vías de comunicación, Que son los que hasta ahora hemos empleado en la medida de las escasas posibilidades del Erario; pero también debe fomentarse por medios directos, proporcionando a los productores el capital que necesitan para la introducción de maquinaria moderna, para contratar expertos industriales, para intensificar los cultivos, para recoger las cosechas, para levantar construcciones, para establecer nuevas industrias. Entre estos medios directos ocupa el primer lugar el crédito barato y en condiciones favorables de pago; y el crédito solamente puede obtenerse, para financiar las industrias, mediante una organización bancaria adecuada a las circunstancias del país". "Además del Banco Central, ha de instituirse y organizarse una Institución de Crédito Industrial, que sea como el centro financiero de la agricultura y de las otras industrias, en el cual encuentren crédito el grande y el pequeño agricultor, el constructor de edificios, el minero, el manufacturero, todos los productores que, disponiendo de los elementos naturales, carecen de recursos para emprender una explotación remuneradora"[73].

Se trata, sin duda, de un lúcido planteamiento que prefigura la fundación del Banco Central y el Banco Nacional de Fomento, lo que sucede a principios de la década de 1950, momento a partir del cual el Estado pasará a actuar, como veremos más adelante, como promotor directo de la producción capitalista —vía crédito, asistencia técnica e incluso creando empresas de amplia participación estatal que luego traslada al capital privado—, estimulando la formación de núcleos de una burguesía agraria distinta de la burguesía bananera imperialista. De todas maneras, durante el régimen de Mejía Colindres, la construcción y mantenimiento de obras de infraestructura vial recibe considerable atención, e incluso, se plantea, lo que ya se había propuesto con Paz Barahona, sin ningún éxito en ambos casos, la prolongación del ferrocarril nacional desde Potrerillos hasta el Golfo de Fonseca, el viejo sueño del ferrocarril interoceánico.

El régimen de Mejía Colindres llega incluso a desafiar el poder de la United Fruit Company, reclamando el uso soberano y controlado de los recursos nacionales. Esto ocurre en las discusiones en el Parlamento en

---

[73] Ibidem, págs. 16—18.

torno al monto a imponerse a la UFCo por el uso de aguas nacionales para propósitos de irrigación (1931) o en la acción de fines de ese año del gobierno contra la transnacional, embarcada en la construcción de ramales clandestinos. El gobierno envía tropas al norte para evitarlo e incluso llega a cancelar parcialmente, por lo menos por un tiempo, una concesión. La UFCo se verá amparada en sus intereses por la Corte Suprema de Justicia, controlada por el Partido Nacional. Como sea, hacia finales de su régimen, frente a los riesgos políticos de una nueva confrontación con la United Fruit —que ha estimulado incluso dos guerras civiles en el norte, apoyándolas con obreros despedidos masivamente—, cuyos intereses están protegidos por el Departamento de Estado de EE. UU., el gobierno de Mejía Colindres adopta una postura más conciliadora y permite una negociación más fácil de los puntos en disputa con las empresas bananeras, particularmente con la United Fruit[74].

Es durante ese gobierno que se sanciona jurídicamente, a través del Código de Procedimientos, la distribución y se establecen las funciones que corresponden a las seis secretarías de Estado adscritas al Ejecutivo: Gobernación, Justicia, Sanidad y Beneficencia, Relaciones Exteriores, Guerra, Marina y Aviación, Instrucción Pública, Hacienda y Crédito Público, Fomento, Agricultura y Trabajo. Haciendo un contraste, hacia 1900 la distribución era la siguiente: Relaciones Exteriores y Gobernación, que incluía además las actividades de salud y beneficencia; Justicia e Instrucción Pública; Fomento y Obras Públicas; Guerra y Hacienda y Crédito Público. Aún no se había agregado al Ministerio de Fomento las carteras de Agricultura y Trabajo. De todas maneras, cuando se agregue esta última, lo será casi nominalmente, pues no existe durante el período considerado ninguna legislación laboral que justifique y exija tal modificación institucional. Las presiones obreras por la emisión de leyes laborales pueden ser contenidas por los cuerpos represivos del Estado, de las empresas bananeras y/o por la acción de los diputados en el Parlamento. Es, sin embargo, durante la administración de Mejía Colindres que se presenta al Parlamento la más completa Ley de Trabajo del período histórico aquí considerado. El proyecto de Ley de Trabajo presentado al Parlamento en 1913 y 1932 será parcialmente discutido y luego engavetado. La legislación laboral solo aparece en el país hacia inicios de 1955 como consecuencia directa de la presión obrera expresada masivamente en las huelgas de mayo de 1954, como será visto en los siguientes capítulos.

---

[74] Cf. Edward Boatman, op. cit. 121.

En las elecciones presidenciales de octubre de 1932, que enfrentan a Ángel Zúñiga Huete, líder máximo del Partido Liberal, de dudosas posiciones antiimperialistas, y al general Tiburcio Carías, máximo caudillo del Partido Nacional, de probada lealtad hacia la United Fruit Company, triunfa este último. El resultado electoral no fue aceptado por consenso. Surge la guerra civil. Las escaramuzas militares que ensangrientan el país y enfrentan a los contendores de ambas agrupaciones políticas ocurren durante los meses de noviembre y diciembre de 1932 e incluso de manera esporádica en los primeros meses de 1933.

Llegado a este punto conviene hacer algunas anotaciones sumarias sobre la naturaleza de los procesos electorales y de las características de la sustitución presidencial en el país. Como ha quedado señalado a lo largo de este trabajo y lo puntualiza W. Stokes, "con pocas excepciones (...) la revolución, el fraude, las efusiones de sangre y las actividades ilegales han caracterizado los procesos electorales en Honduras"[75]. Los procesos electorales, fácilmente controlables por la facción que dirige el gobierno, ya en su favor o en beneficio de sus aliados, no siempre, como hemos visto, enfrentan dos o tres candidatos como contendores presidenciales. Han tenido importancia significativa en el país las votaciones de un solo candidato: Domingo Vásquez en 1893, Policarpo Bonilla en 1894, Miguel R. Dávila en 1908, Manuel Bonilla en 1911 y Francisco Bertrand en 1915. En los casos en que se han presentado más de dos contendores, debido al problema de la obtención de mayoría absoluta, las elecciones han degenerado en situaciones violentas: 1902 y 1923 son dos ejemplos notables. Durante la década de 1920 e inicios de la siguiente, cuando se han presentado apenas dos candidatos presidenciales, los comicios han resultado relativamente ordenados y la sucesión presidencial más fácil, aunque siempre queda pendiente, como en el caso de las elecciones de 1932, la aceptación consensual de los resultados. De todas maneras, estas observaciones no deben interpretarse como que el carácter cruento o incruento de las elecciones y de la sustitución presidencial dependa esencialmente del número de candidatos. Hay una multitud de otros factores que están actuando, algunos de los cuales han quedado señalados a lo largo de este trabajo.

Carías, quien asume la dirección del Ejecutivo el 1 de febrero de 1933 y que se perpetuará en él hasta finales de 1948, organiza un régimen autoritario y dictatorial, cuya "legitimidad" queda asegurada, local y regionalmente, por la tiranía que ejercen sobre la población sus

---

[75] W. Stokes, op. cit., pág. 262.

leales comandantes de armas. Al asumir la presidencia en aquel año, el país se encuentra bajo las secuelas, por una parte, de la depresión mundial y, por otra, bajo los efectos posteriores de un período de guerra civil, ambos factores que afectan el nivel de las rentas estatales. Para estabilizar la situación presupuestaria del país, Carías recurre a dos medidas fundamentales: la primera, reducir los salarios a los empleados públicos[76], que serán restituidos a su nivel anterior en 1936, y la segunda, contratar un empréstito con el Bank and Trust Company de Nueva Orleans (1933), por 300 mil dólares al 6%de interés anual. Actuarán como garantes de este préstamo las subsidiarias de la United Fruit Company en Honduras, a cambio de lo cual estas reciben del régimen de Carías derechos de libre importación y transferencia entre ellas de artículos y equipo, así como garantías de exención contra impuestos futuros. Tal préstamo fue considerado por observadores críticos como "vergonzoso" y "humillante y lesivo para la dignidad del país"[77].

Desde su ascenso a la dirección del Ejecutivo, Carías inicia un esfuerzo de progresivo endurecimiento de su régimen. Hacia 1936 ha conseguido liquidar toda forma de oposición política, encarcelando a sus adversarios, expatriándolos directamente u obligándolos a ello, al hacerles difícil sus condiciones de sobrevivencia en el país, e incluso, en algunos casos, permitiendo su asesinato. Este ambiente de represión ha quedado captado en la frase con que los estudiosos de la política local caracterizan el régimen cariísta: "Encierro, destierro y entierro".

Hacia ese mismo año, se clausura toda la prensa opositora, de tal suerte que durante buena parte de la dictadura cariísta, *La Época*, periódico del Partido Nacional, será el único rotativo circulante, caracterizado por su profundo contenido adulador. Esta fantasía lisonjera impregna no solo *La Época*, sino también está presente en cualquiera de los libros o escritos que por entonces se publican. A título ilustrativo, he aquí una breve lista de los calificativos aplicados al general Carías en uno de esos libros: "El hombre superior", "el gran estadista", "el máximo conductor de los destinos de Honduras", "el gran conductor y regenerador", "el gran reformador", "ilustre gobernante", "nuestro

---

[76] Mensaje Presidencial, 1934 en Tiburcio Carias Andino, Mensajes presidenciales del doctor y general Tiburcio Carias Andino, 1933—1945, Tipografía Ariston, Tegucigalpa, s.f., pág. 15.

[77] Decretos del Congreso Nacional, 1933, decretos 144 y 145 pág. 97 y ss. Durante el gobierno de Paz Barahona se hicieron préstamos a bancos norteamericanos bajo los términos y semejantes al realizado por Carías, aunque sin el decreto adicional, en que este concede múltiples beneficios a la United Fruit Company. En este, como en otros casos, el favoritismo cariísta a esta empresa bananera es harto evidente.

mandatario", "prócer mandatario", "el grande hombre"[78]. El Parlamento mismo, en este afán adulatorio, declara a Carías "hombre símbolo", "benefactor y protector del progreso y de la paz", "benemérito de la patria". El día de su cumpleaños, 14 de marzo, será declarado efeméride nacional: "Día de la paz y de dar gracias a Dios". Solo hace unas décadas (mayo de 1958) tal efeméride fue borrada del calendario cívico nacional.

Es en 1936 que Carías deviene dictador al perpetuarse en el poder mediante la convocatoria de una Constituyente, que al emitir una nueva Constitución Política le faculta para seguir dirigiendo el país durante seis años más, institucionalizando con ello el período presidencial de seis años y no de cuatro, como había venido ocurriendo hasta entonces. El régimen continuista del general Carías se prolonga aún más. En diciembre de 1939, será nuevamente autorizado por el Parlamento para perpetuarse seis años más en la dirección del Ejecutivo, hasta inicios de 1949 (decreto 16 del 18 de diciembre de 1939).

Como sea, durante el prolongado régimen cariísta, toda forma de oposición política es destruida y el poder se centraliza notablemente en la rama Ejecutiva, seleccionándose el personal de la administración gubernamental mediante criterios de fidelidad personal al caudillo. Los funcionarios públicos, por otra parte, deben ceder voluntariamente el 5% de sus sueldos para actividades del Partido Nacional, instancia política gobernante, e incluso para el sostenimiento de *La Época*, el periódico oficialista. Desde el punto de vista de la centralización gubernamental, una medida importante del régimen es la emisión del decreto 108[79], que crea los distritos departamentales, seccionales y locales, con facultades administrativas semejantes a las municipalidades, dependientes directamente del Poder Ejecutivo.

En el caso del régimen municipal, que goza de relativa autonomía, esta línea de autoridad aparece ligeramente diluida. Los miembros ejecutivos de los distritos serán nombrados y removidos directamente por el Ejecutivo y no electos por sufragio popular, como ocurre con los alcaldes; al mismo tiempo, sus funciones serán remuneradas. Stokes caracteriza esta medida centralizadora de Carías "como uno de los más importantes cambios introducidos en el gobierno local ocurrido en Honduras en los últimos cien años"[80]. Hacia 1941 se habían organizado

---

[78] Romualdo Elpidio Mejía, La obra patriótica del Congreso Nacional. El ideal continuista y el esfuerzo reivindicador, Talleres Tipográficos Nacionales, Tegucigalpa, 1941.
[79] Decretos del Congreso Nacional, 1939—1940, Talleres Tipográficos Nacionales, Tegucigalpa, 1940, pág 119 y ss.
[80] W. Stokes, op, cit. pág. 175.

17 distritos. El Concejo Metropolitano del Distrito Central, que funciona en la capital del país, será uno de ellos.

Durante la dictadura de Carías, el país vivirá bajo una especie de Estado de sitio permanente. Las clases subalternas y los núcleos opositores serán sometidos a un férreo control y vigilancia. Se impone el uso del pasaporte interno y se establece una compleja red de soplones u orejas que mantiene amedrentada a la población. En los campos bananeros puede intensificarse la explotación a que son sometidos los obreros, sin ninguna posibilidad real de protesta organizada.

El liderazgo obrero que no se encuentra en el exilio corre el riesgo de ser eliminado físicamente.

Aunque durante los primeros años del régimen se producen algunos brotes insurreccionales, estos son rápidamente disueltos. De cualquier forma, como ha señalado Ramón Oquelí, "Carías logró poner fin a las guerras civiles, mal endémico del país, pero la 'paz' resultante fue producto del terror que en todo el país ejercían los comandantes de armas"[81].

Es indiscutible que, durante este régimen, la United Fruit Company, a través de sus subsidiarias, adquiere una presencia política determinante. Ya en noviembre de 1933, un diplomático norteamericano anotaba que "la United controla el gobierno hondureño en una extensión sin precedentes e increíble, es seguro declarar que no hay un importante funcionario del gobierno de su zona en la costa norte quien no esté bajo obligaciones con la compañía de una u otra manera. No solamente están los funcionarios bajo su influencia, sino que a través de un gran número de personas que están en sus planillas o bajo su dominio en otras formas, mantiene un efectivo control sobre los medios de acción, así como sobre las fuentes de información"[82].

El Parlamento (Congreso Nacional), bajo la dirección de Plutarco Muñoz P., abogado de la UFCo, se convierte también en un importante bastión de esta empresa monopólica. La revisión de los *boletines legislativos* que recogen las discusiones parlamentarias, durante los períodos en que se plantean asuntos que afectan a la transnacional, muestra claramente la subordinación y el servilismo político alcanzado por esta empresa. Cualquier petición de la United Fruit Company al Parlamento será resuelta favorablemente, principalmente en lo relativo a modificación, cancelación o ampliación de concesiones. Es durante el

---

[81] Ramón Oquelí, Gobiernos hondureños durante el presente siglo, en el Departamento de Ciencias Sociales (editor), Ciencia y política (antología), editorial Nuevo Continente, Tegucigalpa, s.f., págs. 175—176,
[82] Citado por Edward Boatman, op, cit.

régimen de Carías que la United cierra operaciones de su subsidiaria Trujillo Railroad Company. El Parlamento, además de haber liberado tempranamente a esta empresa (1933) de su obligación de prolongar la línea férrea hasta Juticalpa a cambio de una compensación moderada, en 1942, nuevamente, mediante otra compensación mínima, le permite levantar y transportar fuera del país los rieles, puentes de hierro y todo el material rodante establecido en el área de Trujillo y Puerto Castilla, dejando a estas zonas en completo abandono y desolación.

En términos generales, durante el régimen de Carías el país se ve seriamente afectado en sus ingresos fiscales por la depresión mundial, situación que se complica con el estallido de la Segunda Guerra Mundial. Los efectos de la crisis "se traducen –indica Carías– en la baja de la exportación y de la importación, en las restricciones del cambio y la escasez de divisas monetarias y en la disminución de las rentas fiscales"[83]. Aunque señala que, si bien las rentas aduaneras disminuyen considerablemente, se observa un aumento en los ingresos fiscales procedentes de los monopolios estatales, sobre todo el aguardiente, gracias al control ejercido sobre el contrabando y otras formas de evasión fiscal[84]. "La guerra", escribe Carías, "ha afectado a Honduras de manera directa y profunda. La renta aduanera bajó en un lapso muy corto, de modo extraordinario y alarmante, especialmente por la carencia de transportes marítimos"[85], factor que afecta igualmente los niveles de exportación bananera, que alcanzan el punto más bajo del período de entreguerras.

Ambos fenómenos mundiales provocan una aguda crisis financiera que se refleja en la escasez de circulante. Para enfrentar esta dificultad, Carías autoriza la importación de varios millones de monedas de plata de origen norteamericano[86]. Entre 1943 y 1949 se habían importado algo más de siete millones de dólares en moneda estadounidense[87].

Sin embargo, es también durante la Segunda Guerra Mundial que la presencia norteamericana se incrementa en el país bajo nuevos mecanismos. En efecto, asegurando su hegemonía sobre su "área natural de influencia", es decir, América Latina, en el marco de las necesidades impuestas por el conflicto bélico y sobre la base de las resoluciones de la Reunión Panamericana de Panamá (1939), que conducen a la creación

---

[83] Mensaje Presidencial, 1938 en Tiburcio Carías Andino, op. cit., págs. 181—182.
[84] Passim.
[85] Ibidem, pág. 234.
[86] Ibidem, pág. 261.
[87] Javier Márquez, Paul Vinelli et. al. op. cit., pág. 44.

del Inter—American Financial and Economic Advisory Comitte (junio de 1940), EE. UU. inicia sus programas de "cooperación". A través del Servicio Cooperativo Interamericano de Salud Pública (SCISP) se emprenden en el país obras sanitarias, de mejoramiento del agua potable y control del paludismo. Bajo la coordinación del Instituto de Asuntos Interamericanos se construyen carreteras, se crean centros de enseñanza y experimentación agrícola. Se ofrece incluso, bajo el patrocinio del Departamento de Estado norteamericano, apoyo y asesoría militar para la modernización y profesionalización del Ejército. El ingreso de técnicos norteamericanos, incluso militares, y la salida de hondureños hacia EE. UU. para capacitación, marcan el inicio de una relación constante.

La profesionalización y modernización del Ejército, especialmente de la aviación, será una preocupación importante de la dictadura cariísta. "Empeñosamente he trabajado –anota Carías en su mensaje presidencial de 1939– en la organización y modernización del Ejército hondureño, que ha sido dotado de un notable cuerpo de aviación, con aparatos nuevos y eficientes y personal selecto. Ya han egresado muchos pilotos de la Escuela Nacional de Aviación y esta continúa sus labores en el nuevo edificio construido en Toncontín. El armamento del ejército ha sido completamente renovado y de las Escuelas de Cabos y Sargentos y de Artillería están egresando oficiales técnicamente preparados"[88]. En efecto, al inicio del régimen de Carías no solo se funda la Escuela de Cabos y Sargentos (1933), de la cual egresarán algunos de los militares de alto rango que han formado parte del Ejército hasta tiempos recientes, sino que el gobierno adquiere ya desde 1933 tres aviones de guerra para emplearlos en "emergencias externas y para el restablecimiento de la paz en conmociones internas"[89].

No obstante, a pesar de estas acciones, el proceso de profesionalización del Ejército experimentará un notable impulso solo a partir de la década de 1940, cuando las misiones militares norteamericanas asumen un papel activo.

De cualquier manera, hacia finales de la Segunda Guerra Mundial, la dictadura de Carías inicia su proceso de descomposición. El surgimiento y relativo fortalecimiento de nuevas fuerzas político—sociales, la creciente impopularidad de los regímenes autoritarios en un contexto internacional marcado por la lucha democrática contra el fascismo, y la caída de otros dictadores centroamericanos (Martínez en

---

[88] Mensaje Presidencial, 1939 en Tiburcio Carías Andino, op. cit., págs. 194—195.
[89] Memoria de Guerra, Marina y Aviación 1934, 1933—1934. Talleres Tipográficos Nacionales, Tegucigalpa, 1935.

El Salvador y Ubico en Guatemala), así como la pérdida de apoyo del gobierno norteamericano a su régimen, crean las condiciones para que el cariísmo concluya hacia finales de 1948, no sin antes reprimir con dureza a sus opositores. Carías se ve desafiado en mayo de 1944, en Tegucigalpa, por una concentración de mujeres y niños que exige la libertad de los presos políticos.

El 4 de julio, en la misma capital, una concentración de protesta es disuelta con gases lacrimógenos. Dos días después, en San Pedro Sula, una concentración semejante es brutalmente reprimida para contener grupos opositores que ingresan al país por la frontera occidental.

Carías ordena su ametrallamiento y bombardeo con sus modernos aparatos aéreos. Sin embargo, la oposición política más organizada y duradera se articula en torno al Partido Democrático Revolucionario Hondureño (PDRH), agrupación política que representa una alianza entre sectores de la pequeña burguesía urbana, núcleos de una burguesía incipiente y grupos obreros no organizados. A través de su órgano de divulgación, primero denominado *Vanguardia* (1946), más tarde *Vanguardia Revolucionaria* (1947), el PDRH juega un papel importante como oposición organizada al régimen, al tiempo que estimula, aunque de manera limitada, el sentimiento protestante y organizativo de los obreros de las plantaciones bananeras, cuya acción se ve obstaculizada por la represión ejercida por los cuerpos represivos del Estado y de las bananeras.

En las elecciones presidenciales de octubre de 1948, de un solo candidato, triunfa Juan Manuel Gálvez, exabogado de la Cuyamel Fruit Company y posteriormente de la United Fruit Company, además de ministro de Guerra durante el prolongado régimen de Carías. El candidato opositor, Ángel Zúñiga Huete, se retira del proceso previendo votaciones viciadas, no sin antes llamar a la insurrección armada a sus seguidores, sin éxito alguno.

Durante este período, ciertamente o, al menos parcialmente, en etapas posteriores y aún hoy, la gestión directa del aparato estatal y del poder político, en esencia, es ejercida a través de lo que Antonio Gramsci llama "intelectuales tradicionales" (principalmente abogados, aunque también médicos e ingenieros), pues como bien señala el mismo autor, "en países cuya agricultura ejerce una función todavía notable o incluso preponderante, sigue el viejo tipo (intelectual tradicional en oposición al nuevo tipo de 'intelectual orgánico' de la burguesía. M.P.), el cual da la mayor parte del personal del Estado y ejerce también localmente, en el pueblo y en el burgo local, la función de intermediario entre el campesino y la administración en general"[90].

---

[90] Juan Carlos Portaentiero (editor), Escritos políticos, 1917—1933. Cuadernos de Pasado y Presente México, 1977. pág. 319.

CAPÍTULO II: DESARROLLO CAPITALISTA Y EXPANSIÓN DEL APARATO ESTATAL (1949—1972)

En breve, se trata de un período cuyo rasgo más notable es la modernización institucional del Estado para responder a las necesidades de la reproducción ampliada del capital monopólico y local, así como para hacer frente a la presión organizada de clases y grupos sociales emergentes que pugnan por un régimen político de participación social. Cristalizando institucionalmente, la "cuestión social" aparece en el marco de las preocupaciones ligadas a la legitimación del Estado capitalista hondureño. La militarización creciente del poder político, elemento definitorio de la estructura política del país, durante el siglo XX, encuentra sus raíces en este período de la historia hondureña, que se inicia con el mandato de Juan Manuel Gálvez (1949—1954) y concluye abruptamente con el breve experimento bipartidista dirigido por Ramón Ernesto Cruz (1971—1972).

1. Juan Manuel Gálvez: Desarrollo capitalista y modernización institucional

El fin de la dictadura cariísta y el ascenso a la presidencia de Juan Manuel Gálvez marcan el inicio de un proceso de expansión de las fuerzas productivas sociales, de una relativa democratización política y, lo que interesa para este estudio, un proceso de modernización del aparato estatal, que comienza su activa participación en el estímulo a la actividad productiva del país.

La comprensión de las modificaciones estructurales y superestructurales cuyo inicio marca el régimen de Gálvez (1949—1954) solo es posible si se tiene en cuenta, como marco general explicativo, el conjunto de transformaciones que ocurren en el sistema internacional capitalista en el mundo que emerge de la Segunda Guerra Mundial: la consolidación de la primacía norteamericana sobre el mundo capitalista y la reorganización de este en función de los intereses del nuevo centro imperialista hegemónico; la demanda creciente de productos agrícolas luego de concluido el conflicto bélico, que afectó notablemente el comercio internacional; la amenaza creciente del poderío de la Unión Soviética y de la alternativa socialista, que amplía su radio de acción en la posguerra (países de Europa Oriental, China); y, en este contexto, el surgimiento de la problemática del "desarrollo" y el "subdesarrollo", junto al impulso a una estrategia de dominación imperialista que se manifiesta a través de la histeria anticomunista de la Guerra Fría y de los programas de cooperación multilateral, de ayuda mutua y de préstamos atados. Es así como, a partir de la Segunda Guerra Mundial, apunta un autor, "los intereses económicos, políticos y militares, además de los acuerdos, los tratados y los programas culturales, universitarios, científicos, sindicales y religiosos, pasaron a ser encarados como elementos más o menos importantes, de acuerdo con el caso de las relaciones hegemónicas de Estados Unidos sobre los países del hemisferio"[1].

De cualquier manera, la segunda posguerra significa para la formación social hondureña el inicio de un proceso de diversificación (e incluso reordenamiento) de las actividades productivas de las empresas bananeras, fundamentalmente de la Tela Railroad Company, subsidiaria de la United Fruit Company; el inicio de un proceso de expansión capitalista en el agro estimulado por la demanda internacional y apoyado por un conjunto de medidas de política económica del Estado; así como la fase de auge e implantación de algunos productos agrícolas de

---

[1] Octavio Ianni, Sociología del imperialismo, Sep Setentas, México, 1974, pág. 19.

exportación no tradicionales en el comercio exterior hondureño (café, ganado, algodón). En efecto, ya desde la Segunda Guerra Mundial la Tela Railroad Company había iniciado la diversificación de su producción agrícola introduciendo la siembra de abacá para satisfacer los requerimientos de guerra del gobierno norteamericano y, un poco más tarde, de palma africana para su explotación comercial. Incrementa, incluso, sus explotaciones ganaderas con vistas a su procesamiento agroindustrial.

Si bien la Tela inicia la siembra de abacá desde 1942 y de palma africana desde 1944, es solo hasta 1949 que esta empresa norteamericana obtiene una concesión estatal para el cultivo de tales productos (además de cacao), que significa nuevas exenciones arancelarias, libre importación de equipo, etc. A cambio de esta concesión, una de las más polémicas y controversiales obtenidas por empresa capitalista alguna en el país, la Tela se compromete a pagar el Impuesto Sobre la Renta decretado por el régimen de Gálvez en 1949, en una proporción no mayor del 15% de sus utilidades netas. La cesión de tal porcentaje deriva del hecho de que la transnacional, por su condición de corporación comercial del hemisferio occidental, podía deducir ese pago del Impuesto Sobre la Renta declarado y pagado en EE. UU. Sin embargo, para 1955, con la emisión de una nueva Ley del Impuesto Sobre la Renta, la tasa tributaria aplicada a esta empresa se eleva al 30% y, nuevamente en 1963, al 40% de las utilidades netas.

Si bien es cierto que, durante el primer año de recaudación del Impuesto Sobre la Renta (1950), las empresas extranjeras, fundamentalmente las bananeras, pagaron 3.2 millones de lempiras, equivalentes al 91% de lo recaudado por el Estado, hacia 1954 estas apenas cubrían el 12% (1.1 millones de lempiras) y 1957 el 1.4%de las recaudaciones totales por este concepto (0.2 millones de lempiras). Esto se explica, en parte, por las dificultades enfrentadas por la producción bananera tras la huelga de mayo—julio de 1954 en las instalaciones de la Tela, que además sufrieron una fuerte inundación. Pero, por otra parte, se debe al creciente nivel de tributación de las empresas nacionales. En efecto, si en 1950 las compañías locales tributaban 0.3 millones de lempiras (8.6% del total recaudado), hacia 1954 aportaban 8.1 millones de lempiras (88%), en tanto que las extranjeras apenas contribuían con 1.1 millones (12%) en la recaudación del Impuesto Sobre la Renta[2].

Durante el régimen de Gálvez, que marca un relativo proceso de

[2] CF. Josep Pincus, Sistema tributario en Honduras, UNAH, Tegucigalpa, 1968, véase cuadro No. 22.

democratización política al que nos referiremos más adelante, el Estado promueve no solo las condiciones generales para la producción y reproducción capitalista mediante la construcción de obras de infraestructura vial, sino que también estimula directamente la actividad productiva del país, ampliando su ámbito de acción sobre la sociedad civil. Una de las primeras medidas de Gálvez fue dar la bienvenida a una misión del Fondo Monetario Internacional (FMI), organización creada y controlada por los norteamericanos, que a partir del Tratado de Bretton Woods hicieron del dólar la moneda por excelencia del mundo capitalista. Esta misión jugó un papel importante en la emisión de la Ley del Impuesto sobre la Renta (1949), que permitió al Estado captar una masa significativa de recursos monetarios, muchos de los cuales fueron invertidos en obras de infraestructura, principalmente carreteras. "Mucho del actual sistema de carreteras —observa un autor norteamericano— ha sido construido a partir de la inauguración del programa de planificación y mejoramiento de carreteras en 1950. En forma consistente, desde esa fecha, la construcción de carreteras ha tenido un lugar importante en todos los planes y presupuestos"[3].

La construcción y mejoramiento de carreteras se convirtió en uno de los renglones prioritarios, absorbiendo no solo una parte importante de los fondos recaudados por el Estado, sino también los provenientes de préstamos extranjeros. Un documento oficial señala que durante el período 1955—1964, de los 83.4 millones de lempiras ingresados al país como préstamos, el 72.7% (60.6 millones) fue destinado al estudio, mejoramiento y construcción de carreteras[4].

La misión del FMI también recomendó, y así sucedió, la fundación del Banco Central de Honduras (BCH), organismo de emisión y control financiero y monetario, y del Banco Nacional de Fomento (BANAFON), concebido como entidad de desarrollo para estimular la producción agrícola e industrial. La creación de ambas instituciones no representaba en el fondo ninguna novedad: ya en 1943 una misión financiera norteamericana había planteado la necesidad de su fundación, aunque proponiendo un solo organismo, el BCH, con dos departamentos

---

[3] Vicent Checchi and Associates, Honduras, A problem in Economic Development, The Twentieh Century Fund, New York, 1959, pág. 31. Sobre las realizaciones del régimen de Gálvez, véase La obra del Doctor Juan Manuel Gálvez en su administración, 1949—1954, Tegucigalpa, s.f.

[4] Banco Central de Honduras, Deuda Pública de Honduras, 1951—1964, pág. 11, citado por Josep Thompson, An Economic Analysis of Public Expenditure in Honduras: 1925—1963, Ph D, Dissertation, The University of Florida, 1968, pág. 184.

diferenciados: uno de emisión y otro de crédito agrícola[5].

Con la creación del BCH, al tiempo que se regula la emisión monetaria, el Estado adquiere una fuente segura para la recaudación de ingresos fiscales, ya externos o internos, para la amortización e intereses de la deuda pública, para la transferencia de fondos al exterior o para cualquier transacción financiera requerida por el gobierno o sus dependencias.

A través del BANAFON, el Estado estimuló el desarrollo capitalista de la agricultura, concentrando su acción en la promoción de las actividades ganaderas en el norte y sur del país, la producción algodonera, fundamentalmente en la zona sur, y la cafetalera, productos que pasaron a diversificar el comercio exterior hondureño, que, si bien seguía siendo mayoritariamente bananero, comenzaba a perder importancia relativa.

La acción del BANAFON no se limitó a la provisión de créditos, sino que el Estado, a través de este banco, realizó casi totalmente las inversiones necesarias para establecer empresas de procesamiento agroindustrial que luego traspasó al sector privado. Tal fue el caso de la planta desmotadora de algodón en San Lorenzo, la planta de productos lácteos Sula y la Fábrica Nacional de Alimentos Concentrados (FANALCO). En más de una forma, a través del Banco Nacional de Fomento, el Estado actuó como mecanismo de acumulación primitiva, contribuyendo a la creación de una burguesía agraria diferente de la burguesía bananera imperialista, ligada a la producción ganadera, algodonera y, más tarde, azucarera. Esto no ocurrió en torno a la producción cafetalera, que, aunque experimentó desde la década de 1950 un ininterrumpido auge, permaneció ligada a la pequeña y mediana propiedad. El proceso de concentración en el café se dio en la esfera de la circulación, controlada por un reducido número de empresas procesadoras y exportadoras.

Si la ayuda crediticia se canaliza esencialmente a través del BANAFON, la asistencia técnica lo será principalmente a través del Servicio Técnico Interamericano de Cooperación Agrícola (STICA), creado en 1951 bajo los auspicios del gobierno de EE. UU. He aquí cómo se describe a STICA hacia inicios de 1959: "El Servicio Técnico Interamericano de Cooperación Agrícola (STICA), dirigido por técnicos de la United States International Cooperation Administration y hondureños, provee asistencia técnica y otros servicios. Técnicos

---

[5] Cf. Informe de la Misión Berstein, págs. 5 y 30 contenido en Banco Central de Honduras (editor), Historia financiera de Honduras, Tegucigalpa.

norteamericanos han participado en programas cooperativos de manera continua desde 1942. Cuando un proyecto iniciado por STICA se hace plenamente operativo y los hondureños son entrenados en su operación, el proyecto se transfiere al ministerio respectivo. El establecimiento del Ministerio de Agricultura fue estimulado por la creación de STICA en 1951. Entre los principales servicios iniciados por STICA están los siguientes: una división forestal; servicio de extensión agrícola que mantiene casi 20 estaciones; maquinaria para limpieza y preparación de tierra; ganado nacional y un centro agrícola para demostraciones prácticas, mejoramiento de razas y laboratorio de suelos. Todas estas actividades han pasado ya a control del gobierno. Además, STICA se ocupa principalmente en investigaciones para la búsqueda y ensanchamiento de renglones productivos, fertilizantes e insecticidas más adecuados a las condiciones de Honduras, y a forjar métodos y procedimientos para mejorar la administración de granjas, incluyendo servicios entomológicos y veterinarios, higiene y medidas de salubridad, prácticas de almacenaje y conservación. En el curso de estas actividades STICA diseña y construye sencillos edificios y facilidades para granjas y ganado; importa y vende insecticidas, fertilizantes, semillas, plantas y ganado; recomienda y promueve el establecimiento de plantas procesadoras de alimentos. Las más básicas de todas sus actividades son el entrenamiento de hondureños para hacer demostraciones, la distribución de sencilla literatura instructiva para los programas, la organización de clubes 4—S (4—H) para llegar hasta los jóvenes, y el otorgamiento de becas para proveer entrenamiento en el exterior más allá de lo disponible en Honduras"[6].

Como quedó señalado, la creación y puesta en marcha de STICA está en la base de la creación del Ministerio de Agricultura. Hacia finales de 1954, este ministerio (creado en 1952), como entidad separada del Ministerio de Fomento y Trabajo al que había estado adscrita la cartera de agricultura, pasa a convertirse en el Ministerio de Recursos Naturales.

Por su parte, hacia 1964, STICA se habrá transformado en la Dirección General de Desarrollo Rural (DESARRURAL). En 1974, DESARRURAL fue incorporado en la nueva Dirección de Desarrollo Agropecuario (DESAGRO), que hoy se conoce como Dirección General de Operaciones Agrícolas (DGOA), siempre dentro del Ministerio de Recursos Naturales.

La llamada Cooperación Técnica Norteamericana no se limita al sector agrario. También se dirige de manera prioritaria hacia la

---

[6] Vicent Checchi and Associates, op. cit., págs. 60—61.

educación y la salud. Respecto al primer ámbito, con apoyo norteamericano se crea en 1951 el Servicio Cooperativo Interamericano de Educación (SCIDE), que funcionará como dependencia del Ministerio de Educación Pública, encargado de mejorar la educación rural y vocacional. Para este propósito, el SCIDE inicia programas de educación con orientación rural que conducen a la creación de las Escuelas Normales de Danlí, Comayagua y San Francisco, en Atlántida. Brinda asistencia pedagógica a maestros rurales en servicio y asesoría técnica a centros de educación vocacional como el Instituto Técnico Vocacional, la Escuela de Artes Industriales y la Escuela Granja Demostrativa de Catacamas. La fundación de la Escuela Superior del Profesorado (decreto número 24, del 15 de diciembre de 1956), para la formación de maestros de secundaria, debe entenderse dentro de este marco de promoción educacional de la cooperación norteamericana.

En salud, la Cooperación Técnica Norteamericana actúa a través del Servicio Cooperativo Interamericano de Salud Pública (SCISP), que funciona como "asesor técnico y administrativo del gobierno en asuntos de salud pública", y cuya acción está orientada hacia la ingeniería sanitaria y la medicina preventiva. Durante el régimen de Gálvez, el SCISP operará como dependencia del Ministerio de Gobernación, Justicia, Sanidad y Beneficencia, y más tarde (1957) quedará adscrito al Ministerio de Salud Pública y Asistencia Social.

El objetivo general de la llamada Cooperación Técnica Norteamericana se expresa claramente en las siguientes declaraciones: "El programa de cooperación técnica en Honduras es parte del Programa Mundial de Asistencia Mutua que los Estados Unidos establecieron y sostienen con sesenta países del Mundo Libre con el fin de fomentar el desarrollo socioeconómico de pueblos amigos, ya que, en las palabras del presidente Eisenhower, 'la seguridad y el bienestar de los Estados Unidos está directamente relacionado con el progreso económico y social de todos los pueblos que comparten nuestra preocupación por la libertad, dignidad y bienestar del individuo"[7].Además del servicio ideológico de expansión del *American way of life*, que difunden los actores del programa, en la práctica representan un canal para "favorecer la circulación de capital, tecnología y *know—how,* de acuerdo con los intereses de las empresas y corporaciones transnacionales"[8].

En este contexto, puede afirmarse que, en más de un sentido, la desagregación y diferenciación a que se somete el aparato estatal desde

---

[7] USIS, El programa de cooperación técnica en Honduras, Lito. Suárez Romero, Tegucigalpa, s.f., pág.1.

[8] Octavio lanni, op. cit., pág. 142.

inicios de la década de 1950 —comprensible en el marco de la dinámica del desarrollo capitalista del país— responde a los requerimientos organizativos para la recepción de fondos por vía de préstamos o donaciones que fluyen continuamente a través de agencias del gobierno de EE.UU. En algunos casos, como en el del Ministerio de Trabajo, Previsión Social y Clase Media, representa una respuesta inmediata, y de control, frente a la agudización de la lucha de clases.

La cooperación técnica tampoco se limita al ámbito agrícola, educativo o de salud. Llega también, de manera prioritaria, al sector militar. Un elemento fundamental en la modernización del Ejército se produce durante el régimen de Gálvez. En 1954, en uno de los momentos más críticos de la Guerra Fría, cuando se prepara desde Honduras la invasión y derrocamiento del gobierno de Jacobo Árbenz en Guatemala, se suscribe un convenio de asistencia militar con EE. UU., que contribuye a convertir al Ejército hondureño en una institución moderna y profesional, y en una importante fuerza política en el país[9]. De hecho, desde inicios de la década de 1950, el entrenamiento de militares hondureños en escuelas norteamericanas, particularmente en la Zona del Canal de Panamá, adquiere creciente importancia. "Entre 1950 y 1969 —apunta Ropp, estudioso del Ejército hondureño—, 391 oficiales y 689 soldados fueron entrenados a través de programas de asistencia militar norteamericanos"[10].

Durante el régimen de Gálvez, el movimiento cooperativista también recibe un estímulo especial. Por iniciativa del economista rumano Jorge Saint Siegens, se crea en 1952 una sección para la promoción cooperativista dentro del BANAFON. En marzo de 1954 se emite la Ley de Asociaciones Cooperativas, que contempla la creación de un organismo estatal semiautónomo encargado de promover el movimiento cooperativista: la Dirección de Fomento Cooperativo (DIFOCOOP), establecida oficialmente el 1 de julio de 1955. La ideología cooperativista difundida por DIFOCOOP servirá como vehículo para promover el capitalismo entre grandes productores o para moderar el descontento de los sectores populares y de la pequeña burguesía.

El proceso de modernización institucional de la gestión política de Gálvez alcanza incluso a la Universidad de Honduras, donde, bajo la dirección del economista rumano ya mencionado, se organiza la Facultad de Ciencias Económicas para formar y reclutar localmente

---

[9] El Convenio de asistencia militar está reproducido en Economía Política No. 3, UNAH, Tegucigalpa, 1972, págs. 59—67.
[10] Steve Ropp, The Honduran Army in the Sociopolitical Evotution of the Honduran State en The Americas, 30, 1974, pág. 510.

cuadros que demanda el proceso de diferenciación institucional y de "desarrollo económico" impulsado por el gobierno. La ideología del desarrollo económico, que atraviesa todos los regímenes desde inicios de la década de 1950, adquiere carta de ciudadanía durante la presidencia de Gálvez.

En este panorama de expansión institucional y estímulo al desarrollo económico, el gasto público se incrementa notablemente. Si en 1949 el gasto total del gobierno central ascendía a 24.8 millones de lempiras, en 1954, último año de la administración de Gálvez, llegaba a 60.8 millones de lempiras[11]. El Estado, además, incrementa su capacidad de captar recursos de la sociedad. A los ingresos tradicionales (impuestos de exportación e importación, principal fuente de ingresos), se suman las recaudaciones del Impuesto Sobre la Renta y los fondos que, mediante préstamos o donaciones, provienen de EE.UU., nuevo centro imperialista hegemónico del capitalismo mundial. En este marco, las empresas bananeras pierden importancia como acreedoras del Estado. De hecho, el último préstamo otorgado por ellas ocurre precisamente a inicios del régimen de Gálvez. En el primer mes de su gobierno, la Tela Railroad Company concede al Estado el último y más cuantioso préstamo de una empresa bananera: un millón de dólares. A partir de entonces, el aparato estatal recurre a otras fuentes, locales o internacionales, para financiar sus déficits presupuestarios o impulsar actividades productivas e inversiones en infraestructura.

El ascenso de Gálvez a la presidencia trae consigo también un período de relativa democratización política. El viejo abogado de la Cuyamel Fruit Company, más tarde de la United Fruit Company, ministro de Guerra de la dictadura cariísta y, por tanto, leal al viejo dictador, sin embargo, no organiza un régimen bajo la acción tutelar de este. Incluso crea las condiciones para romper la cerrada dominación caudillista sobre el Partido Nacional, al permitir que se forme a su alrededor una fracción que, al desprenderse de aquel, se constituye en el Movimiento Nacional Reformista. Durante el régimen de Gálvez se estimula además a los emigrados de la dictadura cariísta a volver al país. El juego demoliberal empieza a restablecerse lentamente. En una situación que colinda entre lo prohibido y lo permitido, el Partido Democrático Revolucionario Hondureño (PDRH) fortalece sus filas y su semanario *Vanguardia Revolucionaria* adopta una postura crecientemente combativa, bajo la bandera de reivindicaciones

---

[11] Cf. Carlos F. Hidalgo, De estructura económica en banca central, la experiencia de Honduras, Tegucigalpa, 1963, pág. 76.

democrático—burguesas, que alcanzan a diferentes clases y grupos sociales representados en él: núcleos de la pequeña y mediana burguesía urbana, obreros y campesinos. Es justamente del PDRH que se desprende la fracción que a inicios de abril de 1954 funda el Partido Comunista Hondureño. *Vanguardia Revolucionaria*, vehículo de expresión política del PDRH, será clausurado por el gobierno de Gálvez en 1953. Por su parte, el Partido Liberal, bajo la dirección del pediatra Ramón Villeda Morales, cuyo estilo político lo emparenta con Figueres, Haya de la Torre y Rómulo Betancourt, entre otros, inicia un proceso de renovación, agilizando su maquinaria política.

El activo proceso de movilización iniciado por Villeda Morales, que amplía notablemente las tradicionales bases terratenientes y campesinas del Partido Liberal hasta recoger las demandas obreras, de la pequeña burguesía y de grupos urbanos, dará sus frutos en las elecciones presidenciales de octubre de 1954, en que Villeda Morales, como candidato presidencial, obtiene, como veremos más adelante, un triunfo que no resulta concluyente para la selección presidencial.

Bajo el régimen de Gálvez, sin embargo, el movimiento obrero se reactiva, aunque sobre bases regionales. En el litoral norte, la capacidad represiva de las empresas bananeras, con el apoyo estatal, logra reprimir y desmantelar cualquier actividad organizativa. No obstante, esta capacidad contenida estalla incontenible a mediados de 1954, dando lugar a una de las acciones masivas más importantes de la historia del movimiento obrero y de gran relevancia en la vida política nacional: las huelgas de 1954, la más notable de ellas la de mayo—julio en las instalaciones de la Tela Railroad Company. En Tegucigalpa, en cambio, desde los inicios del régimen de Gálvez surgen organizaciones obreras, algunas mimetizadas bajo ropajes mutualistas. La mayor parte de estas entidades (fosforeros, trabajadores gráficos, albañiles, obreros de la construcción, de la industria textil y zapaterías) se nuclearán en 1950 en el Comité Coordinador Obrero (CCO), organización que publica el semanario *Voz Obrera* (1951—1953), uno de los más importantes de la prensa proletaria del país. Desde sus páginas, los obreros organizados impulsan campañas por el reconocimiento legal del sindicalismo y por la emisión de un Código de Trabajo que moderara la aguda explotación a la que estaban sometidos. *Voz Obrera* será clausurado por la policía en octubre de 1953, no sin antes haber cumplido un papel clave en la organización obrera. En sus páginas, al igual que en *Vanguardia Revolucionaria*, los abusos de las plantaciones bananeras aparecen expuestos con gran claridad. Sin embargo, las demandas obreras de legislación laboral apenas se traducen bajo el régimen de Gálvez en una

Ley de Accidentes de Trabajo y otra de regulación del trabajo femenino e infantil (1952), así como en la creación de una Dirección de Trabajo sin gran capacidad de mediación. La libre sindicalización y un verdadero marco laboral solo llegarán como consecuencia de las huelgas de mayo de 1954, especialmente la de la Tela.

Presionados por las duras condiciones de vida y trabajo y por la ausencia de leyes sociales, carencia ampliamente aprovechada por las empresas bananeras para intensificar la explotación de sus obreros y extraerles una cuota mayor de la plusvalía, más de 25 mil obreros de la Tela R.R. Co, inician en mayo de 1954 una huelga reclamando mejores salarios, prestaciones sociales y reconocimiento legal de la organización sindical. Paralelamente, surgen otros movimientos huelguísticos que paralizan plantaciones de la Standard Fruit Company, la Rosario Mining Company (mina El Mochito), la Cervecería Hondureña, la fábrica La Blanquita, la Tabacalera Hondureña y la industria textil de San Pedro Sula y Tegucigalpa.

Sin fondos de resistencia debido a la inexistencia de una organización sindical que pudiera reunirlos, con gran disciplina y organización ejemplar (se organiza un Comité Central de Huelga y Comités Seccionales en cada uno de los distritos de operaciones de la Tela RR. Co.: Puerto Cortés, Tela, La Lima, El Progreso y Battaan, bajo cuyo control quedan las actividades de vigilancia y protección de las plantaciones de la empresa norteamericana, sus comisariatos, distribución de los suministros en los campos bananeros y la organización de las masas obreras concentradas fundamentalmente en los campos deportivos del área), con el apoyo moral y económico de distintos sectores sociales del país (estudiantes, otras organizaciones obreras, núcleos de la pequeña burguesía urbana, capas intelectuales ...) y de organizaciones obreras internacionales, los obreros de las plantaciones bananeras de la Tela RR. Co., resisten heroicamente, durante 69 días las pretensiones y presiones de la empresa bananera de vencer su resistencia mediante la prolongación de la huelga para obligarlos a aceptar sus condiciones. Sin embargo, hacia finales del primer mes de duración de la huelga, aprovechándose de la histeria anticomunista que caracteriza el período, la Tela RR. Co., consigue la sustitución de los combativos líderes, algunos de ellos de virtual militancia comunista, que integraban el Comité Central de Huelga, así como neutralizar, relativamente, la acción de combativos líderes ligados a los comités locales de huelga. Al final de esta prolongada huelga –a de mayor duración en la historia del país– apenas se obtiene un pequeño aumento salarial y otras reivindicaciones que mejorarán un tanto las condiciones de vida y trabajo en que hasta entonces se vieron obligados a laborar los obreros de la Tela RR. Co. El movimiento huelguístico de mayo—julio de 1954 deja, sin embargo, una importante experiencia organizativa en el proletariado hondureño, cuyos efectos aún perduran hoy día.

Una de las consecuencias inmediatas más importantes es el reconocimiento legal de la libertad sindical y la emisión de leyes laborales, culminando con el Código de Trabajo (1959). En este sentido, la importancia de esta huelga deriva del hecho de que, siendo los obreros de las plantaciones bananeras, el núcleo más numeroso del proletariado hondureño, y dado que habían sido las empresas bananeras, fundamentalmente la Tela RR. Co., merced a su enorme influencia en el aparato estatal y en la práctica, mediante el empleo de su aparato represivo para impedirlo, las principales opositoras a toda forma de organización obrera, es sólo cuando esta empresa bananera, mediante la presión obrera generada por la huelga, accede a reconocer la organización sindical de sus obreros, desaparece todo obstáculo para el reconocimiento legal de la organización sindical y para la emisión de un conjunto de leyes laborales reguladoras.

Sin embargo, buena parte de las organizaciones sindicales emergentes, incluido el Sindicato de Trabajadores de la Tela RR. Co. (agosto, 1954), nacerán bajo la égida de la ORIT, organización anticomunista ligada a la AFL—CIO, brazo oficial de la política exterior norteamericana hacia el movimiento obrero internacional, adoptando el estilo de gestión sindical auspiciado por estas organizaciones imperialistas. Desde el punto de vista institucional, una consecuencia inmediata de la huelga es la creación del Ministerio de Trabajo, Previsión Social y Clase Media (diciembre, 1954). La cartera de Trabajo había estado adscrita al Ministerio de Fomento. Al momento de la creación del Ministerio de Trabajo, Previsión Social y Clase Media, la estructura ministerial del gobierno central queda distribuida así: Gobernación y Justicia; Relaciones Exteriores; Defensa; Educación Pública; Economía y Hacienda; Fomento; Sanidad y Beneficencia; Trabajo, Previsión Social y Clase Media; Recursos Naturales. Se trata, pues, de nueve Secretarías de Estado para el manejo de los asuntos del aparato central del Estado.

La huelga de mayo—julio de 1954 será seguida de una tremenda inundación en las plantaciones bananeras (finales de agosto—inicios de septiembre). Como consecuencia de ambos fenómenos, el nivel de producción y exportaciones bananeras se verá afectado notablemente, lo que repercute en un descenso de los ingresos fiscales del Estado. Esta situación de déficit fiscal se verá agravada por el cierre de operaciones de la mina San Juancito, explotada desde finales del siglo por la Rosario Mining Company, que ya desde 1948 había iniciado la explotación de la mina El Mochito, en el departamento de Santa Bárbara.

La huelga de mayo—julio de 1954 y la inundación subsiguiente, así como la capacidad de negociación que implica la organización sindical de sus obreros, conducen a la Tela RR. Co. a iniciar un proceso de innovaciones tecnológicas y de cierre de fincas marginales, que tiene como consecuencia más visible la masiva expulsión de asalariados, muchos de los cuales vuelven a refugiarse en la economía agrícola de subsistencia y han de constituirse en las bases de las primeras organizaciones campesinas que surgen en el país, justamente en el litoral norte, luchando precisamente contra la Tela RR. Co., principal terrateniente del país.

Según datos de la propia empresa bananera, en 1953 empleaban 26,456 asalariados, que se habrán reducido en 1954 a 17,332. En 1955, esta cifra descendió a 15,847 trabajadores. Hacia mediados de 1957, el número de asalariados empleados por la Tela RR. Co. se computa en 13,184[12]. Es decir, que entre 1953—1957 los trabajadores empleados por la Tela RR. Co. se redujeron en casi un 50 por ciento.

El despido de obreros es también masivo en la Standard Fruit Company. "Durante el período comprendido entre 1950 y 1960" —apunta el Sindicato de Trabajadores de la citada empresa bananera—, "el número de trabajadores de la Standard se redujo de 11,000 a 6,000"[13]. En términos globales, hacia 1960 (tomando como punto de referencia el año de 1953) ambas empresas bananeras habían despedido más de 20 mil trabajadores, sin que ello significara una merma en la producción porque "si en 1953 para producir 12 millones de racimos se requirieron 35,000 trabajadores, en 1959 se produce la misma cantidad y solo emplean 16,000 trabajadores, quedando cesantes en este período 19,000 obreros"[14].

Finalmente, hay que indicar que las huelgas de mayo marcan el surgimiento del proletariado hondureño como una importante fuerza política organizada que ha de jugar un activo papel en la democratización política del país, como veremos más adelante.

---

[12] El Día, 28 de enero de 1958, pág. 7.

[13] El Cronista, 27 de febrero de 1962, pág. 8.

[14] FAO—OIT. CEPAL SIECA e IICA, Honduras: utilización y tenencia de la tierra, Teguci— galpa, 1970, págs. 42—43.

2. Lozano Díaz y la crisis de la dominación oligárquica

Las clases dirigentes al mando del aparato estatal (terratenientes y la burguesía comercial), atrincheradas en los partidos conservadores (Nacional y Reformista), ligeramente atemorizadas por la creciente capacidad de movilización política de las nuevas fuerzas sociales emergentes (obreros, capas sociales urbanas) que demandan un régimen político de mayor participación social, decididas a perpetuarse en la gestión del aparato estatal y a mantener un sistema de dominación de participación restringida, recurren a la maniobra postelectoral de no garantizar la sucesión presidencial bajo los preceptos constitucionales. El régimen de Gálvez, como veremos, será seguido de un breve interregno dictatorial, luego de la ruptura de la norma burguesa constitucional de sucesión presidencial.

En efecto, en las votaciones presidenciales de octubre de 1954 se enfrentan los siguientes candidatos: el viejo caudillo del Partido Nacional, Tiburcio Carías; Abraham Williams Calderón por el Partido Nacional Reformista, fracción desprendida del Partido Nacional cariísta. Williams Calderón, un próspero ganadero, había sido vicepresidente del país durante la gestión dictatorial de Carías, y Ramón Villeda Morales por el Partido Liberal. Este último, con dotes carismáticas para emplear la terminología weberiana, capitalizando la oposición anti cariísta y anti reformista, recibirá amplio apoyo de los sectores populares y de los núcleos de la pequeña y mediana burguesía, así como de grupos sociales urbanos.

Según los cómputos finales, Villeda Morales obtiene 121,213 votos; Carías 77,041 y Williams Calderón 53,041 votos, por lo que el líder liberal alcanzó un amplio margen sobre sus contendores, pero no la mayoría absoluta requerida por la Constitución para convertirse en presidente del país. Vuelve a repetirse la situación de 1902 y 1923: las elecciones presidenciales no resultan concluyentes. El Parlamento debía reunirse el 5 de diciembre para sancionar la selección del nuevo gobernante. Sin embargo, los representantes ligados al Partido Nacional y Reformista, coaligados, renuncian a todo compromiso con el Partido Liberal y no concurren a la reunión. Sin el quórum requerido, el Parlamento no se reúne. Mientras tanto, Julio Lozano Díaz, presidente en funciones desde noviembre de 1954 por la ausencia de Gálvez (quien ha abandonado el país aduciendo razones de salud), se declara a sí mismo Jefe Supremo del Estado, asumiendo inconstitucionalmente la dirección del aparato estatal. Lozano disuelve el Parlamento e instala en su lugar un Consejo Consultivo de Estado (10 de diciembre, 1954) integrado por 59 personas adscritas a los tres partidos enfrentados en la lucha electoral.

Durante el régimen de Lozano Díaz (1954—1956) se emite la mayor parte de la legislación laboral del país que precede al Código del Trabajo (1959): Carta Constitutiva de Garantías del Trabajo (febrero, 1955); Ley de Mediación, Conciliación y Arbitraje (marzo, 1955); Ley de Organizaciones Sindicales (marzo, 1955) y Ley de Contratación Individual de Trabajo (abril, 1956). Las dos únicas leyes que preceden al código laboral que no se dictan durante el régimen de Lozano son la Ley del Trabajo Ferrocarrilero (julio, 1957) y la Ley de Contratación Colectiva (agosto, 1957). Todas estas normas serán derogadas al emitirse y entrar en vigor el Código del Trabajo (julio, 1959). Incluso, es durante el régimen de Lozano que se decreta nuevamente el 1 de mayo como Día Internacional del Trabajo (1956).

Desde el punto de vista institucional, tiene gran interés la creación del Consejo Nacional de Economía (febrero, 1955), la primera agencia estatal de coordinación interinstitucional y de planeación económica, que funcionará bajo la tutela de organismos internacionales, destacando el Banco Internacional de Reconstrucción y Fomento (BIRF). "El Consejo Nacional de Economía —puntualiza un diputado— fue creado con miras a perfeccionar la administración pública en el aspecto del desarrollo, con el asentimiento y espaldarazo del Banco Internacional de Reconstrucción y Fomento; puede decirse que en mucho la paternidad de ese Instituto corresponde al propio Banco Mundial y a la creencia de los encargados de la Administración Pública de nuestro país de que ese Consejo representa un organismo asesor de desarrollo. Es un organismo que asesora directamente al Presidente de la República y la utilidad ha sido manifiesta"[15].

Para cumplir sus funciones de asesoría en el desarrollo económico, el Consejo Nacional de Economía fue autorizado para el "estudio de impuestos y reformas administrativas conducentes al desarrollo económico, proponer cambios en la legislación, coordinar actividades económicas y estadísticas y programas de agencias gubernamentales, revisar la propuesta anual del presupuesto y supervisar los préstamos extranjeros contratados por el gobierno o por la empresa privada cuando esta tuviera garantía gubernamental"[16]. En octubre de 1965, como

---

[15] Intervención de Pedro Pineda Madrid, sesión legislativa de 19 de febrero de 1958, citado por Ramón Oquelí, Gobiernos hondureños durante el presente siglo en Economía Política, No. 11, UNAH, Tegucigalpa, pág. 25. He usado ampliamente estos útiles y escrupulosas compilaciones de hechos políticos que crean una suerte de panorama político de cada régimen, que R. Oquelí publica en cada entrega de la revista Economía Política.

[16] Vicent Checchi and Associates, op. cit., pág. 121.

veremos más adelante, el Consejo Nacional de Economía deviene en el Consejo Superior de Planificación Económica (CONSUPLANE). Tanto el Consejo Nacional de Economía como CONSUPLANE contarán con la activa colaboración de la CEPAL y del ILPES.

El régimen de Lozano Díaz, materialización de la crisis del sistema de dominación política oligárquica, coincide con un agudo período de crisis económica, que se traduce en crisis fiscal, derivado de la reorganización productiva experimentada en la producción bananera después de la huelga de mayo—julio de 1954, para responder a la creciente capacidad organizativa y reivindicativa del proletariado agrícola y de los requerimientos de la acumulación capitalista, que conduce a un creciente proceso de innovación tecnológica y de masiva expulsión de fuerza de trabajo laborante.. El gobierno de Lozano, al igual que los que le siguen, deberá enfrentar la precaria situación de consenso político generada por el desempleo masivo, parte del cual es absorbido en la construcción de carreteras, que a partir de 1950 entran en una espiral ascendente. Por otra parte, deberá apoyar una política de contención salarial en el sector bananero. En este sentido, Lozano asume la defensa de los intereses bananeros, llegando a intervenir y obligar a la firma de convenios colectivos que en casi nada benefician a los trabajadores de estas empresas[17]. Incluso encarcelará masivamente dirigentes sindicales cuando se gestan movimientos que exigen el cumplimiento de los contratos colectivos.

Paradójicamente, Lozano, al decretar la nueva Ley del Impuesto sobre la Renta (1955), aumenta el porcentaje gravable sobre las ganancias netas de las compañías bananeras, del 15 % establecido por la ley de 1949, al 30 %. Sin embargo, en términos absolutos y relativos, la medida no tiene mayor impacto, ya que la tributación de las empresas por este concepto disminuye notablemente debido, sobre todo, a otros factores, ya antes mencionados.

El régimen de Lozano, viejo y conservador, irascible y de mala salud (en septiembre—octubre de 1956 Lozano, por razones de salud, tendrá que depositar provisionalmente la dirección del Ejecutivo en Juan Manuel Gálvez, presidente de la Corte Suprema de Justicia), originado en una precaria situación de legitimidad política, enfrentará la oposición de clases, facciones y grupos sociales, muchos de ellos atrincherados en el Partido Liberal, de tendencias socialdemócratas, que no solo cuestionan su legitimidad política sino que se movilizan, algunas veces en situaciones conspirativas, para lograr su derrocamiento.

---

[17] Cf. El Sindicalista, La Lima, 31 de octubre de 1958, págs. 1 y 7.

Para garantizar su supervivencia, el mandato de Lozano se irá endureciendo progresivamente, lo que exacerbará aún más el nivel de oposición política. En esta última se encuentran los pequeños núcleos ligados al Partido Comunista (10 abril, 1954), que se movilizan con consignas democrático—burguesas, compartidas por las fuerzas sociales vinculadas al Partido Liberal o por otros grupos no encuadrados partidariamente (estudiantes, por ejemplo). En este contexto, Villeda Morales y otros líderes liberales, ligeramente radicalizados, son tildados de comunistas y, cuando la situación lo permite, serán expatriados (7 de julio, 1956).

Así, el enfrentamiento a la oposición y el control del potencial político del movimiento obrero emergente pasa por una decidida posición anticomunista. Para ello, Lozano emite a inicios de 1956, cuando se exacerba la oposición a su régimen, el Decreto—Ley 206, más conocido como "Ley de Defensa del Régimen Democrático", que proscribe al Partido Comunista o "cualquier asociación que aspire a implantar en la nación un régimen opuesto a la democracia que nos rige" (3 febrero, 1956). Este decreto viene a sumarse al decreto 95 del 7 de marzo de 1946, emitido durante la dictadura cariísta, conocido como Ley Fernanda en honor al diputado conservador Fernando Zepeda Durón, uno de sus redactores. Esta serie de decretos anticomunistas será completada por el decreto 183 del 26 de julio de 1959, emitido durante el gobierno reformista pero igualmente anticomunista de Ramón Villeda Morales, el "comunista" de los tiempos de Lozano.

En este contexto, la movilización del movimiento obrero organizado resulta vital tanto para Lozano, que busca su apoyo sin mayor resultado, como para la oposición a su régimen. En términos generales, la lucha unificada de las capas sociales urbanas (intelectuales, estudiantes) y de los sectores populares (obreros y campesinos), en demanda de la ampliación de las bases sociales del poder, adquiere creciente importancia[18]. Frente a esta situación que amenaza la estabilidad política de su gobierno, Lozano responde con represión. "Hace muchos meses que el Gobierno tiene conocimiento —indica un mensaje a los trabajadores firmado por Lozano Díaz— de la campaña sistemática emprendida por individuos de filiación comunista que han logrado infiltrarse en los principales centros de trabajo, quienes, de común acuerdo con políticos de abierta oposición al actual orden de cosas, no han cesado un solo día de incitar a la rebelión. Esta campaña peligrosa

---

[18] Cf, Manifiesto del Comité Patriótico para la Defensa de los Derechos Populares en El Día, 23 de febrero de 1956, págs. 1 y 2.

para la seguridad del Estado ha llegado a contar entre sus afiliados a los principales directivos de los grandes sindicatos de trabajadores de las compañías bananeras de la costa norte, que, acordes con la trayectoria que se han trazado, mantienen constante agitación entre las masas trabajadoras de aquel sector. La conducta incalificable de estos directivos sindicales, violatoria del Artículo 7 de la Carta Constitutiva de Garantías del Trabajo, que obliga a las organizaciones sindicales a conservar su independencia frente a los partidos políticos, ha obligado al gobierno a dictar medidas drásticas contra quienes tratan de subvertir el orden público, ordenando su detención para que respondan ante los Tribunales Comunes de sus infracciones, en aplicación del Decreto— Ley No. 206". Y agrega, con marcado carácter paternalista: "El Gobierno ha demostrado desde el principio de su gestión su sincera voluntad de protección a la clase trabajadora, y la Jefatura de Estado le ha dado reiteradas pruebas de amistad, preocupándose por el bienestar de los trabajadores en general, y en especial de los que laboran en los campos bananeros, hasta el grado de practicar una inspección personal donde departió con todos y recibió sus quejas y aspiraciones. Desgraciadamente, descuidando los intereses puros de sus representados, sus líderes se han dedicado a conspirar contra el orden público, olvidando el gesto fraternal del gobernante, rehusando los medios civilizados para la conciliación y aconsejando la violencia, que tantos peligros entraña para la Nación entera, tanto en sus intereses internos como internacionales".

Líneas adelante, con el mismo aire paternalista, Lozano Díaz "exhorta a los trabajadores para que tengan serenidad, y para que actuando como hondureños genuinos desechen los consejos inspirados en ideas antidemocráticas, y tengan plena fe en que el gobierno está siempre dispuesto a interponer sus buenos oficios para mantener las buenas relaciones que deben existir entre empleadores y trabajadores, y a continuar con su política de protección a la clase trabajadora en legislación, educación, salud y todo lo que signifique mejoramiento, a fin de que obtengan un más alto nivel de vida"[19].

Nuevamente, hacia mediados de 1956, el régimen de Lozano vuelve a denunciar supuestas actividades conspirativas en las que aparecen, otra vez, comprometidos líderes obreros. "Elementos desafectos al gobierno, con antipatriótico propósito —reza un comunicado a los trabajadores emitido por el Ministerio de Trabajo, Asistencia Social y Clase Media— , han planeado paralizar las actividades del país, invitando a una huelga

---

[19] El Cronista, 22 de febrero de 1956, págs. 1 y 8.

de brazos caídos hasta derribar a la presente administración pública, tal como rezan los manifiestos de la Alianza Democrática profusamente diseminados por todos los rumbos de la República, con el malsano designio de entorpecer la acción bienhechora que se está llevando a cabo tendiente a la rehabilitación económica, básica para la seguridad nacional. Los principales campos de acción escogidos por los agitadores son los grandes sectores bananeros de las divisiones de Tela y Cortés, donde los directivos sindicales de La Lima, de las seccionales y subseccionales, se negaron a cumplir instrucciones terminantes del Secretario General del Sindicato de Trabajadores de la Tela Railroad Company, Raúl Edgardo Estrada, para desconcertar por medio de la huelga las actividades agrícolas, ferroviarias, portuarias, etc., con el fin político de subvertir el orden establecido. Cortado en ciernes el morbo *comunistoide* por la acción decidida de los elementos que gobiernan los sindicatos de la costa norte —ya que en los campos de la Standard Fruit Company reina también la cordura, pues ni siquiera fueron oídas las insinuaciones del desorden—, queremos llevar por medio de este comunicado nuestra enhorabuena a todos y cada uno de los trabajadores, que en ambiente de plena libertad han sabido corresponder a la confianza de las autoridades centrales y asegurarles, una vez más, el apoyo irrestricto que el Jefe de Estado don Julio Lozano Díaz les está brindando en cada momento y en mayor proporción, cumpliendo el anhelo de elevar progresivamente su nivel de vida para asegurar definitivamente los postulados de la justicia y de la paz social en Honduras"[20].

La oposición incluso intentará un golpe militar, sin mayor éxito. El 1 de agosto de 1956, el cuartel de San Francisco, en Tegucigalpa, fue tomado por núcleos partidarios ligados al Partido Liberal y por estudiantes universitarios que desde julio de ese año habían pasado, mediante una huelga, a oponerse directamente al régimen. Lo propio harán los estudiantes de secundaria —declararse en huelga como forma de oposición— en varias ciudades del país. Esta instalación militar será recuperada rápidamente por tropas al mando del coronel Armando Velásquez Cerrato, leal al régimen. Los muertos y heridos en este enfrentamiento se estimaron entre 90 y 100 personas. Una multitud será encarcelada. En palabras de Lucas Paredes, "poco después del fallido cuartelazo del San Francisco, verdadero nerviosismo desanimaba al gobernante. Las garantías ciudadanas se restringían y las medidas de seguridad se volvían extremas. Se perseguía a los declarados opositores del régimen; muchos ciudadanos de filiación villedista, nacionalista,

---

[20] El Cronista, 19 de junio de 1956, pág. 1.

estudiantes y periodistas pasaron a ser huéspedes de los centros penitenciarios y de los cuarteles en la República..."[21].

De todas maneras, desde mediados de 1955, Lozano y su maquinaria política iban creando las condiciones para perpetuarse en la dirección y usufructo del aparato estatal. En octubre de 1955, se crea el Partido Unión Nacional (PUN) para impulsar la candidatura presidencial de Lozano Díaz, quien había anunciado tempranamente (mayo de 1955) la celebración de una Asamblea Nacional Constituyente para hacer retornar al país al "orden constitucional" y seleccionar al presidente. El PUN se forma con las bases sociales del Movimiento Nacional Reformista y con núcleos conservadores desafectos con el control rígido que el general Carías ejercía sobre el Partido Nacional. La nómina preelectoral para la Constituyente se incrementa con la inscripción —por primera vez en la historia política del país— de mujeres, cuyos derechos civiles fueron autorizados por Lozano (decreto 29, del 24 de enero de 1955).

Las elecciones para la Constituyente, celebradas el 7 de octubre de 1956 en un ambiente de ilegalidad, con los líderes del Partido Liberal expatriados, arrojaron resultados concluyentes: Movimiento Nacional Reformista y Unión Nacional: 370,318 votos; Partido Liberal: 41,724 votos y Partido Nacional: 2,003 votos. La Asamblea Constituyente no será inaugurada el 1 de noviembre de 1956 como se había previsto, ya que el 21 de octubre de ese mismo año un golpe militar concluye incruentamente con el régimen de Lozano Díaz, quien, víctima de su precaria salud, morirá en Miami el 20 de marzo de 1957.

3. El Breve Interregno Militar (1956—1957)

El 21 de octubre de 1956, una junta militar termina incruentamente con el régimen de Lozano Díaz. Estaba integrada por el general Roque J. Rivera, 55 años, comandante de infantería y director de la Academia Militar Francisco Morazán (1952); el coronel Héctor Caraccioli, 34 años, piloto militar entrenado en academias norteamericanas y jefe de la Fuerza Aérea Hondureña; y el mayor e ingeniero Roberto Gálvez Barnes, ligado a la Fuerza Aérea e hijo del expresidente Juan Manuel Gálvez. La junta militar declara, al justificar su intervención en la vida política del país, que "su único y esencial propósito es el de procurar que el país vuelva a la normalidad constitucional, y que todos los hondureños en forma cívica y patriótica cooperen al logro de este objetivo. Alcanzada esta finalidad, por nuestro honor de militares —enfatizan—,

---

[21] Lucas Paredes, El drama político de Honduras, Editora Latinoamericana SA, México, s.f., págs. 641—642.

prometemos entregar el gobierno a elemento civil de extracción auténticamente popular. En consecuencia, solo permaneceremos en el poder por el tiempo que el criterio democrático aconseje y el interés nacional exija"[22].

El golpe de Estado militar fue recibido con entusiasmo por la oposición política al régimen de Lozano. En palabras de Lucas Paredes: "el pueblo en general y más el sector de la oposición, recibió con gran júbilo el acontecimiento que liberaba al pueblo de un estado de nerviosismo, inquietud y zozobra que existía a consecuencia de los hechos últimamente registrados en el perímetro de la República, debidos a la determinación asumida por el gobernante y sus colaboradores de obtener sin oposición una Constituyente que expeditara el fácil camino al poder"[23].

Se trata, sin duda, de una relativamente tardía aparición política del Ejército[24], para prevenir el desbordamiento incontrolado de la agitación social que caracterizó particularmente el último año del régimen lozanista, para evitar, en fin, el fraude electoral de octubre de 1956 y restablecer la estabilidad política, intención no ocultada por el Departamento de Estado de EE. UU[25]. Es correcto postular que la intervención del Ejército no responde a una dinámica autónoma, ni mucho menos. Se trata del Ejército forjado y profesionalizado por el imperialismo, cuya acción política interventora está ligada a los dictados de este.

El régimen político encabezado por la junta militar, como veremos, no solo garantiza el "retorno del país a la normalidad constitucional", sino que incluso procesa preventivamente algunas de las demandas sociales planteadas por los sectores populares, sobre todo, aquellas relativas a la "cuestión social", que se esbozan con claridad durante su administración y cristalizan de manera más amplia durante el villedismo reformista.

Congruente con sus planteamientos, solo tres días después de asumir la dirección del Ejecutivo, la junta militar declara sin valor ni efecto las elecciones para la Asamblea Nacional Constituyente del 7 de octubre y deroga el estatuto electoral en que se apoyaba, emitido el 26 de marzo

---

[22] Ramón Oquelí, Gobiernos hondureños... en Economía Política No. 6, pág. 5.

[23] Lucas Paredes, op. cit., pág. 644.

[24] Edelberto Torres Rivas, Síntesis histórica del proceso político en Edelberto Torres Rivas, et al., Centroamérica Hoy, Siglo XXI Editores, SA, México, 1976, pág. 114.

[25] Cf, Ramón Oquelí, Gobiernos Hondureños... en Economía Política No, 7, pág. 14.

de 1958. Decreta la abolición de la pena de muerte (2 de noviembre de 1956) y decreta igualmente la desmovilización política de los sectores populares y, en general, de la población civil, al prohibir cualquier tipo de concentraciones públicas, al tiempo que pone restricciones a la prensa de carácter político—partidario. Crea el departamento (provincia) de Gracias a Dios (21 de febrero) y tendrá que dirigir las escaramuzas diplomáticas y militares contra Nicaragua, que disputa parte de este territorio fronterizo.

En el marco de los procesos de integración económica centroamericana auspiciados por la CEPAL desde inicios de la década de 1950 y que cristalizarán en la creación del Mercado Común Centroamericano hacia finales del decenio, durante la gestión de la junta militar se suscribe el Tratado de Libre Comercio con El Salvador (1957). (Un acuerdo semejante se había suscrito con Guatemala el año anterior), que precede al Tratado Multilateral de Libre Comercio e Integración Económica Centroamericana, firmado en Tegucigalpa el 10 de junio de 1958 por representantes de los cinco gobiernos del área.

Hacia mediados de la década de 1950 es evidente que hay por lo menos dos "obstáculos" que conspiran contra la profundización del desarrollo capitalista y, particularmente, contra el desarrollo industrial del país: 1) la deficiente red de carreteras que posibiliten la circulación de mercancías y la integración del mercado interno, y 2) el insuficiente abastecimiento y alto costo de la energía eléctrica. Para enfrentar el primer "obstáculo", desde inicios de 1950 el Estado se embarca en un esfuerzo sostenido de construcción y pavimentación de carreteras que atraviesa como preocupación fundamental los regímenes políticos sucesivos. Para enfrentar el segundo, es la junta militar la que sanciona la plena intervención estatal en la producción de energía eléctrica barata y abundante, mediante la creación de un "ente autónomo técnicamente especializado" para el suministro de energía eléctrica a bajo costo, con el fin de "promover el desarrollo económico del país": la Empresa Nacional de Energía Eléctrica, ENEE (decreto 48, del 20 de febrero de 1957). Desde su creación, la ENEE acelera la construcción de proyectos hidroeléctricos, el más importante en una primera etapa será el embalse Yojoa—Río Lindo, e irá absorbiendo paulatinamente las empresas extranjeras que abastecían a importantes centros urbanos (San Pedro Sula, La Ceiba).

La junta sanciona, por otra parte, la creciente intervención estatal en el proceso de reproducción de la fuerza de trabajo, incrementando los gastos en salud, vivienda y educación, a través de la creación de:

1   El Instituto Nacional de la Vivienda, más conocido como INVA (decreto 30, del 1 de enero de 1957), "organismo autónomo de servicio público, sin fines lucrativos, con patrimonio propio y con personería jurídica", encargado de programas de vivienda popular. Su ley constitutiva, que fija organización y funciones, es del 27 de junio del mismo año (decreto 105, del 27 de junio de 1957). El proyecto de vivienda más importante del INVA será la Colonia Kennedy, donde vivían 13 mil habitantes a finales de 1969.

2   El Patronato Nacional de la Infancia, PANI (decreto 115, del 22 de julio de 1957), institución autónoma pública que centraliza la "acción tutelar del Estado sobre la niñez". Para su financiamiento se destinan fondos   de   la   Lotería   Nacional   de   Beneficencia. En este sentido, también es importante la creación de la Escuela de Servicio Social (decreto 38, del 16 de enero de 1957), orientada a la formación de personal especializado destinado a "combatir los males sociales, estimular la previsión social e impulsar la ayuda propia entre las comunidades que forman la nación". La Escuela de Servicio Social, adscrita al Ministerio de Trabajo y Previsión Social, recibirá fundamentalmente alumnos becados por el Estado. Tendrá un nivel educativo semejante al de la Escuela Superior del Profesorado (decreto 24, del 15 de diciembre de 1956), dedicada a la formación de maestros de secundaria y a la profesionalización de maestros de nivel primario sin formación previa.

Desde el punto de vista institucional, es de interés la creación de la Contraloría General de la República como organismo fiscalizador del Estado (decreto 28, del 31 de diciembre de 1956), así como la elevación a ministerio sin cartera del Consejo Nacional de Economía, organismo planificador y coordinador del aparato estatal en la promoción del desarrollo económico y social, preocupación legítima que el desarrollo capitalista impone al Estado. La coordinación interinstitucional y la planificación también alcanzan a la salud pública con la Junta Planificadora de Salud Pública (decreto 21, del 3 de diciembre de 1956), de fugaz existencia, cuyas funciones eran: "Coordinar las actividades de todos aquellos organismos e instituciones nacionales, internacionales, interamericanas, públicas y privadas interesadas en salud pública, con el fin de prestar servicios de mejor calidad y evitar duplicaciones" y "prestar asesoría técnica a todas las instituciones nacionales, públicas o privadas, que desarrollen trabajos relacionados con salud pública".

Durante la gestión de la junta militar, el movimiento obrero emergente, dividido por luchas ideológicas que enfrentan a un núcleo de sindicatos que reproducen el sindicalismo anticomunista de la ORIT y sus promotoras norteamericanas, la AFL—CIO, y otros que se autodenominan autónomos, con cierta influencia comunista, se fortalece con la creación de la Federación Sindical de Trabajadores Norteños de Honduras, FESITRANH (abril de 1957), fundada bajo la égida de la ORIT y organizada en torno al SITRATERCO, el más importante y numeroso de los sindicatos de la Tela Railroad Company. Por su parte, la junta militar completa el proceso de emisión de leyes laborales que preceden al Código del Trabajo: la Ley del Trabajo Ferrocarrilero y la Ley de Contratación Colectiva.

Disensiones internas conducen a la destitución del general Roque J. Rivera como integrante del triunvirato militar (julio de 1957), que queda reducido a dos miembros al no ser sustituido. En noviembre de ese año se produce un cambio en la dirección del régimen al renunciar el mayor Gálvez Barnes, sustituido por el teniente coronel Oswaldo López Arellano, ministro de Defensa del régimen militar. Las disensiones internas llevan incluso a la junta a desbaratar en ciernes un complot militar dirigido por el coronel Armando Velásquez Cerrato (mayo de 1957).

De todas maneras, tal como había sido prometido al producirse el golpe de octubre de 1956, la junta militar convoca a elecciones de diputados para la formación de una Asamblea Nacional Constituyente, que se verificarán en septiembre de 1957. El Partido Liberal, liderado por Ramón Villeda Morales, que durante la gestión política de la junta había actuado como embajador hondureño en Washington, obtiene un triunfo indubitable. Los cómputos finales son concluyentes: Partido Liberal, 209,109 votos; Partido Nacional, liderado por Gonzalo Carías, hijo del dictador Carías Andino, obtuvo 101,174 votos; el Movimiento Nacional Reformista, encabezado por la desgastada figura política de Abraham Williams Calderón, 29,489 votos. El Partido Liberal obtiene así 36 curules, 18 el Partido Nacional y 4 el Movimiento Nacional Reformista.

Al instalarse la Asamblea Nacional Constituyente el 21 de octubre de 1957 será presidida por Villeda Morales, a quien esta, controlada por sus partidarios, declarará el 16 de noviembre —contra las expectativas de quienes esperaban nuevas elecciones para la selección presidencial y con la oposición de los diputados constituyentes del Partido Nacional y del Movimiento Nacional Reformista— como presidente constitucional de la República, argumentando que ya por dos veces el pueblo hondureño había mostrado su preferencia por el líder liberal (en las elecciones presidenciales de octubre de 1954 y en los comicios para la nominación de diputados a la Asamblea Nacional Constituyente), a fin de evitar los gastos que supondría para el Estado una nueva elección presidencial que apenas serviría para agitar las pasiones partidarias. La selección presidencial, así verificada, será ratificada por la junta militar, aunque no en forma unánime. Gálvez Barnes, miembro del triunvirato militar, renuncia cuestionando el procedimiento de selección presidencial. Será sustituido, como ha quedado indicado, por López Arellano.

Sobre el apoyo militar a la selección presidencial de Villeda Morales, es bastante ilustrativa la nota siguiente: "Cuando el Partido Liberal aseguró su triunfo en los comicios para la Constituyente —apunta un pronunciamiento militar posterior—, empezaron las pláticas para lograr que ese cuerpo efectuara, en una elección de segundo grado, la designación del ciudadano que en calidad de Presidente de la República ocuparía la Primera Magistratura de la Nación por un período constitucional, evitando así a la ciudadanía los riesgos de una nueva justa electoral a lo que estaban obligadas las Fuerzas Armadas por su proclama. Todo indicaba que tal designación recaería en vuestra persona (se refieren a Villeda Morales. MP), por lo que se dedicó especial atención a vuestros pronunciamientos públicos, a los postulados altamente democráticos del Partido Liberal y a la forma de Gobierno por vos ofrecida, que no era otra que un Gobierno de Unidad Nacional, coincidiendo en esto con vuestra máxima aspiración.

Fue por estos motivos que los jefes y oficiales consideraron formalmente tal posibilidad y, oídas personalmente las propuestas del candidato, aceptaron la trascendental decisión de acatar la elección de la Asamblea, firmándose al efecto, el día 14 de noviembre de 1957, un compromiso formal: por un lado, jefes y oficiales de las Fuerzas Armadas, y por el otro, la Directiva de la Asamblea Nacional Constituyente, el Comité Central del Partido Liberal y el designado a la Primera Magistratura"[26].

Villeda Morales, pues, deviene presidente del país en una suerte de compromiso político con el Ejército que sanciona su elección presidencial, lo que permite comprender algunas de las facetas contradictorias del régimen político que iniciará el 21 de octubre de 1957.

---

[26] Villeda no contestó nota del Consejo de Defensa en El Día, 25 de mayo de 1968, págs. 1 y 16.

4. El Reformismo Villedista (1957—1963)

Antes de pasar a caracterizar el régimen de Ramón Villeda Morales, es necesario hacer algunas consideraciones sumarias sobre la Constitución Política de 1957, elaborada por la misma Asamblea Nacional Constituyente que eligió a Villeda Morales presidente del país. Brevemente puede indicarse que la Constitución de ese año recoge la nueva funcionalidad asumida por el Estado en relación con la economía desde inicios de la década de 1950, así como procesa demandas planteadas y/o sentidas por los sectores populares y exigidas por el desarrollo capitalista. Esta es la perspectiva que orientará nuestro rápido vistazo a tan importante documento jurídico—político. La Constitución de 1957 sanciona que la intervención del Estado en la economía "tendrá por base el interés público y por límites los derechos y libertades fundamentales reconocidos por la Constitución".

"El objetivo principal del Estado en el fomento de la actividad económica será el de contribuir a promover un creciente y ordenado nivel de producción, empleo e ingreso, distribuyendo equitativamente este último entre los factores que contribuyen a su formación, en condiciones de razonable estabilidad monetaria, con el objeto de proporcionar a toda la población una existencia digna y decorosa". "El Estado, por razones de orden público y de interés social, podrá reservarse el ejercicio de determinadas industrias básicas, explotaciones y servicios de interés público, y dictar leyes y medidas económicas, fiscales y de seguridad pública para encauzar, estimular y suplir la iniciativa privada, con fundamento en una racional y sistemática planeación económica". La Constitución de 1957 deja claramente definida la naturaleza de las empresas autónomas del Estado. "Para la mayor eficiencia en la administración de los intereses nacionales, para garantizar sin fines de lucro la satisfacción de las necesidades colectivas de servicio público y, en general, para lograr la mayor efectividad de la administración, se reconocen los organismos autónomos con criterio de descentralización de la administración pública". "Los organismos autónomos forman parte del engranaje general de la administración, y el grado de autonomía de cada uno se determina en la ley de su creación, según la naturaleza y propósitos de sus respectivas funciones". "Las instituciones autónomas del Estado gozan de independencia en materia de gobierno y administración, y sus directores responden por su gestión".

Mediante la Constitución Política de 1957, el Estado asume con relativa claridad funciones en la reproducción y calidad de la fuerza de trabajo. "El Estado promoverá la preparación técnica de los trabajadores y la elevación de su nivel cultural y económico. Es deber de las empresas industriales, en las esferas de su especialidad, crear escuelas destinadas a promover la educación obrera entre los hijos de sus operarios o asociados. La Ley regulará esta materia". "El Estado fomentará la construcción de viviendas y de colonias para los trabajadores, y velará porque reúnan condiciones de salubridad". "La Ley determinará las empresas y patronos que, por el número de sus trabajadores o la importancia de su capital, estarán obligados a proporcionar a los obreros habitaciones adecuadas, escuelas, enfermerías y demás servicios y atenciones propicias al bienestar físico y moral del trabajador y de su familia". La Constitución prescribe igualmente en materia de seguridad social: "Toda persona tiene derecho a la seguridad de sus medios económicos de subsistencia en caso de incapacidad para trabajar u obtener trabajo retribuido. Los servicios de seguro social serán prestados y administrados por entidades autónomas, y cubrirán los casos de enfermedad, maternidad, subsidios de familia, vejez, orfandad, paro forzoso, accidentes de trabajo y enfermedades profesionales, y todas las demás contingencias que afecten la capacidad de trabajar y consumir. La Ley promoverá el establecimiento de tales servicios a medida que las necesidades sociales lo exijan. El Estado creará instituciones de asistencia y previsión social". "La Ley regulará los alcances, extensión y funcionamiento del régimen de seguridad social. El Estado, patronos y trabajadores están obligados a contribuir al financiamiento y a facilitar el mejoramiento y expansión del seguro social".

La Constitución de 1957 sanciona la creación de la Procuraduría General de la República como organismo ejecutor ligado a las actividades fiscalizadoras de la Contraloría General de la República. Establece además el régimen de servicio civil "con el fin de regular las relaciones de trabajo entre los servidores públicos y el Estado; someter la administración de personal a métodos científicos basados en el sistema de méritos; lograr la eficiencia en la función pública, proteger a sus servidores y crear la carrera administrativa". Sanciona finalmente la creación de la Dirección General de Servicio Civil "adscrita a la Presidencia de la República, sin dependencia de ningún ministerio en particular".

En términos generales, el régimen de Villeda Morales (1957—1963) corresponde a un período de relativa expansión de las fuerzas productivas sociales que se ven estimuladas por la demanda internacional y por la política económica del Estado, parte de la cual debe ubicarse en el contexto general del proceso de integración económica. La actividad bananera se aparta ligeramente de este marco expansivo. Hacia finales de la década de 1950 y aún a inicios de la siguiente, la plantación bananera está experimentando un conjunto de reajustes que se expresan fundamentalmente en la introducción de innovaciones tecnológicas que se traducen en un notable aumento de la productividad del trabajo y en una reducción de la fuerza de trabajo empleada, lo que genera una situación de agudo desempleo que caracteriza la segunda mitad de la década de 1950 e inicios de la década siguiente. Entre estas innovaciones tecnológicas y productivas hay que contar: fumigación aérea, introducción de variedades de banano de mayor productividad por hectárea y más resistentes a las enfermedades usuales, métodos más eficaces para el transporte interno de las bananas hasta el sitio de empaque y la exportación del banano en cajas. La Tela Railroad Company, sin embargo, en el mismo período, está incrementando notablemente sus actividades ganaderas con vistas a su procesamiento agroindustrial y exportación. En fin, si bien es cierto que el banano, que ha venido desde la segunda posguerra disminuyendo su participación porcentual en la exportación general del país, continúa siendo el principal componente del comercio exterior hondureño, seguido por el café, la madera y el algodón. Uno de los productos cuya presencia en el comercio exterior se inicia durante la gestión administrativa de Villeda Morales es la exportación de carne refrigerada. A partir de 1958, en que se exporta por primera vez este producto, su importancia en el comercio exterior ha sido creciente y espectacular; las empacadoras dedicadas al procesamiento agroindustrial de la carne han acrecentado su importancia en la actividad económica general del país[27]. Estas empresas, ya sean de capital extranjero o nacional, estarán protegidas por la Ley de Fomento Industrial (1958).

La industria manufacturera, que a inicios de la década de 1950 era predominantemente artesanal (94 por ciento de los establecimientos industriales tenían menos de cinco trabajadores), experimenta a lo largo de la referida década y de 1960 un notable crecimiento expresado en un indicador grueso: el aumento de los establecimientos fabriles[28].

El crecimiento de la industria manufacturera del país, dominada por la producción de bienes de consumo ligero, se verá estimulado a partir de 1958 por la emisión de la Ley de Fomento Industrial, emitida en el

---

[27] Cf. Daniel Slutzky, La agroindustria de la carne en Honduras, en Estudios Sociales Centroamericanos No. 22, enero/abril de 1979; Daniel Slutzky y Esther Alonso, Notas sobre las transformaciones recientes del enclave bananero en Honduras, UNAH, Tegucigalpa, 1978.

[28] Sobre el proceso de industrialización en Honduras cf. los trabajos de Antonio Murga F. y los estudios de CEPAL sobre el desarrollo económico de Honduras elaborados a finales de la década de 1950.

marco del proceso de integración económica, que otorga franquicias arancelarias, exenciones fiscales, así como garantías de inversión a las empresas industriales que se establezcan en el país. Los beneficios de esa ley se conceden indistintamente al capital nacional como extranjero. En términos generales, en materia de promoción industrial, durante la gestión política de Villeda Morales, "el Gobierno de la República — como reza un informe lo cito *inextenso*— ha puesto especial interés en mantener y mejorar las condiciones favorables a la inversión privada tanto de capital nacional como extranjero. Se ha llevado a la práctica un programa de diversas obras de infraestructura económica, tales como carreteras, comunicaciones eléctricas, etc., y ya se encuentran bastante avanzados los trabajos de la primera etapa del Proyecto Hidroeléctrico Río Lindo, que proporcionará energía abundante y a un costo reducido a las zonas norte y central del país. El gobierno continuó participando activamente en el Programa de Integración Económica Centroamericana. Es importante mencionar que el Congreso Nacional ratificó el Tratado General de Integración Económica Centroamericana suscrito el 13 de diciembre de 1960. Se verificó asimismo el depósito del Instrumento de Ratificación respectivo en la Secretaría de la ODECA. La vigencia del Tratado General de Integración Económica desde abril de 1962 es de gran importancia para el desarrollo industrial del país, ya que establece un mercado común regional y su perfeccionamiento en el plazo de cinco años, lo cual permite la formación de nuevas empresas y la ampliación de las existentes con base en la producción en gran escala. Durante la Tercera Reunión Extraordinaria del Comité de Cooperación Económica del Istmo Centroamericano se verificó la incorporación de Costa Rica al Mercado Común, constituyendo este hecho un mayor estímulo a los inversionistas nacionales y extranjeros, al ampliarse el número de consumidores potenciales (...) Se han continuado las negociaciones relativas a la unificación arancelaria para las importaciones de artículos procedentes de países fuera de Centroamérica. Entre las bases principales que han guiado a los gobiernos centroamericanos en esta labor está la de crear condiciones favorables para la inversión al establecer protección arancelaria para los artículos producidos o susceptibles de producirse en la región y rebajas a los gravámenes arancelarios para la importación de materias primas, maquinaria y equipos necesarios para el desarrollo industrial. (...) Asimismo, con el fin de igualar el otorgamiento de beneficios fiscales a las empresas industriales por parte de los países centroamericanos, se suscribió también en la ciudad de San José, Costa Rica, el Convenio Centroamericano de Incentivos Fiscales al Desarrollo

Industrial. En la adopción de este convenio se tomó en cuenta el principio del desarrollo económico equilibrado de los países de Centroamérica y se incluyeron medidas tendientes a subsanar las diferentes condiciones que los mismos presentan en cuanto a facilidades para la inversión industrial. Otro factor favorable para atraer capital extranjero lo constituye la estabilidad de la moneda nacional, no existiendo ninguna restricción para los movimientos de capital ni para el envío de utilidades al exterior de empresas que operan en el país. La Constitución de la República concede el mismo tratamiento tanto a capital nacional como extranjero (...) En lo que se refiere a la política crediticia, se han continuado otorgando por parte del sistema bancario créditos dirigidos a promover actividades industriales. Por una parte, el Banco Centroamericano de Integración Económica concedió préstamos por valor de L 790,000,000 para el establecimiento de una planta nueva de jabones en San Pedro Sula, para una empacadora de carnes en Choluteca y para la realización de un estudio de factibilidad del establecimiento de una planta siderúrgica en el país. La Ley de Fomento Industrial ha sido un valioso instrumento para alentar las inversiones en el sector manufacturero. Durante el presente período se continuó con la política seguida en los períodos anteriores de conceder mayores beneficios a las empresas que utilicen en alta proporción materias primas nacionales o que en el futuro hagan uso de ellas, así como a las que den origen a nuevas industrias, a un empleo apreciable de mano de obra y a mejorar nuestra balanza de pagos. Por el contrario, no se ha alentado el establecimiento de empresas cuya finalidad es únicamente envasar, enlatar o someter a cualquier otro proceso a artículos elaborados o semielaborados procedentes del exterior sin proporcionar casi ningún valor agregado nacional. Se ha tenido en cuenta, asimismo, los intereses del consumidor, tratando de evitar que este se vea obligado a pagar precios altos por productos de mala calidad. En la actualidad, se están produciendo artículos que nunca se habían manufacturado en el país y se proyecta la creación de empresas en nuevos campos de la actividad industrial"[29].

Esta larga cita, notablemente ilustrativa de los rasgos que asume la política estatal de promoción industrial que caracteriza el régimen villedista, es también indicativa de las ventajas que usufructuará el capital imperialista, en mejores condiciones de competencia que el capital local, en el proceso de desarrollo industrial del país que se

---

[29] Informe de la Secretaría de Economía y Hacienda, 1962, Talleres Tipo Litográficos Aristón, Tegucigalpa, diciembre de 1962, págs. 15—16.

profundiza relativamente con el proceso integracionista. De toda suerte, durante la gestión política de Villeda Morales y en adelante, el capital extranjero no hace más que profundizar su grado de dominación y control sobre la actividad industrial del país, ya que desde mucho antes, las principales empresas industriales, así como la banca local, han estado bajo el absoluto control del capital extranjero. En este contexto, los núcleos de la burguesía local devienen socios menores del capital imperialista.

Expresión del pacto político contraído por el Partido Liberal para permitir la elección de Ramón Villeda Morales, las Fuerzas Armadas, cuya profesionalización y modernización ha sido llevada de la mano por el imperialismo, aparecen claramente delineadas como una importante fuerza política, un efectivo factor de poder, en la declarativa jurídica de la Constitución Política de 1957, redactada por la misma Asamblea Nacional Constituyente que designa a Villeda Morales como presidente del país. La Constitución Política de 1957 concede autonomía al Ejército al sancionar que la autoridad máxima del organismo será el jefe de las Fuerzas Armadas, seleccionado por el Parlamento de una terna presentada por el Consejo Superior de la Defensa Nacional, organismo colegiado del ejército integrado por militares de alta graduación. El jefe de las Fuerzas Armadas a su vez nombrará a los jefes de las Zonas Militares, en que para propósitos de "seguridad interna y externa" queda dividido el país. Como titular de las FFAA, el Parlamento nombra al teniente coronel Oswaldo López Arellano, que ha de realizar una meteórica carrera militar y política, que lo convierte en pocos años no solo en general de brigada, sino también en presidente del país, como veremos más adelante. El jefe de las FFAA, a pesar de la declaratoria constitucional del Ejército como una institución "apolítica, obediente y no deliberante", tiene una importante capacidad de disenso con el presidente del país, lo que queda reflejado en el siguiente artículo constitucional: "Las órdenes que imparta el Presidente de la República a las Fuerzas Armadas, por intermedio del Jefe de estas, deberán ser acatadas. Cuando surja alguna diferencia deberá ser sometida a la consideración del Congreso, el que decidirá por mayoría de votos. Esta resolución será definitiva y deberá ser acatada".

De todas maneras, como bien ha planteado Ramón Oquelí, "desde mediados de noviembre de 1957 se produce en Honduras una dualidad de mando: los militares por un lado y el poder civil por otro, dualidad que cesará el tres de octubre, cuando el coronel López Arellano elimina el poder civil...[30]". En efecto, los militares, convertidos ya en una importante fuerza política, han de ser un elemento fundamental en toda alianza de clases, y su actuación política digna de ser tenida en cuenta.

Durante el régimen de Villeda Morales, los militares intervinieron políticamente indicando medidas correctivas. La nota siguiente es bastante ilustrativa de lo señalado: "El 8 de diciembre de 1958, antes de cumplirse un año del gobierno encabezado por el doctor Villeda Morales, los más altos jefes del Ejército, excepto el jefe de las Fuerzas Armadas, que se encontraba ausente del país por motivos de salud, hicieron un reclamo al señor Presidente de la República, en el sentido de que el gabinete se había constituido exclusivamente con elementos afiliados al Partido Liberal, decisión que los militares estimaban como arriesgada, dada nuestra firme convicción de que sólo con la colaboración directa de todos los sectores de la opinión pública podrá formarse el gobierno de verdadera integración que todos anhelamos[31]". En términos más amplios, la petición militar demandaba al presidente Villeda Morales: "a) La inmediata formación de un Gobierno de Conciliación Nacional con participación en el Gabinete de elementos de las distintas entidades políticas y Fuerzas Vivas de la Nación. b) La cesación inmediata de toda campaña política de tipo sectarista, y la emprendida contra las Fuerzas Armadas. c) Aseguramiento de la política de no intervención en los asuntos internos de otro país (se trata particularmente de la Nicaragua somocista. MP). d) Apoyo decidido de las diferentes dependencias de los Poderes del Estado a la Dirección General de Seguridad Pública para una campaña activa y sistemática tendiente a la erradicación del comunismo en nuestro país"[32]. Si bien este planteamiento militar no tuvo mayores consecuencias políticas, a lo largo de todo el régimen de Villeda Morales fue bastante claro para los observadores políticos e incluso para el propio gobernante, que la garantía final de la permanencia de su régimen reposaba en un entendimiento con las Fuerzas Armadas. El golpe militar del 3 de octubre de 1963 no hará más que darles la razón.

El 21 de diciembre de 1957 Villeda Morales inicia un régimen político que expresa una amplia alianza entre los núcleos emergentes de la burguesía industrial y financiera, las capas medias urbanas, la burocracia militar y los sectores populares (obreros y campesinos). En el marco de una matriz productiva que se diversifica y de una estructura

---

[30] La nueva posición de los militares, artículo virtualmente publicado en La Prensa mayo 5 de 1970, cuya utilización debo a la gentileza del autor.
[31] Ídem.
[32] El Día, 25 de mayo de 1968, pág. 16.

de clases más compleja, el régimen político recoge las demandas de un conjunto de clases y grupos sociales que constituyen sus bases políticas y que cuestionan el estilo de dominación política excluyente instrumentado por la clase terrateniente y la burguesía comercial aliadas al capital imperialista bananero, y pugnan por la ampliación de las bases sociales de poder y por concesiones sociales. A través de la gestión política de Villeda Morales, los núcleos de la burguesía industrial pueden ver impulsados y protegidos sus intereses desde el aparato estatal, en tanto que las capas medias urbanas mejoran sus oportunidades de empleo, ya por la expansión del aparato estatal o por el crecimiento de los servicios que acompañan el proceso de industrialización y urbanización. El ejército percibe los beneficios de su fortalecimiento como fuerza política, lo que queda claramente establecido a partir de la Constitución Política de 1957, en tanto que los sectores populares obtienen algunas concesiones sociales.

Desde el punto de vista institucional y estableciendo una línea de continuidad con el régimen militar precedente, durante la gestión política de Villeda Morales, el Estado amplía su radio de acción en la sociedad civil (se usa aquí en el sentido hegeliano del concepto marxista, y no a la manera de Gramsci cf. Hugues Portelli, *Gramsci y el Bloque Histórico*, Siglo XXI Editores, México, 1973, pág. 13 y ss.) a través de la creación de nuevas empresas estatales y asume un creciente papel en la reproducción de la fuerza de trabajo. Mediante el decreto 48 del 30 de abril de 1958, se crea un organismo estatal autónomo encargado de la administración del Ferrocarril Nacional, líneas férreas y equipo rodante resultante del frustrado ferrocarril interoceánico decimonónico. A partir de 1920, el Ferrocarril Nacional había estado bajo el control, primero, de la Cuyamel Fruit Company y desde finales de 1929 de la Tela Railroad Company, subsidiaria de la UFCo en Honduras. Se crea también un organismo estatal autónomo encargado de la construcción de sistemas de agua potable y alcantarillados a través del país: el Servicio Autónomo Nacional de Acueductos y Alcantarillados, SANAA (decreto 91 del 26 de abril de 1961).

Las actividades del SANAA serán financiadas fundamentalmente a través de préstamos de AID y del BID. El régimen de Villeda Morales fortalece la capacidad ejecutiva de las municipalidades y, por tanto, su autonomía (figura decretada en 1927, al ser emitida y puesta en vigencia la Ley de Municipalidades y del Régimen Político mediante el decreto 127 del 4 de julio de 1927), convirtiendo a estos órganos de poder local en importantes instrumentos de desarrollo económico mediante la creación, primero, del Departamento de Asesoría Técnica a los

Municipios y al Distrito Central, organismo técnico, dependencia del Ministerio de Gobernación y Justicia (decreto 311 del 19 de mayo de 1960) y luego, al crear el Banco Municipal Autónomo (mediante decreto 12 del 7 de noviembre de 1961). Se trata de una institución autónoma del Estado cuyas funciones quedan precisadas así: "a) proporcionar a las municipalidades medios económicos financieros y de asistencia técnica que permitan su desenvolvimiento como entidades de gobierno autónomo; b) auxiliar a las municipalidades en sus actividades de fomento; y c) contribuir al desarrollo económico—social de los municipios".

Empiezan a adquirir importancia en América hacia finales de la década del 50, acelerados por las respuestas preventivas despertadas por la revolución cubana, la insurgencia de las masas campesinas organizadas y el ambiente que precede a la Alianza para el Progreso. El régimen de Villeda Morales crea el Instituto Nacional Agrario, INA (Decreto No. 69, de 6 de marzo de 1961), como organismo ejecutor de la reforma agraria, cuya ley se emite hacia mediados de 1962 y a la que nos referiremos más adelante.

El mandato villedista, por otra parte, incrementa los gastos sociales del Estado al decretar la creación de la Junta Nacional de Bienestar Social o JNBS (a través del decreto 24 del 27 de marzo de 1958) y el Instituto Hondureño de Seguridad Social o IHSS (decreto 35 del 28 de marzo de 1958). La JNBS tiene el estatuto de institución estatal semiautónoma y actúa como organismo coordinador y orientador de la "labor de protección y asistencia social" del Estado, en tanto que el IHSS queda definido como una institución autónoma del Estado encargada de hacer efectivo el principio de que "la seguridad social es una de las preocupaciones fundamentales del Estado moderno, pues constituye un servicio de utilidad pública, correspondiente a una necesidad específica de seguridad sentida por el trabajador y el hombre moderno, y que responde a un derecho social fundamental", además de realizar "la implantación y el desarrollo de la seguridad social en el país". La funcionalidad y estructuración del IHSS quedará establecida posteriormente en la Ley del Seguro Social (decreto 140 del 22 de mayo de 1959).

Los servicios de la JNBS comprenden "programas de ayuda a necesitados que, por razones de desempleo, salud u otras emergencias temporales, necesitan ser ayudados, asilo temporal para mujeres y niños con necesidad de alojamiento, servicio para aquellos niños que requieren hogares de adopción, comedores infantiles, lugares de juego, instituciones correccionales y de rehabilitación juvenil, programas de desarrollo de la comunidad para estimular los esfuerzos de autoayuda, higiene y ayuda técnica y material para niños en instituciones de bienestar en cooperación con Unicef a través de cursos cortos y donación de materiales y equipo"[33].

Los servicios del Seguro Social incluyen asistencia médico—hospitalaria para enfermedades, maternidad, accidentes de trabajo y en general problemas de salud ocupacional, quedando estos originalmente restringidos a Tegucigalpa, expandiéndose lentamente a otras ciudades del país.

A estas instituciones que materializan aspectos de la política social del Estado conviene agregar el Patronato Nacional de Rehabilitación del Inválido (abril 1961), institución creada y que funcionará como dependencia del Ministerio de Gobernación, encargada de asistir, como su nombre lo indica, a la población inválida, principalmente de Tegucigalpa, su área de operación.

La educación popular, e incluso la universitaria —esta última de base social más bien pequeñoburguesa—, recibe atención preferente del régimen de Villeda Morales. "Son notables los progresos alcanzados por la educación pública durante los últimos cinco años de gobierno", puntualiza Villeda Morales en una alocución dirigida al Parlamento hacia finales de 1962. "El promedio anual de aumento de establecimientos primarios, de 1950 a 1957, es apenas de 30 escuelas por año, en tanto que de 1958 a 1962 el promedio llega a 232 nuevas escuelas por año, es decir, que el promedio de un solo año de la presente administración pública es mayor que todo el aumento registrado en el período de 7 años que corre de 1950 a 1957. El porcentaje de alumnos matriculados, relacionado con la población escolar, se ha elevado en este quinquenio a 50.6%, siendo de 40% el más alto que se registra en los años anteriores a 1958. El número de profesores al servicio ha crecido de 4,574 en 1957 a 8,162, lo que representa un promedio anual de aumento de 713 profesores. En 1962 el número de establecimientos de educación secundaria aumentó en un 64% con relación a 1957, el número de alumnos matriculados en 39% y el número de profesores en servicio en 45%. En el mismo período, el número de alumnos matriculados en la Universidad Nacional Autónoma de Honduras experimentó un incremento del 46%. (...) Otro dato muy importante que merece vuestra ilustrada atención —apunta Villeda Morales—: en 1950 se dedicaba el 8% del presupuesto al ramo de educación pública; en la

---

[33] Joseph Thompeon, op, cit., pág. 105.

actualidad se dedica el 16% para ese mismo ramo. Por el contrario, en el ramo de defensa se invertía el 15% del presupuesto, mientras que en la actualidad se asigna el 8%. Pero los datos más reveladores del estímulo que ha recibido la cultura nacional bajo el régimen liberal imperante son los siguientes: la Universidad Nacional Autónoma ha recibido 7 millones de lempiras, como asignación presupuestaria, durante los cinco años transcurridos del Gobierno de la Segunda República; mientras que en el lapso comprendido entre 1933 y 1957, esto es, veinticuatro años correspondientes a varios períodos presidenciales, la Universidad recibió solamente L. 4,704,353.00"[34].

Es precisamente durante el régimen de Villeda Morales que los estudiantes universitarios conquistan la paridad estudiantil, esto es, el acceso en proporción igualitaria a las decisiones del gobierno universitario (Decreto 52 del 30 de abril de 1958). La autonomía universitaria será establecida por el régimen inmediatamente anterior, la Junta Militar (Decreto 170 del 15 de octubre de 1957).

Finalmente, hay que indicar que es durante la gestión presidencial de Villeda Morales que, recogiendo una demanda sentida y continuamente planteada por los sectores laborales del país, se emite el Código de Trabajo, que entrará en vigor hacia finales de julio de 1959, no sin las protestas de las organizaciones corporativas de la burguesía, la Asociación Nacional de Industriales y las Cámaras de Comercio e Industrias, que consideran excesivas las prestaciones sociales autorizadas por este. En el mismo sentido se expresará la Tela Railroad Company[35]. En este caso, el Estado aparece oponiéndose a los intereses inmediatos de los capitalistas, que solo perciben la emisión del Código de Trabajo desde el punto de vista de los aumentos de sus costos de producción y no desde la óptica estatal, interesado en que se mantengan las relaciones sociales de producción existentes, garantizando la reproducción del capitalismo en su conjunto, así como controlar el potencial político—organizativo de los obreros.

He aquí justamente la naturaleza contradictoria del Código de Trabajo. Para los obreros significa en un primer momento la incorporación legal de sus conquistas, pero también restringe sus luchas al nivel corporativo y permite el control de su capacidad política. El Código de Trabajo, expresión legal del planteamiento ideológico de "conciliación y armonía de clases", establece un conjunto de regulaciones y prohibiciones que limitan no solo la capacidad política de

---

[34] El Cronista, 24 de noviembre de 1982, pág. 2.
[35] Cf. El Cronista, 10 de febrero de 1969, págs. 1 y 5.

la clase obrera, sino incluso su propia capacidad corporativo—
reivindicativa. Enumeremos algunas de ellas:

1. La declaratoria de legalidad de una huelga según el Código de Trabajo resulta casi imposible, debido a la infinidad de instancias legales que hay que agotar.

2. La prohibición de las huelgas de solidaridad y de las huelgas de las organizaciones federativas, que resta no solo potencialidad política, sino también capacidad de maniobra corporativa a la clase obrera.

En suma, "al entrar en el año postrero de mi gestión presidencial —anota Villeda Morales—, me siento capacitado para hablar con tranquilidad y llaneza sobre los actos que ha ejecutado mi gobierno, cualquiera que sea el puesto de mi interlocutor en la sociedad. Si es un político, tendré mucho gusto en decirle: mi gobierno deja en pleno y normal funcionamiento las instituciones de una avanzada constitución; aseguradas las garantías ciudadanas y vigentes los sistemas básicos del régimen democrático, como es el principio de la alternabilidad en el poder. Si es un obrero, le responderé con orgullo: os dejo como el más valioso legado un Código de Trabajo que es la protección suprema de vuestros intereses económicos, sociales y humanos. Si es un campesino, escucharán de mis labios estas palabras fraternales: la justicia que os habían negado varios siglos de inicua explotación la encontraréis al fin en las cláusulas de la Ley de Reforma Agraria. Si es un ciudadano de los que antes miraban con espanto las incógnitas del porvenir, lo haré depositario de esta declaración tranquilizadora: vuestro porvenir está asegurado por las instituciones de Seguridad Social. Diré al agricultor hondureño que su porvenir se ha hecho más promisorio con las fuentes de crédito y de asistencia técnica creadas por mi gobierno. Al industrial, que ante su espíritu de iniciativa se abren vastos campos de trabajo, gracias a las leyes para el fomento de las inversiones dictadas por mi gobierno y la apertura de nuevos mercados que la Segunda República ha hecho factibles por medio de su activa participación en los tratados de Integración Económica Centroamericana. Hablaré con los hombres de empresa sobre las transformaciones revolucionarias que han de operarse en los sistemas de producción nacional, cuando comience a generar su preciosa energía el sistema hidroeléctrico Yojoa—Río Lindo. Con los compatriotas que tienen el infortunio de padecer algún género de invalidez, comentaremos las posibilidades de reintegrarse a la vida activa que le ofrece el Instituto de Rehabilitación. Con las futuras madres, sobre el alivio que para ellas significa el funcionamiento de los hospitales materno—infantiles. Con el niño, sobre las escuelas que habrán de liberarlo del frío y aletargador abrazo del analfabetismo. Con el enfermo, sobre los múltiples centros donde existen medios adecuados para restaurarle la salud"[36].

He aquí un magnífico resumen de la actividad estatal durante la gestión de Villeda Morales, que muestra cómo el Estado va asumiendo nuevas funciones en la sociedad civil, ya no solo aquellas directamente relacionadas con los intereses de las clases dominantes cuya gestión es fundamental para el Estado, sino que también procesa demandas populares que indirectamente contribuyen al desarrollo de la acumulación capitalista y a los intereses a ella asociados, garantizando las condiciones de reproducción de la fuerza de trabajo (educación, salud), intentando con ello, al propio tiempo, obtener el consenso activo de los gobernados hacia el sistema de dominación democrático—burgués.

El incremento de los gastos sociales durante el régimen villedista (educación y salud) se verá estimulado en parte por el flujo de fondos norteamericanos que se producen en su período bajo los marcos de la Alianza para el Progreso. Incluso, la relativa profundización del proceso de modernización capitalista que significa la gestión presidencial de Villeda Morales será financiada en forma notable con los préstamos obtenidos en organismos financieros controlados por los norteamericanos (BIRF, Export—Import Bank, Development Loan Fund, AID). En consecuencia, la deuda pública se incrementa notablemente durante el régimen. (Véase cuadro No. 1).

---

[36] Reproducido por Stefan Baciu, Ramón Villeda Morales, ciudadano de América, Lehman, San José, Costa Rica, 1970, págs. 169—170. En este sentido véase también Refutación democrática del ciudadano presidente de la república, Doctor Ramón Villeda Morales a cargos infundados de los partidos de oposición, Tegucigalpa, marzo de 1962.

CUADRO No. 1
DEUDA TOTAL, INTERNA, EXTERNA Y PRESTAMOS NETOS DEL GOBIERNO CENTRAL 1924/1925 1964

Año	Total	Interna	Externa	Préstamos netos	Préstamos netos internos	Préstamos netos externos
1924/25	32,168,761	16,391,513	15,777,248	1,499,810	1,238,916	260,894
1925/26	34,590,179	18,824,109	15,766,070	—274,448	— 226,293	—43,155
1926/27	32,989,660	17,848,768	15,140,892	—1,148,786	— 504,884	—643,902
1927/28	33,113,420	15,979,241	17,134,179	—1,440,991	—3,820,402	2,379,411
1928/29	33,038,249	16,912,468	16,125,781	—1,667,106	—870,700	—996,406
1929/30	30,321,594	15,272,790	15,048,804	—1,924,165	—859,188	—1,064,977
1930/31	29,066,958	16,179,934	12,907,024	88,896	743,584	—654,485
1931/32	30,051,779	17,967,508	12,084,271	851,414	1,614,769	—763,355
1932/33	31,452,446	19,892,517	11,559,929	1,299,129	1,716,296	—417,167
1933/34	31,903,450	21,187,984	10,715,466	—112,969	756,226	—869,196
1934/35	31,379,562	20,947,903	9,431,659	—1,767,874	—412,181	—1,355,593
1935/36	30,790,247	20,614,608	10,175,639	50,246	—625,641	675,887
1936/37	30,377,081	21,299,760	9,077,321	—1,105,467	76,999	—1,182,466
1937/38	2,978,342	13,617,951	9,360,391	—178,992	—400,261	221,269
1938/39	20,709,973	12,539,737	817,236	—1,176,238	50,622	—1,227,260
1939/40	19,683,884	12,296,563	7,387,321	—1,096,166	—356,941	—739,225
1940/41	19,469,685	12,544,311	6,925,374	—156,805	212,775	369,580
1941/42	19,149,861	12,821,366	6,329,495	—394,072	129,737	—523,809
1942/43	19,246,285	13,326,331	5,919,954	159,197	492,038	— 332,841
1943/44	15,878,427	9,573,387	6,305,040	272,993	—187,127	460,120
1944/45	17,013,198	10,510,837	6,502,361	1,129,583	868,883	260,700
1945/46	16,337,378	10,851,004	5,386,374	—498,794	440,360	— 939,154
1946/47	15,046,962	10,357,588	4,689,374	—1,210,612	— 490,595	—720,017
1947/48	14,232,560	10,463,819	3,768,741	—792,450	50,739	—843,189
1948/49	14,965,697	9,915,338	5,050,359	788,037	—526,201	1,314,238
1949/50	11,399,966	8,924,091	2,475,875	—3,431,901	—975,742	—2,456,159
1950/51	10,275,424	8,281,549	1,993,875	—941,839	—635,562	—306,277
1951	11,134,000	9,140,000	1,994,000	492,000	668,000	—176,000
1952	14,697,000	12,881,000	1,816,000	3,427,000	3,582,000	—155,000
1953	17,888,000	16,134,000	1,754,000	3,161,000	3,253,000	—92,000
1954	15,085,000	13,447,000	1,638,000	3,913,000	4,027,000	—114,000
1955	14,877,000	13,187,000	1,690,000	—260,000	—26,000	
1956	23,386,000	21,180,000	2,206,000	8,462,000	7,993,000	469,000
1957	31,262,000	25,770,000	5,492,000	7,831,000	4,590,000	3,241,000
1958	45,468,000	35,177,000	10,291,000	1,415,000	9,407,000	4,745,000
1959	52,300,000	32,289,000	20,011,000	6,793,000	—2,888,000	9,651,000
1960	59,325,000	33,348,000	25,977,000	6,993,000	1,059,000	5,934,000
1961	66,180,000	36,995,000	29,185,000	6,809,000	3,647,000	3,162,000
1962	76,453,000	41,717,000	34,736,000	10,206,000	4,722,000	5,484,000
1963	88,849,000	43,715,000	45,134,000	12,349,000	1,998,000	10,351,000
1964	94,987,000	44,661,000	50,326,000	6,086,000	945,000	5,140,000

Fuente: Banco Central de Honduras, Deuda Pública de Honduras 1924/25. (Tegucigalpa, DC. Honduras: Banco Central de Honduras, 1952). Banco Central de Honduras, Deuda Pública de Honduras 1951—1964. (Tegucigalpa D. C. Honduras: Banco Central de Honduras 1965). (Tomado de Joseph Thompson, An Economic Analysis of Public Expenditure in Honduras: 1925—1963. Ph.D. Thesis. University of Florida, 1968, pág. 179 (Published by University Microfilms, Inc.)

El régimen de Villeda Morales obtendrá el apoyo político y movilizará las organizaciones sindicales ligadas a las directivas del aparato imperialista de dominación ideológica liderado por la ORIT en América Latina, que agrupan a la mayoría de los trabajadores sindicalizados del país. Un miembro del SITRATERCO, el más importante modelo de este estilo de gestión sindical en el país será electo diputado al Congreso Nacional (Parlamento). En cambio, los sectores obreros sindicalizados no ligados a la ORIT y en algunos de los cuales cierta influencia comunista es perceptible, serán objeto del furibundo anticomunismo que caracteriza al gobierno. En pocas palabras, el régimen villedista apoyará y estimulará el "sindicalismo libre y democrático" y obstaculizará y reprimirá otras tendencias ideológicas de organización sindical.

En el marco de la aguda confrontación ideológica que caracteriza la lucha de los trabajadores sindicalizados de la Tela Railroad Company, donde funcionarán tres organizaciones sindicales, la más importante de las cuales será el SITRATERCO, una suerte de sindicato patronal controlado por la ORIT, el régimen de Villeda Morales debe apoyar una política de contención salarial exigida por las actividades de reorganización productiva de la empresa bananera. En este sentido, es ilustrativa la acción del régimen villedista que obliga a los demás sindicatos a aceptar los términos del contrato colectivo celebrado por el SITRATERCO y la Tela en 1958, que sanciona la congelación salarial por un plazo de tres años, con las protestas de los otros dos sindicatos que habían participado en la negociación[37]. Esta misma política de contención salarial tendrá que apoyar el gobierno de Villeda Morales en el caso de la Standard Fruit Company, que igualmente experimenta una situación de reorganización productiva, pero que tendrá que enfrentar una organización sindical notablemente combativa, el Sindicato de Trabajadores de la Standard Fruit Company (SUTRASFCO), vanguardia clasista del movimiento obrero organizado, que incluso llega a proponer la nacionalización de las propiedades de la Standard. En este caso, Villeda Morales ha de intervenir directamente para sugerir la eliminación del combativo liderazgo de esta organización sindical.

La siguiente nota enviada al gobernador político del departamento de Atlántida es bastante ilustrativa de lo que aquí se dice: "He sido informado que en el Octavo Congreso Ordinario de los Trabajadores de la Standard Fruit Company hay marcadas tendencias antidemocráticas para lograr la integración de la Directiva del Sindicato con elementos de

---

[37] Véase El Cronista, 28 de octubre de 1958, págs. 1 y 6.

reconocida filiación marxista, algunos de los cuales han viajado recientemente a la Cuba comunista. Como la Constitución de la República prohíbe toda actividad contraria al espíritu democrático del pueblo, sírvase usted advertir a los líderes más responsables del movimiento obrero de ese sector laboral que cualquier infiltración de elementos marxistas en los cuadros directivos será considerada como una práctica lesiva al movimiento sindical, a las relaciones obrero—patronales y a las vinculaciones entre el gobierno y las organizaciones de trabajadores sindicalizados. Sírvase ponerse en contacto con los dirigentes de tendencias democráticas e informarme sobre el éxito de estas gestiones tendientes a fortalecer las conquistas democráticas logradas durante la Segunda República. Afectísimo, Ramón Villeda Morales"[38].

En general, durante el régimen villedista, el Ministerio de Trabajo y Previsión Social, dirigido por Óscar A. Flores, ha de obstaculizar los esfuerzos organizativos de aquellos sindicatos no controlados por la ORIT y ha de apoyar plenamente a las organizaciones gremiales ligadas a esta importante organización imperialista de la Guerra Fría. Es así como, con apoyo del gobierno villedista, surge en diciembre de 1958 una nueva organización federativa, la Federación Central de Sindicatos Libres de Honduras (FECESITLIH), que, aunque controlada por la ORIT, representa un importante avance organizativo del movimiento obrero hondureño. Las organizaciones federativas emprendidas por los sectores sindicalizados no ligados a la ORIT no han de prosperar[39]. Es solo en septiembre de 1964, ya fuera de los límites cronológicos del régimen de Villeda Morales, que surge la primera organización confederativa del movimiento obrero hondureño: la Confederación de Trabajadores Hondureños (CTH), bajo el patrocinio de la ORIT, agrupando a la FESITRANH, la FECESITLIH y la Asociación Nacional de Campesinos Hondureños (ANACH), organización campesina fundada bajo la dirección de la FESITRANH y con apoyo del gobierno de Villeda Morales y a la que nos referiremos más adelante.

Uno de los rasgos contradictorios del régimen de Villeda Morales, de relativa participación social, es su notable anticomunismo, en verdad, un poderoso instrumento de control de la movilización popular y de su contención dentro de los marcos permisibles por el equilibrio de compromisos políticos que representa su gestión presidencial. En este sentido, ampliando el ámbito del anticomunista Decreto Ley 206 emitido

---

[38] El Cronista, 10 de junio de 1963, pág. 2.
[39] Cf. Mario Posas, Tendencias ideológicas actuales en el movimiento obrero hondureño, Tegucigalpa, junio de 1979 (inédito).

por Julio Lozano Díaz, Villeda Morales emite el decreto 183, del 26 de julio de 1959, que prohíbe "la edición y circulación de publicaciones escritas o habladas que prediquen y divulguen doctrinas disolventes que socaven los fundamentos del Estado democrático" y mediante el cual los funcionarios estatales, los del correo incluidos, devienen autorizados a la incautación de "toda clase de revistas, boletines, periódicos e impresos que pretendan introducirse al país por cualquier medio, siempre que sus nombres figuren en la lista que oportunamente les suministrará el Ministerio de Gobernación y Justicia".

En esta atmósfera de Guerra Fría, instrumentada por los decretos represivos antes señalados, aquellos organizadores obreros u otros considerados como comunistas, aun sin real militancia partidaria, serán continuamente perseguidos y encarcelados. Como es lógico pensar, en más de alguna manera, el anticomunismo del régimen de Villeda Morales se verá exacerbado con el triunfo de la revolución cubana.

Una nueva fuerza política organizada surge durante el mandato de Villeda Morales: el movimiento campesino. En efecto, hacia inicios de la década de 1960, en el marco de agudos conflictos agrarios, surge en el norte del país la primera organización campesina, el Comité Central de Unificación Campesina (octubre de 1961), que más tarde ha de convertirse en la Federación Nacional de Campesinos Hondureños, FENACH (agosto, 1962), que movilizaba principalmente arrendatarios u ocupantes en precario de tierras de la Tela Railroad Company, muchos de los cuales habían sido extrabajadores agrícolas en las plantaciones de esta empresa imperialista y que habían acumulado alguna experiencia sindical previa. De hecho, el liderazgo de esta organización va a estar integrado por algunos líderes obreros que formaban parte de las legiones de trabajadores despedidos por esta empresa bananera a partir de 1954. Destaca Lorenzo Zelaya, organizador obrero y militante comunista, líder máximo de la organización campesina emergente. La acción reivindicativa del Comité Central de Unificación Campesina, orientada fundamentalmente hacia las tierras de la Tela, que emplea manadas de ganado para desalojarlos, crea una aguda situación conflictiva en que Villeda Morales se ve obligado a intervenir, haciendo visible la debilidad de su gobierno ante esta empresa imperialista. Por ello, y para contar con apoyo campesino controlado, lo que no ocurre con el Comité Central de Unificación Campesina, Villeda Morales apoya los esfuerzos de la FESITRANH y de la ORIT en la fundación de una organización campesina anticomunista, como solución paralela y alternativa al Comité Central de Unificación Campesina: la Asociación Nacional de Campesinos (ANACH, septiembre de 1962), a la que otorga rápidamente personería jurídica (reconocimiento legal), que le será negada a la Federación Nacional de Campesinos Hondureños (FENACH), a la que también hace objeto de represión. El compromiso político asumido por la ANACH con Villeda Morales queda sellado al adoptar esta organización campesina como lema el mismo que, dos años atrás, en sentido negativo, había enunciado el presidente Villeda Morales: "Quien ama la tierra, ama la patria". Por su parte, al ser aprobada la Ley de Reforma Agraria, lo que ocurre casi simultáneamente a la fundación de la ANACH, Villeda Morales ha de entregarla en un acto simbólico al presidente de ANACH, en la ciudad de La Lima, en el local del SITRATERCO, sellando con ello el compromiso contraído con la nueva organización campesina y sus promotores obreros. El SITRATERCO es y ha sido la columna vertebral de la FESITRANH.

El régimen de Villeda Morales tendrá que enfrentar la oposición de la Tela Railroad Company a la moderada ley de reforma agraria que se emite en septiembre de 1962. El hecho de que la Tela RR.Co. mantenga una enorme cantidad de tierras ociosas la hace objeto de la reforma agraria que pretende estimular la capacidad productiva agrícola del país, al tiempo que procura la estabilización del descontento rural y la movilización campesina a que ello da lugar. La Tela RR.Co. acudirá incluso al Senado norteamericano demandando la aplicación de la enmienda Hickenlooper contra Villeda Morales, que se enuncia en el sentido de negar "ayuda" económica a aquellos países que hubiesen expropiado o nacionalizado, o que pongan en cuestión bienes propiedad de empresas capitalistas norteamericanas, lo que desencadenará una serie de presiones norteamericanas que condujeron a la remoción del director del Instituto Nacional Agrario. Posteriormente, a la modificación de la ley en la dirección de los intereses de la Tela RR.Co. y más tarde, al derrocamiento del gobierno de Villeda Morales. En efecto, la Ley de Reforma Agraria, cuya capacidad de modernización capitalista del agro había sido seriamente cuestionada en el Parlamento por los núcleos terratenientes, que consiguen hacerle importantes modificaciones, será nuevamente reformada hacia finales del gobierno de Villeda Morales (14 de junio de 1963), justamente y como ha quedado indicado, en la dirección de los intereses de la Tela, subsidiaria de la United Fruit Company en Honduras[40].

Por su parte, la reacción conservadora al régimen de Villeda, ejercida

---

[40] Sobre la primera ley de reforma agraria, cf. Mario Posas, Reforma agraria, lucha de clases y dominación internacional: la primera ley de reforma agraria hondureña, ponencias presentadas al III Congreso Centroamericano de Sociología, Tegucigalpa, abril de 1978.

directamente por los núcleos oligárquicos atrincherados en el Partido Nacional, asume fundamentalmente la forma de conspiraciones armadas, la más importante de las cuales fue la del 12 de julio de 1959. El coronel Armando Velásquez Cerrato, que se mantendrá casi permanentemente conspirando para derrocar al régimen de Villeda Morales, apoyado por efectivos militares de la Cuarta Zona Militar de Comayagua, de la Policía Nacional y de civiles opositores al régimen, dirige el 12 de julio de 1959 el asalto a la ciudad de Tegucigalpa para derrocar el gobierno. Con ayuda de sus cómplices en estos cuerpos armados, Velásquez Cerrato se toma incruentamente los edificios de la Escuela Militar Francisco Morazán y de la Policía Nacional e inicia el asedio de la Casa Presidencial. La Guardia Presidencial, efectivos militares de la Penitenciaría Central, así como estudiantes universitarios y civiles armados ligados al Partido Liberal, han de repeler la agresión velasquista y defender el régimen villedista. El ejército solo interviene cuando la situación militar está casi resuelta a favor del gobierno de Villeda Morales. A Velásquez Cerrato le será permitido, mediante gestión del Ejército, asilarse en la Embajada de Costa Rica. De resultas de este enfrentamiento armado hubo un número no determinado de muertos y heridos.

Consecuencia inmediata de las acciones sangrientas del 12 de julio de 1959 fue la disolución de la Policía Nacional, cuerpo policiaco del Estado, cuya evolución reciente había estado estrechamente ligada a regímenes liderados por el Partido Nacional y que, luego del golpe de Estado de octubre de 1956, funcionaba como dependencia del Ministerio de Defensa y, por tanto, bajo control militar.

En su lugar, se crea la Guardia Civil, también cuerpo policial del Estado, pero bajo dirección civil y adscrita al Ministerio de Gobernación y Justicia. Desde su creación, la Guardia Civil tendrá que enfrentar la hostilidad del Ejército, que ve con recelo la existencia de un cuerpo policial armado sobre el que no ejerce ninguna jurisdicción. En algunas ocasiones habrán de escenificarse enfrentamientos sangrientos entre ambos cuerpos armados. La Guardia Civil será disuelta —y muchos de sus miembros virtualmente masacrados— luego del cruento golpe de Estado militar del 3 de octubre de 1963 que concluyó abruptamente con la gestión presidencial de Villeda Morales. Disuelta la Guardia Civil, en ese mismo año el Ejército creará un nuevo cuerpo policial, el Cuerpo Especial de Seguridad (CES), bajo control militar. El CES devendrá posteriormente en la Fuerza de Seguridad Pública (FUSEP), organismo policial actual del Estado, igualmente bajo jurisdicción militar.

Otra conspiración armada para derrocar al régimen de Villeda

Morales, destruida en ciernes, tuvo lugar el 6 de septiembre de 1961. Un grupo de rebeldes velasquistas armados, que formaban parte de esta conjura, fueron emboscados y asesinados por la Guardia Civil en las cercanías de Tegucigalpa, en un lugar conocido como Los Laureles. Once muertos fue el resultado general de esta acción criminal. Hubo un sobreviviente que resultó muy malherido. Algunos militares implicados en esta conspiración fueron encarcelados y otros, incluido un militar de alta graduación, el coronel Antonio Molina Ortiz, exministro de Defensa y Seguridad Pública, abandonaron el país.

En todo momento, los grupos conservadores tratarán de buscar apoyo en el Ejército —entre militares de alta graduación— para derribar el régimen de Villeda Morales, lo que finalmente se consumará el 3 de octubre de 1963, unos pocos meses antes de concluir la gestión presidencial de Villeda Morales. En efecto, cuando se aproximaban las elecciones presidenciales para decidir la sucesión del gobernante, que enfrentaba a Modesto Rodas Alvarado, candidato del Partido Liberal, de dotes carismáticos como Villeda Morales y virtual triunfador en el proceso a realizarse, y al jurista conservador Ramón Ernesto Cruz, por el Partido Nacional, el Ejército, bajo la dirección del coronel Oswaldo López Arellano, concluye abruptamente con el régimen de Villeda Morales.

En suma, el mandato de Villeda Morales, que recoge en su gestión administrativa algunos elementos que se asocian a los llamados regímenes populistas, sobre todo los relativos a la movilización de los sectores populares organizados, aunque no los concernientes a una postura nacionalizante que también acompaña a estos procesos políticos, cuestiona, ciertamente, aunque no en profundidad, el poder político de la oligarquía terrateniente y de la burguesía imperialista bananera. Los núcleos que lideran la alianza política que sustenta el régimen de Villeda Morales son incapaces de imponer su proyecto político a las clases que secularmente han controlado la actividad política del país, cuestión que, en el fondo, el régimen villedista no se plantea.

Se trata, más bien, de impulsar apenas la ampliación de las bases sociales del poder que de cuestionar seriamente la dominación oligárquica. El régimen villedista, incluso, para mantener sus aspiraciones dentro de estos límites, se verá obligado a contener, mediante el empleo del correctivo anticomunista, la movilización nacionalizante y antiimperialista de los núcleos obreros y campesinos radicalizados, influidos en más de alguna manera por la triunfante revolución cubana. Justamente, será el Ejército, el eslabón más débil de la alianza política que sustenta el reformismo villedista, quien se encargará de terminar abruptamente su gestión administrativa mediante el golpe de Estado militar del 3 de octubre de 1963, para calmar las angustias que planteaba a los núcleos oligárquicos la movilización de estos.

5. El golpe militar y la reacción conservadora (1963—1969)

El golpe militar del 21 de octubre de 1956, al que ya nos hemos referido, marca el inicio de un proceso de militarización del poder político. Los militares intervienen en la vida política del país primero para "poner orden en casa", y más tarde a nombre de la contrainsurgencia, el anticomunismo y la seguridad interna, trascendiendo la función tradicionalmente asignada a los militares como defensores de las fronteras y la "integridad territorial", como señala la doctrina constitucionalista[41]. El golpe de Estado del 3 de octubre de 1963 marca un umbral decisivo en este proceso político.

Las motivaciones expuestas para justificar ese golpe giran en torno a la proscripción de las acciones represivas de la Guardia Civil, la defensa del régimen democrático burgués amenazado por la "infiltración comunista" y la supuesta ilegalidad de los procedimientos preelectorales que conducían a la selección presidencial del Partido Liberal. La proclama militar emitida con ocasión del golpe y el discurso posterior del coronel López Arellano expresan la condena al régimen de Villeda Morales, que "estaba llevando al país al caos, al abismo de la guerra civil, a la irrupción de las más bajas pasiones, a su desintegración institucional y probablemente hasta su desaparición como institución democrática".

Las resoluciones de la proclama militar del 3 de octubre se ordenan de la siguiente manera:

1. Abolir el ejército político (la Guardia Civil) y propiciar una institución policial apolítica, que sea verdadera garantía para la ciudadanía, con preparación adecuada y el armamento necesario para sus funciones de seguridad.
2. Poner fin de inmediato a la infiltración comunista que amenaza la forma democrática de gobierno, la vida, las propiedades y los sentimientos religiosos del pueblo.
3. Emitir una ley electoral justa que goce de aceptación general y que permita levantar un nuevo censo electoral.
4. Impulsar un régimen de unidad nacional que concilie a la familia hondureña, poniendo fin al peligro de una guerra civil desastrosa

---

[41] Cf. Octavio Ianni, op. cit. pág. 24.

para la nación.

5. Garantizar elecciones libres y honestas para que el pueblo elija sus máximas autoridades.

En sus proclamas y discursos, el régimen militar emergente se presenta como defensor de la democracia y promotor de la "conciliación nacional", aunque en la práctica, como veremos, estaba muy lejos de cumplirlo.

El anticomunismo es, sin duda, uno de los ejes que definen el carácter de clase del golpe del 3 de octubre. Bosquejando el "peligro comunista", López Arellano argumentaba que "la infiltración de elementos marxistas, denunciada dentro y fuera de Honduras; la actividad contra la democracia desarrollada sistemáticamente; periódicos, mítines universitarios y la amplia difusión de propaganda comunista; la amenaza de frustrar los ideales de conciliación de la familia hondureña; los viajes constantes de hondureños hacia Cuba, la Unión Soviética y países tras la Cortina de Hierro; la defensa oficial a los agitadores de izquierda; la existencia de guerrillas rojas en distintos lugares del territorio, etc.; todo ello mostraba que el país se encaminaba hacia una agresión comunista con grave riesgo para la democracia representativa".

El régimen anticomunista instaurado por el coronel Oswaldo López Arellano luego del golpe fue marcadamente represivo y antipopular. Con acusaciones de comunismo, un importante grupo de líderes obreros fueron encarcelados y muchos expatriados. En La Ceiba, por ejemplo, toda la directiva del Sindicato de Trabajadores de la Standard Fruit Company (SUTRASFRUCO) fue apresada en el presidio local; posteriormente varios fueron expulsados del país. Lo mismo ocurrió con líderes de otros centros productivos del litoral norte y de Tegucigalpa. El movimiento campesino también fue golpeado: la Federación Nacional de Campesinos (FENACH) sufrió represión, destrucción de sus oficinas en El Progreso y persecución de sus dirigentes. Algunos perseguidos, entre ellos obreros y campesinos ligados a núcleos comunistas, formaron en Yoro organizaciones de autodefensa cuasi guerrilleras que desembocarían en la masacre de El Jute (30 abril de 1965), cuando siete personas, incluido Lorenzo Zelaya, líder máximo de la FENACH, fueron asesinadas por el Ejército.

Incluso la ANACH, de orientación anticomunista y cercana a la ORIT y la AFLCIO, fue paralizada. En consecuencia, el movimiento campesino emergente experimenta una temprana fase de reflujo. Lo propio ocurre con el Instituto Nacional Agrario, organismo ejecutor de la reforma agraria preconizada por la Ley de 1962, cuyas actividades —

esencialmente, de recuperación de tierras incultas o deficientemente cultivadas, se verán igualmente paralizadas bajo la presión de los terratenientes.

La represión alcanzó también a pequeños núcleos comunistas, intelectuales y estudiantes progresistas, muchos de los cuales fueron perseguidos, encarcelados o enviados al exilio. El propio Villeda Morales y Modesto Rodas Alvarado debieron exiliarse en Costa Rica.

En suma, el golpe del 3 de octubre de 1963 debe entenderse como reacción conservadora de la burguesía imperialista bananera y sus aliados terratenientes (algunos en modernización capitalista), que ven con suma preocupación la presión *político—transformadora* que genera el ascenso de las luchas populares, particularmente campesinas, que marcaron los últimos años de la gestión presidencial de Villeda Morales; acciones *político—reivindicativas* que ponen en cuestión las bases, esencialmente agrarias, en que se asienta el poder político de las clases dominantes, En esta coyuntura política el ejército actúa indubitablemente como el "brazo armado de la oligarquía terrateniente y el imperialismo.

En este contexto represivo, los sectores combativos de las clases subalternas centraron su movilización en la demanda de amnistía política para presos, perseguidos y exiliados. La FECESITLIH jugó un papel importante en esta lucha. Finalmente, bajo presión popular y de sectores medios urbanos afectados, López Arellano promulgó un decreto de amnistía (N.º 196, del 18 de noviembre de 1964), del cual se excluyó a los comunistas. Una crónica periodística anotaba con ironía: "Los hondureños enviados al exilio por el actual gobierno militar están regresando ya a la patria. El motivo aducido para desterrarlos fue que eran comunistas; pero ahora resulta que el 95 % regresa bajo el amparo del decreto 196, del cual sólo se excluye a los que son comunistas"[42].

La FECESITLIH, por entonces, convertida en verdadera vanguardia federada del movimiento obrero hondureño clasista, ha de enfrentarse políticamente, en desigual batalla y sin éxito, al régimen represivo de López Arellano al declararse en huelga hacia finales de julio de 1965, Se trata de una huelga general convocada por la FECESITLIH en defensa de las conquistas sindicales alcanzadas por el movimiento obrero hondureño que se ven amenazadas por la acción represiva del régimen militar de López Arellano, que alcanza un umbral destacable al declarar la ilegalidad de la huelga de los obreros de la empresa textil era Río Lindo. Esta huelga, de casi tres meses de duración, reivindicaba la firma

---

[42] El Cronista, 18 de diciembre de 1964, págs. 3 y 4.

de un convenio colectivo, por el cual se venía luchando desde 1963, y que había ya agotado todos los requerimientos para su legalización exigidos por la normativa burguesa laboral establecida por el Código de Trabajo. Por ello no es casual que la FECESITLIH defina el movimiento reivindicativo de los trabajadores sindicalizados de la textilería Río Lindo como "la huelga más legal, más justa y más necesaria a que organismo sindical alguno se haya visto avocado".

Las demandas planteadas en la huelga general por la FECESITLIH se contraen fundamentalmente a la "revocación del monstruoso fallo de declaratoria de ilegalidad de la huelga de los trabajadores del Sindicato de Textiles Río Lindo y, en consecuencia, declaratoria de legalidad de la huelga y celebración del convenio colectivo, objeto de la misma", así como se exige la destitución de los principales funcionarios del Ministerio de Trabajo y el "respeto absoluto del Código de Trabajo y de las conquistas obreras alcanzadas sobre la base del esfuerzo del trabajador y el sacrificio y la lucha de los trabajadores de todas las latitudes del mundo". Iniciada en las primeras horas de la mañana del 27 de julio de 1965, la huelga general convocada por la FECESITLIH habrá concluido hacia el final del mismo día, disuelta brutalmente por los cuerpos paramilitares del régimen militar, la tristemente célebre mancha brava, que han de desalojar, blandiendo garrotes, a los obreros que se habían tomado los centros de trabajo para hacer efectiva la huelga. La mancha brava contará con el apoyo del Ejército, encargado de distribuir abundantes dotaciones de gases lacrimógenos entre los obreros así concentrados.

A corto plazo, esta derrota del movimiento obrero capitalino y la represión subsecuente contra los líderes de las combativas organizaciones ligadas a la FECESITLIH permite al régimen de López Arellano restar combatividad clasista a dicha organización federativa e imponer su control sobre sus núcleos directivos. La FESITRANH y la recientemente creada Confederación Hondureña de Trabajadores (CTH, septiembre de 1964), dirigidas por cuadros de probada vocación anticomunista, no se movilizarán en apoyo de la acción político— reivindicativa de la FECESITLIH.

El carácter clasista y, por lo tanto, político del movimiento huelguístico determinó, en cambio, un rápido aglutinamiento de los sectores burgueses en torno al régimen de López Arellano, así como un amplio respaldo e incluso la movilización del Partido Nacional, base política del gobierno militar. El contenido político de la huelga general de la FECESITLIH será enfatizado, aunque con propósitos represivos, por la Cámara de Comercio e Industrias de Tegucigalpa: "Como el propósito (de la huelga M.P.) es protestar una decisión del Poder Público, decisión por lo demás bien fundamentada –señala esta organización–, el conflicto se plantea al Estado y desde ese solo aspecto el movimiento toma un matiz político inconveniente".

Si esta acción clasista de la FECESITLIH no logra unificar al movimiento obrero hondureño ni sus organizaciones económico—corporativas, una relativa coincidencia política sí se obtiene en torno a las demandas burguesas de "retorno al orden constitucional" y de "unidad nacional". En efecto, la FESITRANH, la CTH y la FECESITLIH coinciden, en términos generales, en esta plataforma[43]. No obstante, los planteamientos más claros y de mayor alcance han de ser formulados por la FECESITLIH. Esta organización federativa, en un pronunciamiento público que prefigura al que años más tarde (1969) emitirá la CTH, declara que:

"... la Federación Central de Sindicatos de Trabajadores Libres de Honduras manifiesta que no podría estar en contra de un Gobierno de Unidad Nacional, siempre que se interprete como la participación en la gestión administrativa de todas las fuerzas patrióticas interesadas en el progreso del país, sobre la base de un programa mínimo que incluya, entre otras cuestiones fundamentales, las siguientes:

a) Democratización de la vida nacional, mediante la derogación de todas aquellas leyes que limiten el libre ejercicio de los derechos ciudadanos contemplados en la Constitución de 1957 y demás leyes; incluyendo el respeto pleno, por parte de cualquier forma de gobierno que se instaure en el futuro inmediato, de los tratados internacionales suscritos por Honduras en materia de protección a la clase trabajadora, asegurando asimismo que los sectores empresariales cumplan estrictamente sus compromisos con las organizaciones sindicales. En este mismo sentido, estimamos indispensable la derogación del artículo quinto del decreto 196, para que tenga carácter de verdadera amnistía y responda a las demandas planteadas por nuestra organización el primero de mayo del año pasado, coincidiendo con el deseo de todo el pueblo hondureño, tales como:

b) Realización de una serie de reformas en función de los intereses de las masas obreras y campesinas y, por ende, de todo el pueblo hondureño, tales como:

1. Ejecución de una Ley de Reforma Agraria que afecte el latifundio, proporcionando al campesino tierras, créditos, implementos agrícolas modernos y todos los recursos que le

---

[43] Cf. El Cronista, 13 de febrero de 1965, págs. 1 y 3.

permitan tecnificar la explotación de su parcela.

2. Impulsar el desarrollo industrial del país, creando un sector estatal en la industria y revisando los tratados de integración económica centroamericana, suscritos sin considerar la realidad nacional, los intereses del capital privado y, en general, las necesidades de nuestro desarrollo propio.

c) Participación de la clase trabajadora organizada en la elaboración de los instrumentos jurídicos que darán forma a nuestra futura vida institucional, de acuerdo con los propósitos y principios aquí planteados.

d) La instauración de un gobierno constitucional civil y el retorno de las Fuerzas Armadas a su normal situación de obediencia y sujeción a las normas y leyes que emanan de la soberanía popular, como corresponde a una institución no deliberante dentro de un Estado democrático. La Federación Central de Sindicatos Libres de Honduras considera que la base político—social de un gobierno de unidad nacional, tal como lo concibe la clase obrera, no puede circunscribirse únicamente a los dos partidos tradicionales. Dadas las actuales circunstancias y la Ley Electoral vigente, quedarían fuera de participación amplios sectores de la ciudadanía hondureña; sin ellos, el planteamiento de 'conciliación' y 'unidad nacional' no pasaría de ser una vana esperanza. La inclusión de otras fuerzas políticas, del campesinado y de otros sectores sociales interesados en un programa como el que hemos enunciado, daría base real a dicho planteamiento"[44].

Estos postulados de la FECESITLIH no tendrán mayor resonancia política debido, sobre todo, a la debilidad y desarticulación de las clases, fracciones de clase y grupos sociales (obreros, campesinos, sectores progresistas de la burguesía industrial y financiera, intelectuales, estudiantes universitarios…) que podrían haberse movilizado en torno a esa plataforma. A esto se suma la atmósfera represiva y excluyente del régimen de López Arellano, que desestimula cualquier acción de corte democratizante.

De cualquier modo, López Arellano se ve forzado a preparar las condiciones para la restauración del "orden constitucional" y la legitimación jurídica de su gestión, convocando a elecciones para una Asamblea Nacional Constituyente. Respaldado por la maquinaria política del Partido Nacional –conservador y bastión de la oligarquía terrateniente–, logra mediante elecciones fraudulentas (12 de febrero de 1965), realizadas bajo presión militar y paramilitar, una clara mayoría en la Constituyente. En esta ocasión, al igual que en 1957 con la elección

---

[44] El Cronista, 9 de enero de 1965.

de Villeda Morales, la Asamblea, mediante elecciones de segundo grado, designa a López Arellano presidente de la República y lo asciende a general de brigada (mayo de 1965), un mes antes de asumir formalmente la presidencia. La Asamblea Nacional Constituyente también aprueba una nueva Constitución Política, la duodécima en la historia política neocolonial del país.

El 6 de junio de 1965, López Arellano asume "constitucionalmente" la presidencia. El régimen político así inaugurado mantiene, al menos en sus primeros años, la misma línea represiva y excluyente hacia los sectores populares que se había orquestado tras el golpe del 3 de octubre de 1963. Su base social de apoyo descansa en las masas movilizadas por el Partido Nacional, que, pese a su carácter policlasista, concentra los núcleos más conservadores de la burguesía y de los terratenientes aliados al imperialismo.

Ratificado como presidente constitucional, López Arellano nombra secretario del despacho presidencial al abogado Ricardo Zúñiga Agustinus, quien desde 1963 actuaba como secretario general del gobierno militar. Zúñiga Agustinus, figura relevante del Partido Nacional, garantiza el carácter partidista y clientelista del régimen. Un alto funcionario estatal observaba críticamente: "La Secretaría del Despacho Presidencial –casi una oficina de un solo hombre, sin delegación efectiva de autoridad ni responsabilidad– amenaza convertirse en un cuello de botella para los asuntos más importantes que allí se tramitan, restándole eficacia como agente impulsor del desarrollo. En los comienzos del gobierno actual esa Secretaría se constituyó en el principal centro de recomendaciones personales de empleo, que tanto han entorpecido la administración pública. Aunque tales recomendaciones han disminuido por instrucciones del presidente, la oficina sigue mostrando una extraordinaria actividad política y de proselitismo personal, con miras al futuro, que agudiza el sectarismo político, retrasa el desarrollo y afecta la paz social"[45]., El *spoil system*, práctica histórica en la política hondureña y el uso *"cuasi"* privado de los fondos estatales, encontró en Zúñiga Agustinus un hábil promotor.

Además de la oposición que genera la represión y el clientelismo, otra fuente de crítica contra el régimen es el área de la planificación económica. Para comprenderlo, conviene una precisión: como observa O. Ianni, después de la Segunda Guerra Mundial "las organizaciones multilaterales (como el BCIE, BID, ADELA, CIAP, CEPAL, etc.)

---

[45] Miguel Ángel Rivera, Memorándum al Consejo de Planificación, reproducido en Departamento de Ciencias Sociales (editor), Ciencia y Política (antología), editorial Nuevo Continente, Tegucigalpa, s.f., págs. 141—142.

pasaron a ejercer creciente influencia sobre los países necesitados de capital y asistencia técnica. No solo aceptan una mayor participación del Estado en los asuntos económicos, sino que impulsan la creación de agencias centrales y regionales de planificación, colaborando con recursos financieros, *know—how* y personal técnico en la modernización de los aparatos estatales"[46]. Desde 1950, el Banco Mundial venía actuando como un importante agente en la promoción de organismos de planificación económica y en la puesta en práctica de planes de desarrollo.

Sin embargo, es solo con la creación de la Alianza para el Progreso que las actividades de planificación adquieren renovada importancia. "La Carta de la Alianza para el Progreso —apunta un autor—, el programa establecido en 1961 por veinte naciones del hemisferio occidental con un esfuerzo cooperativo para promover la educación, la salud y el crecimiento económico de América Latina, requirió que los países latinoamericanos crearan o vigorizaran sus mecanismos de planeación económica a largo plazo y facilitaran y prepararan la puesta en práctica de planes a largo plazo. Como respuesta, nueve países latinoamericanos que carecían de organismos de planeación económica central establecieron estos cuerpos y la mayor parte de los países latinoamericanos puso en marcha o intensificó sus actividades de planeación y desarrollo"[47]. La Carta de Punta del Este, que dio vida a la Alianza para el Progreso, es clara y enfática en este sentido: "Que se lleven a cabo, de acuerdo con los principios democráticos, programas nacionales de desarrollo económico y social amplios y bien concebidos, encaminados a obtener un crecimiento autosuficiente. (…) Que se afiancen y perfeccionen las instituciones, tanto del sector público como del privado, incluidas las organizaciones sindicales, las cooperativas y empresas comerciales, industriales y financieras, para proceder a una utilización creciente y eficaz de los recursos nacionales y que se introduzcan las reformas sociales necesarias que permitan la distribución equitativa de los frutos del progreso económico y social (…)". "Los países latinoamericanos participantes convienen en establecer o fortalecer sistemas para la elaboración, ejecución y revisión periódica de los programas nacionales de desarrollo económico y social, compatibles con los principios, objetivos y requisitos contenidos en el presente documento. Los países latinoamericanos participantes deberán formular, de ser posible dentro de los próximos dieciocho meses, programas de

---

[46] Octavio lanni, op, cit, págs. 141—142.
[47] Citado Ibidem, pág. 143.

desarrollo a largo plazo"[48].

En el caso hondureño, estas actividades de planeación económica han seguido la evolución que capta con precisión un documento oficial. Lo cito *inextenso*:

La planificación en forma institucionalizada tiene su origen en Honduras en 1955, con la promulgación de la Ley Orgánica del Consejo Nacional de Economía. En aquel entonces se consideró la necesidad de promover el desarrollo económico integral del país con el fin de elevar el nivel de vida de la población. Además, como no existía ninguna institución que hiciera factible la planificación, se creó dicho organismo mediante el Decreto Ley No. 40 de febrero de 1955, con carácter autónomo y obligado a dar cuenta de sus actos única y exclusivamente al Jefe de Estado o Presidente de la República, lo que puede interpretarse como una asesoría directa a la Presidencia. (...) En sus inicios, el Consejo Nacional de Economía dependió de la asesoría de instituciones internacionales, entre las cuales merece señalarse al Banco Internacional de Reconstrucción y Fomento (BIRF). En los primeros años su labor consistió principalmente en la investigación y recopilación de información estadística que facilitara la elaboración de estudios posteriores. El primer intento en materia de planificación fue el Plan Quinquenal elaborado por el señor Thorn y presentado al gobierno en 1955, que consistió en un bosquejo muy general sobre la acción del Estado en el futuro, pero sin una guía que permitiera su realización. Posteriormente, la Secretaría del Consejo Nacional de Economía, en colaboración con el Banco Central y la Subsede de la CEPAL en México, presentó el estudio sobre el desarrollo económico de Honduras, que constituye una base importante para la formulación de un plan de desarrollo económico. Con esos antecedentes, la Secretaría preparó preliminarmente el Plan Cuatrienal de Desarrollo Económico 1962—1965, que sirvió de base para formular el Plan Bienal de Inversiones Públicas 1963—1964. La decisión de elaborar este último documento se originó en las perspectivas abiertas con la Reunión de Punta del Este, en agosto de 1961. A pesar de su ejecución parcial, este programa debe considerarse como el primer esfuerzo práctico realizado en materia de planificación, lo que se evidencia por haberse sometido a evaluación por un comité ad hoc que nombró la Nómina de los Nueve. Considerando el marco institucional de la planificación, observamos que la ley más importante es la del Consejo Nacional de Economía y otros preceptos

---

[48] OEA, Documentos de la Alianza para el Progreso, págs. 21—22, citado por Octavio Ianni, Estado y planificación económica en Brasil (1930—1970), Amorrortu Editores, Buenos Aires, 1975, págs. 178—179.

incorporados a la Constitución de la República de 1957. Asimismo, se señalan algunas unidades sectoriales creadas mediante la Ley de Presupuesto de 1965 en los ministerios que movilizan la mayor parte de la inversión pública, tales como el de Obras Públicas y Comunicaciones, Recursos Naturales y Educación Pública, así como también en la Empresa Nacional de Energía Eléctrica. Después de diez años de funcionamiento de la institución todavía no se ha consolidado un sistema de planificación. Sin embargo, se ha avanzado significativamente y en el futuro habrá que realizar una labor de implementación y asentamiento de todo un aparato de planificación para que pueda cumplir con eficiencia las labores que se le han encomendado[49].

Esta larga cita, tomada del Plan de Desarrollo Económico y Social de Honduras (1965—1969), incluye entre sus recomendaciones la creación de una Secretaría de Planificación Económica y Social de la Presidencia de la República, con rango de ministerio asesor, encargada de implementar un sistema de planificación global[50]. Esta recomendación está en la base de la creación del Consejo Superior de Planificación Económica o CONSUPLANE (decreto 30 del 7 de octubre de 1965), organismo de coordinación y planificación económica donde habrá de concentrarse un importante núcleo del nuevo tipo de "intelectual orgánico" de la burguesía y del desarrollo capitalista: el organizador técnico[51].

Adscrito a la Presidencia de la República, el Consejo Superior de Planificación Económica, bajo la dirección de un secretario ejecutivo con categoría de ministro, queda integrado por funcionarios de alto nivel (ministro o viceministro) de Economía y Hacienda, Comunicaciones y Obras Públicas, Recursos Naturales, dos representantes del Parlamento (Congreso Nacional), así como un representante del sector empresarial y uno del sector laboral.

Además de la consabida facultad de redactar su reglamento interno, las funciones de este organismo interinstitucional quedan agrupadas así:

a) Proponer la política económica del Estado, así como las medidas necesarias para crear mejores condiciones de vida para el pueblo hondureño.

b) Recomendar la política y las medidas de integración económica

---

[49] Plan Nacional de Desarrollo Económico y Social de Honduras, 1965—1969, Tomo 1, págs. 1 y 3.
[50] Ibidem, pág. 257 y ss. Véase el Anteproyecto de Ley del Sistema Nacional de Planificación en pág. 327 y ss.
[51] Juan Carlos Pontantiero (editor), Escritos políticos (Antonio Gramsci), 1917—1933, Cuadernos del Pasado y Presente, México, 1977, págs. 318—319.

regional que más convengan al país.

c) Estudiar y coordinar el uso del crédito público, interno y externo, para su mejor aprovechamiento en las distintas actividades del Estado, incluyendo operaciones con garantía gubernamental.

d) Recomendar reformas administrativas, legislativas y fiscales adecuadas para promover el desarrollo de la economía nacional y obtener el financiamiento necesario.

e) Revisar anualmente el proyecto de presupuesto general de la Administración Central y los programas de inversión de los organismos autónomos y semiautónomos, a fin de adaptarlos a los lineamientos de los planes generales y a la política de desarrollo económico y social.

f) Coordinar, verificar, supervisar y evaluar periódicamente programas y proyectos a cargo de las diversas secretarías y organismos autónomos, e informar al Presidente de la República y al Congreso Nacional.

g) Estudiar y coordinar la distribución de la asistencia técnica y financiera que instituciones internacionales y entidades extranjeras otorguen al Gobierno y a sus organismos.

h) Preparar anualmente el programa nacional de capacitación vocacional, técnica y profesional, que incluirá la creación y distribución de becas gubernamentales y la asignación de las ofrecidas por organizaciones extranjeras.

i) Dictaminar sobre donaciones y empréstitos que contrate el Poder Ejecutivo, así como los que las entidades gubernamentales o empresas privadas contraigan con garantía del Estado.

j) Promover la elaboración de estudios y proyectos específicos para obras de desarrollo económico y social o para la negociación de empréstitos, y dictaminar, en su caso, sobre ellos.

k) Establecer lineamientos para los planes y programas que elabore la Secretaría Técnica de Planificación y conocer, discutir, aprobar o improbar tales planes y programas.

Una de las crisis políticas más importantes del régimen de López Arellano provino justamente de la implementación y evaluación del Plan Nacional de Desarrollo Económico y Social (1965—1969). La publicación de un extenso memorándum crítico (1967) por el secretario del Consejo Superior de Planificación Económica, Miguel Ángel Rivera —en el que señalaba la deficiente puesta en práctica del plan y los obstáculos políticos que retardaban su ejecución—, creó una aguda crisis que se resolvió momentáneamente con su sustitución. Los núcleos progresistas de la burguesía y las organizaciones sindicales, como veremos más adelante, esgrimieron este hecho para cuestionar el estilo de dominación política y la política económica del gobierno.

Para sustituir a Miguel Ángel Rivera se nombró a Rigoberto Sandoval Corea, quien a la vez actuó como director del Instituto Nacional Agrario. Bajo su dirección, y por las presiones de la Asociación Nacional de Campesinos Hondureños (ANACH) —apoyada por el SITRATERCO, la FESITRANH y la CTH—, el INA inició una fase de activa participación en el agro en el sentido preconizado por la Ley de Reforma Agraria de 1962. Con el impulso de Sandoval Corea y de técnicos agrícolas ligados a la FAO, entre los que destaca Clodomiro Santos de Morais, e incluso con el apoyo de López Arellano, el INA promovió formas colectivas de producción sobre la base del modelo de la Cooperativa Guanchías Limitada, primera empresa campesina de explotación colectiva de la tierra, organizada por los propios campesinos con apoyo de algunos intelectuales universitarios influenciados por las formas israelíes de trabajo colectivo.

Las tomas masivas de tierras que adquieren significación a partir de a partir de 1969, que en más de alguna manera van a ser estimuladas por—el INA, permiten a este organismo estatal acelerar el proceso de recuperación de las tierras nacionales y ejidales poseídas ilegalmente por los terratenientes, que luego serán adjudicadas a grupos campesinos que contando con el apoyo financiero del Banco Nacional de Fomento, han de cultivarlas colectivamente de renglones comerciales o de materias primas para empresas agroindustriales (banano, caña de azúcar ...). El INA, ha de comprar tierras privadas en litigio, que han de ser adjudicadas a grupos campesinos para ser explotadas colectivamente. Con ello, el INA contribuyó a la creación de un grupo diferenciado de campesinos cooperativistas, que se agruparían para la defensa de sus intereses corporativos en la Federación de Cooperativas de Reforma Agraria (FECORAH, 1970), organización campesina fundada bajo los auspicios del INA.

El movimiento campesino socialcristiano, a través de la Federación Nacional de Trabajadores del Campo (diciembre de 1968), que más tarde deviene en la Unión Nacional de Campesinos (UNC, abril de 1970), delineará —en estrecha simbiosis con núcleos militantes de la Iglesia católica— escenas de alta combatividad en los procesos de "recuperación" de tierras en la zona sur del país, su principal área de operaciones. En 1970, la UNC, junto con otras organizaciones obreras federativas, constituirá la Confederación General de Trabajadores, fortaleciendo así sus lazos con los sectores organizados.

La oposición política organizada y el planteamiento de demandas estructuradas al régimen de López Arellano empiezan a articularse orgánicamente a partir de 1968, luego de las fraudulentas elecciones municipales del 31 de marzo de ese año. Los obreros organizados del litoral norte, animados por un reformismo corporativista y bosquejando una alianza con los actores "modernizantes" o "progresistas" de la burguesía sampedrana (núcleos industriales, financieros y agroindustriales que mantienen contradicciones secundarias con el capital monopólico —particularmente norteamericano— que limita su acumulación, interesados en alianzas con obreros y campesinos para realizar su hegemonía en el bloque en el poder y, desde allí, impulsar mejor sus intereses corporativos; núcleos que los comunistas identifican como "burguesía nacional"), empiezan a desafiar el estilo de dominación impuesto, a través de López Arellano, por la oligarquía terrateniente —que explota la tierra de forma extensiva y/o rentística— y por los sectores conservadores de la burguesía urbana, estrechamente ligados al capital monopólico.

En efecto, en el marco de la protesta pública generada por las referidas elecciones municipales —fraude conducido en beneficio del Partido Nacional, base político—social del régimen—, las principales organizaciones obreras del litoral norte, en alianza con núcleos progresistas de la burguesía, pasan a la ofensiva. Así, en abril de 1968, inmediatamente después de los comicios, el SITRATERCO, la FESITRANH y la Cámara de Comercio e Industrias de Cortés (CCIC) —organización empresarial de la burguesía norteña, controlada por dichos núcleos y dirigida por Gabriel Mejía— exigen al régimen de López Arellano restablecer un clima de tranquilidad social y respeto a los derechos ciudadanos, nuevamente puestos en cuestión por esa elección[52].

Estas organizaciones solicitan dialogar con López Arellano, lo que consiguen, aunque sin producirse cambios sustantivos ni en el estilo de gestión política ni en la política económica del gobierno. El SITRATERCO ensaya incluso medidas de presión complementarias. Óscar Gale Varela, máximo líder de esa organización, quien desde 1965 —cuando se funda CONSUPLANE— actuaba como representante obrero en dicha institución, renuncia al cargo. En su carta al presidente López Arellano, Gale Varela enfatiza —lo cito *inextenso*—: en los años de 1965 y 1966, según las evaluaciones realizadas, se comprobó que el gobierno apenas pudo ejecutar el 50 por ciento de lo presupuestado y algo más del 30 por ciento del Programa de Desarrollo 1965—1969. El

---

[52] La Prensa, 16 de abril de 1968, pág. 1.

año 1967, que no se evaluó, estimo que estuvo al mismo nivel, y este 1968 es otro año perdido para dicho programa. El desastre de la economía nacional se ha venido conteniendo a fuerza de medidas impositivas al pueblo: primero el 3 por ciento; hoy, el 30 por ciento a la importación fuera del área centroamericana y el 20 por ciento de consumo a productos suntuarios y otros. (Se trata de medidas para estabilizar el MCCA en crisis. MP). Sin un cambio en la política del sector público, tales medidas son paliativos; pronto habrá que recurrir a nuevos impuestos que el pueblo ya no puede resistir, pues el costo de la vida se eleva demasiado y no se crean nuevas fuentes de trabajo que asimilen la desocupación actual, y menos a las 20,000 personas que cada año alcanzan edad de trabajar. En lo personal, señor presidente, siempre manifesté a mis representados mi confianza en sus buenas intenciones, pero hoy estoy convencido de que no pasarán de eso, porque usted no se decide a efectuar cambios en su gobierno —que usted mismo reconoce necesarios—; no le preocupa realmente el pueblo hondureño. En una sesión del Consejo dije que, para mí, el gobierno solo tiene dos tipos de compromisos: con el pueblo y los compromisos políticos; y que un gobernante que solo atiende estos últimos, olvidando a aquel, terminará con un pueblo más pobre y con un pequeño grupo de nuevos ricos. Ruego a Dios, señor presidente, que lo ilumine y le dé la energía que demanda la situación nacional para encarar la realidad y, pensando en el bienestar del pueblo, realizar los cambios necesarios para encauzar a Honduras por mejores derroteros y sacarla del desastre en que se encuentra"[53].

Aunque teñido de apreciaciones personales, este planteamiento de Gale Varela recoge bien las demandas que movilizan, en primera instancia, a los sectores comprometidos en la alianza aludida: además del respeto a los derechos ciudadanos y de una efectiva democratización, se exigen sustituciones de personal directivo y se subraya el incumplimiento de las metas del Plan Nacional de Desarrollo (1965—1969), visto como alternativa estatal para superar la crisis, agravada por la participación deficitaria y poco beneficiosa en el Mercado Común Centroamericano, que llevó al gobierno a solicitar (en 1966) un trato preferencial.

Los núcleos modernizantes de la burguesía sampedrana se movilizan no solo a través de la CCIC, sino también por medio del diario La Prensa —entonces órgano de sus intereses corporativos; desde fines de 1970

---

[53] Reproducido por Rafael Leiva Vivas, Un país en Honduras, Imprenta Calderón, Tegucigalpa, 1969, págs. 111—112.

contarán con Diario Tiempo—, manteniendo una campaña abierta de oposición e invitando a forjar alianzas políticas. "La situación angustiosa que vive el país —señala una nota ilustrativa— exige la unidad de todas las fuerzas sociales y políticas. Es imposible realizar algo concreto si, ante la unidad granítica de quienes nos han sumido en esta situación, presentamos un frente dividido por cuestiones secundarias e intrascendentes. Ponerse de acuerdo sobre lo fundamental y lanzarse a la redención del país es el reclamo urgente. El régimen hace y deshace a su antojo; sabe que las protestas a su desastrosa política económica no pasan de eso; sabe que las fuerzas económicas aún no han cobrado conciencia de su peso en el panorama político nacional y que no van más allá de tímidos reclamos y balbuceantes recomendaciones. El régimen sabe que lo único que realmente puede presionarlo y obligarlo a un cambio radical permanece en la más desesperante inopia. Y mientras el tiempo transcurre, el presidente López Arellano recurre a medidas de defensa desde el flanco armado, en lugar de medidas más inteligentes que no solo salven su gobierno del creciente descontento popular sino también del fallo de la historia. Las trincheras erizadas de metralla no significan nada frente a un pueblo desesperado. Pero, antes que nada, se impone el deber de que las organizaciones más caracterizadas del país ocupen su puesto en la dura lucha por el progreso y la paz"[54].

En el mismo sentido —y como muestra del tono desafiante de estos núcleos frente al régimen—, es ilustrativa la nota siguiente: "Jugando con los sentimientos y aspiraciones del pueblo hondureño está el presidente López. Un marcado irrespeto a los sectores organizados del país muestra su conducta, preñada de vacilaciones y 'vivezas'. ¿Qué pasa con el Jefe del Ejecutivo? Su proceder censurable evidencia una enorme inconsciencia del papel que está obligado a desempeñar. Piensa el presidente López que ceder a los reclamos de la prensa y de las fuerzas vivas perjudica su imagen de gobernante firme; que adoptar una conducta consecuente significa perder autoridad. El acierto en las funciones de gobierno guarda relación directa con la capacidad de saber escuchar y de conformar las decisiones de acuerdo con el sentir de los sectores básicos de la sociedad. Solo así se obtiene la colaboración necesaria. Pero la mentalidad del señor presidente López, más que regirse por un mínimo sentido de relaciones humanas, está moldeada por un criterio absolutista, equivocado, trasnochado y superado"[55].

En este contexto —que hemos bosquejado someramente— se

---

[54] La Prensa, 26 de agosto de 1968, pág. 9.
[55] La Prensa, 2 de agosto de 1978, pág. 9.

produce la huelga general convocada por la FESITRANH en septiembre de 1968, a la que nos referiremos más adelante, y que expresa un momento clave de la alianza entre los núcleos progresistas de la burguesía sampedrana y las organizaciones obreras del litoral norte ya citadas.

¿Cuál es el móvil que impulsa a la FESITRANH a declarar una huelga general indefinida el 18 de septiembre de 1968? Sin duda, el precipitante inmediato es el agravamiento de la crisis económica con la aprobación y puesta en práctica de los impuestos acordados por los ministros de Economía del área en San José de Costa Rica mediante el llamado Protocolo de San José: un arancel del 30 por ciento a importaciones extrarregionales y tributos del 10 y 20 por ciento al consumo de artículos considerados suntuarios.

El régimen de López Arellano aprueba e impone rápidamente dichos impuestos —rechazados por el Parlamento costarricense y avalados por el régimen de Somoza—, argumentando que se trata de una medida complementaria para equilibrar la balanza de pagos. El deterioro económico que suponen estos gravámenes se produce en un clima de escaso consenso y creciente oposición al régimen, marcado por corrupción administrativa, gestión excluyente y partidista, y políticas económicas impopulares. Hacia mediados de 1968, la profunda corrupción administrativa, el estilo de gestión política excluyente, represivo y partidarista ("Nacionalista") y la política económica del régimen de López Arellano ha agudizado no sólo los enfrentamientos intraoligárquicos, sino también, acelerado las contradicciones con núcleos de la burguesía, fundamentalmente de aquellas fracciones que tienen contradicciones secundarias con el imperialismo y con las clases ligadas a la explotación extensiva de la tierra y en las cuales los núcleos de la izquierda partidaria ortodoxa perciben la tan anhelada "burguesía nacional". En este marco, los sectores populares —golpeados por inflación, bajos salarios y represión— resultan fácilmente movilizables. La oposición puede articularse también a través del Partido Liberal (tan oligárquico como su opositor, el Nacional, pero con creciente expresión de núcleos burgueses y pequeñoburgueses urbanos y rurales). Sin embargo, la oposición no se plantea exclusivamente en forma partidaria. En más de alguna manera, las organizaciones obreras y campesinas y algunos núcleos de la burguesía, se expresan a través de sus organizaciones corporativas.

Así, la aprobación y vigencia de los impuestos del 30, 20 y 10 por ciento, en un ambiente de descontento generalizado, proporciona la coyuntura precisa que aprovechan los núcleos modernizantes de la burguesía sampedrana para desafiar políticamente al gobierno y poner a prueba su estabilidad. Sin embargo, los núcleos proletarios del norte, ligados a la FESITRANH y subordinados ideológicamente al proyecto político de esos grupos burgueses, asumen la iniciativa oposicionista y los desbordan con sus acciones. En efecto, en las primeras horas del 18 de septiembre de 1968, tras prolongadas discusiones, 22 de los 28 sindicatos de la FESITRANH con representación en la Asamblea General —los seis restantes también irán a la huelga— deciden declarar un paro general indefinido a partir del 19 de septiembre, exigiendo la derogación de los impuestos del 10 y 20 por ciento al consumo de artículos suntuarios. La burguesía sampedrana, por su parte y a través de la Cámara de Comercio e Industrias de Cortés, emplaza al gobierno: exige que el 24 de septiembre, cuando se reúna el parlamento, se deroguen los impuestos del Protocolo de San José; de no atenderse, paralizará las actividades comerciales en San Pedro Sula. Con todo, al producirse la huelga general decretada por la FESITRANH, no solo se cerrarán los establecimientos comerciales, sino que quedará paralizada toda la actividad productiva en el principal centro comercial e industrial del país.

Declarada la huelga general indefinida por la FESITRANH en las primeras horas de la mañana del 18 de septiembre, esta se hace efectiva —como en efecto ocurrió— a partir del día 19, cuando grupos del lumpenproletariado sampedrano provocan algunos destrozos en centros comerciales de la ciudad. El gobierno aprovechará esa situación para calificar la huelga como subversiva, atentatoria contra la paz y el orden público, y proceder a reprimirla. La huelga general convocada por la FESITRANH no implicó, sin embargo, una movilización masiva y organizada de asalariados; por el contrario, su dirigencia recomendó a los trabajadores permanecer en sus hogares.

Ante el cuadro planteado por la huelga del norte, el régimen de López Arellano —que veía amenazada su ya precaria estabilidad política y su bajo nivel de consenso— reaccionó con rapidez y por la vía represiva. Una de sus primeras medidas fue declarar la ilegalidad del paro, alegando, por un lado, que se trataba de un desafío político al poner en cuestión "actos legítimos e indiscutibles emanados del Congreso Nacional de la República, cuerpo colegiado que encarna la máxima representación de la soberanía nacional", y, por otro, recordando las restricciones de la legalidad laboral burguesa que atan la acción sindical a límites económico—corporativos. "...Una organización sindical de segundo grado, como es la FESITRANH —sostuvo el Ministerio de Trabajo—, violó el artículo 537 del Código de Trabajo, que le prohíbe

147

declarar huelga por ser un derecho privativo de cada sindicato. Tal acción resulta doblemente culpable cuando implica suspensiones en servicios públicos y, sobre todo, cuando conlleva un enfrentamiento con la autoridad legislativa del Congreso Nacional, lo que está tipificado como delito contra el orden público"[56].

Al perfilar los móviles de la huelga, el gobierno de López Arellano habló de "una campaña subversiva fomentada por ciertos círculos de San Pedro Sula, en connivencia con líderes obreros que desde hace meses actúan sobre una plataforma de franca insurgencia. Aliados en su propósito de subvertir el orden, estos elementos iniciaron una agitación presionando al comercio sampedrano —añadió el comunicado— para que cerrara sus puertas, pretextando los impuestos al consumo a nivel centroamericano decretados por el Congreso Nacional; tales incitaciones produjeron de inmediato actos de violencia callejera registrados ayer en San Pedro Sula, con considerables pérdidas materiales. En vista del grave peligro para el orden jurídico y el normal desenvolvimiento de las actividades nacionales, el gobierno declara su inflexible determinación de aplicar todo el rigor de la ley a los agitadores que han promovido estos paros ilegales y otras acciones punibles"[57]. Casi de forma simultánea a la declaratoria de ilegalidad y al señalamiento del carácter político—subversivo de la medida, el régimen decretó el estado de sitio en todo el país por 30 días, con énfasis en el litoral norte, hacia donde envió refuerzos del Ejército.

Amparado en el estado de sitio, el gobierno procedió a controlar casi por completo los medios de difusión. Al caer la tarde del miércoles 18 de septiembre, tropas de investigación nacional irrumpieron en los talleres de La Prensa, en San Pedro Sula, e incautaron la edición del jueves 19. A ello siguieron la detención y encarcelamiento de Jaime Rosenthal y la orden de captura contra Edmon Bográn, quien logró salir del país. Se trataba de dos figuras clave del Consejo Directivo de La Prensa y representantes de ese núcleo "modernizante" de la burguesía sampedrana que desafiaba el estilo de dominación y la política económica del régimen.

El diario El Pueblo, órgano del Partido Liberal, en su edición del jueves 19 —difundida casi gratuitamente y enfática en la justeza de la huelga— condenó la corrupción administrativa del régimen nacionalista de López Arellano y exigió la derogación de las malhadadas gabelas[58]. "Una pésima administración pública como la que soporta el país desde

---

[56] El Cronista, 19 de septiembre de 1968, pág. 3.
[57] El Cronista, 19 de septiembre de 1968, págs. 1 y 3.
[58] El Pueblo, 19 de septiembre de 1968, págs. 1 y 4.

el 3 de octubre de 1963 —señaló en su editorial— tenía que conducirnos a la crisis política, económica y social que hoy enfrentamos. Nuestra situación es consecuencia directa de la incapacidad, inoperancia y corrupción con que se ha manejado el poder. Los impuestos del Protocolo de San José han empeorado las cosas, aprobados cuando nuestro pueblo no puede pagarlos. Confirman la ineptitud del régimen, pues no eran la única ni la más sabia medida para combatir el desequilibrio de la balanza de pagos —si de eso se trataba—. La mayoría ya no cree que esos tributos se decretaran con tal fin, ni que graviten solo sobre clases media y alta, como repite la prensa oficialista; los sectores humildes ya sienten su peso. Tales realidades generan conflicto entre quienes detentan el poder y las mayorías; conflicto que, al pasar a los hechos, deviene huelgas, manifestaciones y motines: protestas contra la injusticia social. No en vano los obispos latinoamericanos, reunidos en Medellín, han recordado la cláusula del Tratado de Versalles: 'La existencia de la miseria en cualquier parte es una amenaza contra la paz'. Insistimos: los impuestos del 10, 20 y 30 por ciento solo han elevado el costo de la vida en Honduras y, por ende, la miseria del pueblo, sin esperanza siquiera de que se inviertan en obras públicas. De ahí la indignación de las mayorías. Nada más"[59].

En la tarde del jueves 19, los cuerpos represivos allanaron los talleres de El Pueblo, incautaron la edición del día siguiente y ordenaron el cierre del periódico, causando además destrozos. La Prensa y El Pueblo volverían a circular hasta el 15 de octubre, pocos días después de levantado el estado de sitio (11 de octubre). Dos radioemisoras sampedranas —Voz de Centroamérica y Radio Metropolitana— que difundieron manifiestos de los huelguistas fueron clausuradas violentamente. El gobierno ejerció, así, un control casi absoluto sobre los medios y desplegó una intensa campaña de "desinformación" mediante una cadena nacional de radio, que operó de forma errática e incluso difundió consignas partidarias (nacionalistas), lo que provocó la protesta posterior de propietarios y administradores de emisoras.

Asimismo, amparado en el estado de sitio, el régimen ordenó, en Tegucigalpa y sobre todo en San Pedro Sula y La Lima, la detención de obreros, estudiantes e intelectuales orgánicamente ligados al movimiento obrero. Hacia la medianoche del 20 de septiembre, unos 50 soldados fuertemente armados asaltaron el edificio del SITRATERCO, forzando una puerta trasera y deteniendo a los líderes de la FESITRANH y del SITRATERCO allí reunidos. El presidente de la FESITRANH,

---

[59] El Pueblo, 19 de septiembre de 1968, págs. 1 y 4.

Céleo González, fue apresado y llevado a prisión. Para el 22 de septiembre se estimaban en 43 los dirigentes sindicales detenidos. Óscar Gale Varela, figura prominente del SITRATERCO, fue arrestado a su regreso al país (24 de septiembre) y encarcelado.

El 25 de septiembre, en Tegucigalpa, los líderes de la FESITRANH —con Céleo González a la cabeza— fueron obligados a dar por concluida la huelga tras "considerar las aclaraciones dadas por el gobierno sobre la interpretación de los impuestos, motivo de la huelga general, que modifican los alcances inicialmente informados a la opinión pública", y ante el compromiso oficial de garantizar "el respeto al Código de Trabajo, la libertad sindical y el funcionamiento de las organizaciones obreras; la libertad de todos los sindicalistas presos y su reintegro al trabajo". El gobierno exigió, sin embargo, la expatriación de González, quien solo pudo reingresar al país el 26 de noviembre de ese año.

"Un fenómeno nuevo y de gran importancia para nuestra lucha por la democracia —evaluó un analista de la ortodoxia comunista— ha sido la unidad de acción entre burguesía y proletariado contra el gobierno de López—Agustinus, sustentada en la coincidencia momentánea de intereses: el 30% afecta de forma considerable a la burguesía nacional (subrayado mío, MP), y los gravámenes del 20 y 10% golpean sobre todo a las masas populares. Súmense la represión permanente, asesinatos, encarcelamientos y destierros, así como la antidemocracia del gobierno, que frenan el progreso económico y social del país. (…) El movimiento en la costa norte está estrechamente ligado a las contradicciones entre el gobierno y la burguesía nacional (subrayado mío, MP) —en particular la sampedrana—. La coincidencia de esta con ciertos intereses obreros facilitó, por primera vez, la unidad de acción entre ambas clases; unidad que, en otro contexto, habría dado mejores frutos al movimiento democrático nacional. Los obreros deben ir a las alianzas con independencia política, como fuerza organizada, y no como apéndice de otra clase. Ello no será posible sin un profundo esclarecimiento ideológico que eleve su conciencia de clase. La burguesía nacional (subrayado mío, MP) madura políticamente y, si la clase obrera no lo hace al mismo ritmo, irá siempre a la zaga de sus intereses"[60].

Así, un importante acto de la alianza entre los núcleos obreros del norte y la burguesía modernizante sampedrana fracasó, ahogado por la represión del régimen. Habrá que esperar el período inmediato posterior

---

[60] Lineamientos de la lucha en el frente sindical en Trabajo No. 26, nov—dic. de 1971, págs. 31—34.

a la guerra hondureño—salvadoreña para que se rediten nuevas facetas de esa alianza, que conducirán primero al llamado Pacto de Unidad Nacional y luego al régimen reformista de López Arellano, a los que nos referiremos más adelante.

6. La coyuntura postbélica y el régimen de "unidad nacional" (1969—1972)

Reflejando profundas contradicciones entre los grupos dominantes de ambos países, agravadas por el desalojo de campesinos salvadoreños de tierras hondureñas —que se vieron obligados a regresar a su país, cerrando así una válvula de escape a la concentración de la tierra y la alta densidad poblacional de El Salvador—, las escaramuzas de la guerra hondureño—salvadoreña de julio de 1969 tuvieron una duración breve: apenas cien horas. El saldo sangriento de la llamada "guerra del fútbol", por haberse desatado tras un partido entre las selecciones nacionales, nunca fue determinado con exactitud. Las clases dominantes de El Salvador, con mejor preparación militar, llevaron siempre la iniciativa belicista.

En Honduras, los efectos políticos de la confrontación armada fueron considerables. La situación bélica creó un ambiente de relativa unificación entre clases, fracciones y grupos sociales que incluso apoyaron financieramente el esfuerzo de guerra. La guerra abrió además un nuevo espacio político al Ejército, que se erigió ideológicamente como "defensor del pueblo", marcando un cambio respecto a su imagen fuertemente represiva hasta entonces. En el período posbélico, y bajo la presión de sectores burgueses, pequeñoburgueses y populares organizados —así como por transformaciones internas influenciadas en parte por el reformismo militar peruano—, el Ejército asumió posturas reformistas que cristalizarían en el régimen de López Arellano (1972—1975). La posguerra también acentuó la militarización del poder político y del gasto estatal, un fenómeno evidente ya desde inicios de la década de 1970.

En cierta medida, los efectos de la guerra resultaron beneficiosos para los grupos burgueses locales, pues el conflicto llevó a la ruptura del Mercado Común Centroamericano —ya en crisis— y al cierre del mercado hondureño a los productos del área, abriendo así nuevas oportunidades de acumulación de capital interno. A la vez, el conflicto generó una coyuntura favorable para la movilización de sectores populares organizados, en especial obreros y campesinos, lo que desembocaría en importantes cambios políticos.

En ese contexto, los trabajadores organizados, a través de la

Confederación de Trabajadores Hondureños (CTH), que para entonces agrupaba a unos 40 mil asalariados, celebraron su II Asamblea Nacional Ordinaria (21—23 de marzo de 1969). Allí lanzaron un "llamamiento del sindicalismo a la conciencia nacional", en el cual plantearon un proyecto de reformas políticas. Ese documento sería la base del movimiento que conduciría al llamado Pacto de Unidad Nacional, un acuerdo político al estilo colombiano.

Por su interés lo reproduzco *inextenso*. Luego de un rápido bosquejo analítico de la situación socioeconómica y política del país, la CTH enfatiza que "para principios de 1971, los hondureños estamos abocados a la renovación de los poderes del Estado. Se pondrá a prueba, en esta ocasión, una vez más la madurez de nuestras instituciones. Veremos si la historia reciente de estos últimos años se repite: destrucción de la constitucionalidad, gobierno de facto, otra Constituyente y nueva Constitución, otra vez poderes surgidos de elecciones de segundo grado. O, peor aún, el fraude electoral con un saldo de sangre, persecución y terror.

La clase trabajadora organizada de Honduras está consciente de su responsabilidad histórica y no piensa rehuirla. Los trabajadores creemos que hay que mantener el régimen constitucional y que la renovación de los poderes del Estado se realice en la forma prescrita por la Constitución: mediante el voto directo y secreto de todos los ciudadanos. Creemos también, los trabajadores, que esta responsabilidad histórica debe ser compartida por todos: desde el Presidente de la República hasta el más humilde de los ciudadanos.

Por eso afirmamos que el gobierno y los sectores sociales y políticos deben crear las condiciones más propicias para que los acontecimientos de 1971 se desarrollen de forma tal que el prestigio de Honduras no sufra mengua alguna y nuestras instituciones salgan fortalecidas. Los hondureños podemos y debemos romper el círculo vicioso de la inestabilidad política. Para ello es preciso atacar las raíces mismas que la provocan. Por eso, los trabajadores planteamos la necesidad de lograr un encuentro nacional entre el gobierno, los sectores políticos y las fuerzas sociales del país, que permita una solución hondureña acorde con los altos intereses de la Patria".

Luego del razonamiento antes citado, la CTH propone un programa de reformas políticas para eliminar, según se señala, la inestabilidad del país:

1°. El establecimiento, lo más pronto posible, del régimen de servicio civil, que asegure a los trabajadores eficientes del Estado la estabilidad en sus empleos, al margen de cualquier sectarismo político y, por ende, una administración pública que responda a los intereses del país.

2°. La erradicación del monopolio electoral establecido a favor de los partidos tradicionales, de manera que la ciudadanía pueda organizar nuevos partidos políticos sin trabas y también presentar candidaturas independientes a nivel municipal, legislativo y presidencial.

3°. El establecimiento de la carrera judicial, depurando el Poder Judicial y garantizando la inamovilidad de jueces y magistrados por períodos razonables para asegurar la justa aplicación de la ley.

4°. El estudio y ejecución de una reforma tributaria que haga efectiva una mejor distribución del ingreso nacional, dando más a los que menos tienen, y también el establecimiento del Tribunal de lo Contencioso Administrativo, a fin de que los contribuyentes puedan proteger sus derechos.

5°. La formulación de una política de control de las inversiones extranjeras para dirigirlas hacia los sectores económicos que efectivamente sean necesarios para el desarrollo nacional.

6°. El respeto a la libertad de organización sindical, la contratación colectiva y el derecho de huelga en todo el país.
7°. El impulso efectivo a la reforma agraria con participación directa del campesinado organizado legalmente.

8°. Que el gobierno, al formular sus políticas generales, consulte y dé participación activa en la planificación y ejecución de estas a los principales sectores económicos y sociales del país, a través de sus organizaciones representativas[61].

Estos planteamientos serán retomados y ligeramente ampliados en un círculo más amplio de organizaciones sociopolíticas y corporativas, la CTH incluida. En efecto, el Comité Cívico Prodefensa Nacional (dirigido por un connotado miembro de la burguesía, Miguel Andonie Fernández, que ha de aprovechar la coyuntura para crear posteriormente un partido político, el Partido de Innovación y Unidad Nacional, PINU, el Comité Central Ejecutivo del Partido Liberal, la CTH, la FESITRANH, el SITRATERCO, el Directorio del Partido Popular Progresista, el Directorio del Partido Republicano Ortodoxo y la Federación de Estudiantes Universitarios han de plantear al presidente López Arellano un programa de reformas políticas (agosto 1969) que debería .orientar un régimen de "unidad nacional". Como ha sido indicado, se trata en esencia, de un programa de reformas políticas que reproduce, amplía y especifica los aspectos sugeridos en el "planteamiento" de la CTH de marzo de 1969.

---

[61] El Cronista, 25 de marzo de 1969, págs. 1, 9 y 10.

Teniendo en cuenta los objetivos de este estudio llamaré la atención sobre tres aspectos fundamentales del mismo. Dos de ellos reflejan con claridad las necesidades político—corporativas de los núcleos de la burguesía modernizante:

"Reestructurar con criterio hondureñista la política económica, monetaria, crediticia, agraria y social, a fin de estimular y acelerar el desarrollo integral del país".

"Regular las inversiones extranjeras y promover mayor participación de los hondureños en su capital, dirección y administración".

El tercer aspecto sobre el que llamaré la atención es de carácter institucional y afecta la dinámica de funcionamiento de la administración estatal. En el orden administrativo se solicita:

a) Coordinar con eficiencia las actividades del organismo planificador de la economía nacional con los demás mecanismos administrativos del Estado.

b) Aplicar de inmediato el servicio civil sin discriminaciones políticas. (La Ley de Servicio Civil fue emitida en los primeros meses de 1968: Decreto No. 126, del 6 de marzo de 1968).

c) Reestructurar el Ministerio de Relaciones Exteriores, dotándolo de recursos necesarios para tal fin.

d) Separar las carteras de Economía y Hacienda.

e) Encargar al Ministerio de Gobernación las funciones de Seguridad Pública y Migración.

f) Reestructurar la Contraloría y la Procuraduría General de la República para que sean entidades más eficientes y estrictas y merezcan mayor confianza pública.

g) Revisar la Ley de Probidad Administrativa y lograr su reglamentación y aplicación efectiva.

h) Crear la carrera judicial.

i) Recomendar que las autoridades edilicias de la capital de la República sean de elección popular[62].

En parte, estas demandas están en la base de un incremento en el número de secretarías del aparato central del Estado. La Secretaría de Economía y Hacienda se divide, dando lugar a dos nuevos ministerios: el de Hacienda y Crédito Público y el Ministerio de Economía (Decreto No. 129, de 24 de octubre de 1971). Lo mismo sucede con el Ministerio de Comunicaciones y Obras Públicas, que se fragmenta para crear dos nuevas secretarías de Estado: Obras Públicas y Urbanismo, y la Secretaría de Comunicaciones y Transporte (Decreto No. 132, de 24 de

---

[62] La Prensa, 26 de agosto de 1969, págs. 2 y 15.

octubre de 1971). Esto incrementa no solo el número de secretarías, sino también la burocracia estatal[63].

Sobre este aspecto, los datos disponibles son parciales y solo sirven como indicativos del crecimiento de la burocracia. En 1966, el número de empleados en el aparato central del Estado, incluidos los organismos autónomos, ascendía a 28,164 personas. En 1971, al concluir el régimen de López Arellano, la cifra era de 35,692 empleados públicos; es decir, un aumento de algo más de 7,000 en cinco años (véase cuadro No. 2).

CUADRO No. 2
NÚMERO DE PERSONAS EMPLEADAS EN FORMA PERMANENTE POR INSTITUCION

Entidad	1966	1967	1968	1969	1970	1971	1972	1973	1974
Empresa Nacional de Energía Eléctrica[3]	727	1,065	1,090	1,125	1,360	1,418	1,563	1,714	1,800
SANAA[3]	305	400	410	437	457	479	475	513	519
Gobierno Central*[1]	25,218	27,763	30,105	25,457	29,495	30,454	30,394	31,142	31,783
Junta Nacional de Bienestar Social	321	374	438	575	614	664	711	695	782
Patronato Nacional de la Infancia	250	247	246	240	227	228	232	220	234
Empresa Nacional Portuaria	—	—	—	—	—	—	—	—	—
Instituto Nacional de la Vivienda	111	124	124	133	152	155	166	166	185
Instituto Hondureño de Seguridad Social[2]	453	458	491	594	657	726	800	1,163	1,270
Ferrocarril Nacional de Honduras	—	—	—	—	406	415	416	414	414
Instituto Nacional Agrario[2]	280	179	195	580	343	393	420	362	549
Universidad Nacional Autónoma de Honduras	501	562	521	621	721	759	870	1,107	1,039
CONADI	—	—	—	—	—	—	—	—	—
COHDEFOR	—	—	—	—	—	—	—	—	417
	28,166	31,172	33,620	29,762	34,432	35,691	36,047	37,496	38,992

*Comprende la Corte Suprema de Justicia
1 Presupuestos
2 Planilla
3 Publicaciones Estadísticas
Fuente: Planillas y Presupuestos de las Instituciones y Publicaciones Estadísticas

---

[63] En esencia, estas modificaciones institucionales habían sido sugeridas ya desde 1964, en el Plan Nacional de Desarrollo, 1965—1969. Creación del Ministerio de Industria y Comercio. Transformación del Ministerio de Comunicaciones y Obras Públicas en Ministerio de Transportes y Obras Públicas. Consecuentemente: Creación de la Empresa Nacional de Comunicaciones. Transformación del Ministerio de Economía y Hacienda en Ministerio de Hacienda (Plan Nacional de Desarrollo, 1965—1969, tomo 1, págs. 325—326).

Es correcto postular para Honduras lo que se ha planteado como una generalización para toda América Latina: la existencia de un "exceso de personal" en las funciones administrativas del Estado. "En general, esta situación, que en términos económicos se asimila al concepto de desocupación disfrazada, está vinculada al hecho de que en nuestros países el aparato administrativo ha sido tradicionalmente una fuente importante de empleo, situación que se agrava con el estancamiento económico y la concentración de población en los núcleos urbanos, sobre todo en las capitales. Este exceso de personal, que se da en todos los niveles, parece más notorio en las funciones administrativas generales y en los cargos de menor jerarquía; es decir, en la base de la administración pública, lo que implica una abundancia de personal de muy bajas calificaciones técnicas. Esta situación tiene conexiones con ciertos rasgos de la política de la mayoría de nuestros países. Así, por ejemplo, los cambios de gobierno ensanchan la base del empleo público y remueven funcionarios de alta jerarquía, lo que tiene efectos negativos en la calidad administrativa: agrava el exceso de personal e impide la continuidad de la función técnica del Estado"[64].

Este exceso de personal en las estructuras del Estado va acompañado de una gran dosis de ineficiencia administrativa, lo que ha llevado a identificar "burocracia" con ineficiencia, noción distinta a la desarrollada por Max Weber, para quien lo opuesto –burocracia y eficiencia– eran consustanciales.

Luego de este breve paréntesis, retomemos la dinámica .de los acontecimientos políticos que conducen a la realización del llamado pacto de unidad nacional.

El Consejo Hondureño de la Empresa Privada (COHEP, abril de 1967), máxima organización corporativa de la burguesía y también liderada por núcleos progresistas de esta, buscando crear una base política de apoyo en torno a los planteamientos de la CTH, organiza con la presencia de importantes figuras empresariales, funcionarios públicos y representantes de las principales organizaciones obreras y campesinas la llamada III Reunión de las Fuerzas Vivas de Honduras (octubre de 1969). De allí sale reforzada la postura de "unidad nacional" promovida tras la guerra hondureño—salvadoreña, así como la necesidad de implementar reformas políticas, esencialmente burguesas, sugeridas por

---

[64] Ricardo Cibotti y Francisco Weffort, Características sociológicas del Estado y la planificación en el sector público, reproducido por PROCCARA, El Estado y el desarrollo económico, Tegucigalpa, 1975, págs. 24—25.

la CTH. No es casual que sean precisamente el COHEP y la CTH quienes inicien los contactos con López Arellano para impulsar un régimen político de "unidad nacional".

Estos contactos, iniciados a comienzos de 1970, no reciben mayor interés de López Arellano, que aún mantenía aspiraciones reeleccionistas. Es solo hacia finales de ese año, cuando ya resulta evidente la unidad de distintas agrupaciones políticas (partidos, corporaciones empresariales, maestros, estudiantes universitarios...) en torno a evitar la reelección de López y promover un régimen de "unidad nacional" heredado de la coyuntura bélica, que el presidente acepta conversar formalmente con el COHEP y la CTH. De ese diálogo surge un plan político (8 de diciembre de 1970) que plantea un programa mínimo de gobierno para presentar a los partidos convocados a las elecciones presidenciales.

El 7 de enero de 1971, López Arellano anuncia que los partidos Liberal y Nacional, únicos legalmente inscritos, han suscrito un "convenio político" de unidad nacional. Se comprometen a trabajar de forma conjunta en la gestión estatal y a aplicar un programa mínimo que recoge las reformas políticas planteadas por la CTH en marzo de 1969. Sin embargo, los partidos discrepan de los "garantes" del pacto (COHEP, CTH y el propio López, en su doble papel de presidente y jefe militar), ya que estos proponían un candidato único y no partidario. Los partidos prefieren que cada uno presente su propio aspirante, de entre los cuales se elija mediante voto directo al presidente de la República[65].

En los comicios del 28 de marzo de 1971 resulta vencedor el veterano abogado Ramón Ernesto Cruz, candidato del Partido Nacional, frente al banquero Jorge Bueso Arias, del Partido Liberal. Un día antes, ambos partidos anuncian un acuerdo mutuo, conocido como *el pactito*, en el que se reparten proporcionalmente los altos cargos estatales, frustrando así la aspiración de los garantes de que muchos puestos se cubrieran por méritos profesionales y no por afinidad partidaria.

En marzo de 1971, con un abstencionismo cercano al 50 % del electorado (aprox. 23 % de la población en edad de votar), asume la presidencia Ramón Ernesto Cruz. Su plan de gobierno recogía el

---

[65] Un escrupuloso panorama de estos cambios políticos que anteceden el régimen de Ramón Ernesto Cruz puede encontrarse en James A. Morris, Interest—Groups and Politics in Honduras, Ph. D. Dissertation, The University of New Mexico, 1974, published by University Microfilms International, Ann Arbor, Michigan.

programa mínimo del Pacto de Unidad Nacional[66] junto a una serie de promesas hechas en campaña[67].

Desde el inicio, Cruz se enfrenta a limitadas opciones y múltiples dificultades:

a) La economía estaba en crisis, con inflación derivada del encarecimiento de materias primas importadas y del alza de precios en artículos de consumo popular tras la guerra de 1969 y varios desastres naturales. "Desde que el Mercado Común entró en crisis, la vida económica del país se desequilibró. Y las acciones del poder público, al no sujetarse a un plan serio, no lograron motivar a los inversionistas nacionales, reacios a invertir sin fuerte protección estatal"[68]. Mario Rietti, ideólogo destacado de la burguesía, señalaba como principal problema la escasa producción nacional para cubrir la demanda interna y expandir exportaciones. Añadía que "el ingreso per cápita prácticamente permaneció estancado en el nivel de 1968. En 1971 el PIB creció 5.9 %, apenas 2.4 puntos por encima de la tasa demográfica de 3.5 %. Considerando que los precios subieron más del 3 %, la economía estuvo estancada, reduciendo la producción per cápita pese al repunte

---

[66] Este plan de doce puntos está contenido en el Convenio Político de Unidad Nacional entre el Partido Liberal y el Partido Nacional, leído por Oswaldo López Arellano, en ese entonces presidente constitucional de la República, el 7 de enero de 1971, Resumimos dichos puntos: solución del conflicto honduro salvadoreño, sobre la base de la demarcación fronteriza; puesta en práctica inmediata una política de desarrollo económico y social en todos sus aspectos; fijación de una política internacional conjunta; propiciar la reestructuración del Mercado Común sobre bases de equidad en la distribución de los beneficios; adopción de una política agraria; ejecución de planes de educación y preparación de mano de obra; escogencia de personal del Estado sobre la base de la estabilidad y capacidad; reforma de la administración pública y de los regímenes tributario y municipal; profesionalización de los servicios técnicos del Estado y en especial los servicios diplomáticos y consular; creación del Tribunal de lo Contencioso Administrativo; reforma y aplicación de la Ley de Probidad Administrativa; adopción de una política habitacional.

[67] Un ciudadano tuvo la paciencia de recopilar el sinnúmero de promesas hechas por Cruz y se las envió posteriormente, en los momentos más críticos de su gobierno, demandándole "el cabal cumplimiento de las promesas ofrecidas al pueblo hondureño...". Subrayó especialmente aquellos puntos que Cruz no solamente había incumplido, sino que realizado exactamente lo contrario, Excitan al Presidente Cruz a cumplir promesas que hizo. Diario Tiempo, 8 de enero de 1972, pág. 11—A y 10 de enero de 1972, págs. 12 y 134. (f.) Roberto Zacapa.

[68] La Cuestión Económica, Diario Tiempo, 18 de setiembre de 1971, pág. 4.

bananero"[69]. Este deterioro restringió los recursos del Estado y sirvió de argumento a Cruz para ejecutar lentamente algunos proyectos: "La administración anterior me dejó solo el 30 % del presupuesto y con ese 30 % ha habido que sostenerse medio año"[70].

b) Por el contenido del Pacto de Unidad Nacional y el "pactito", se excluyó del gobierno a las demás fuerzas políticas limitando la participación a los dos partidos tradicionales. La visión sectaria y arcaica de estos partidos, sobre todo el Partido Nacional que fue el que realmente disfrutó del gobierno, incapacitó la correcta aplicación del Convenio de Unidad poniendo al país "en la situación más crítica de su historia"[71].

c) El propio Partido Nacional aprobó medidas que limitaron aún más al Ejecutivo, trasladando la conducción real al Ministerio de Gobernación y Justicia, controlado por Zúñiga Agustinus, líder del nacionalismo. Funciones y recursos del Ministerio de la Presidencia se habían transferido a Gobernación antes de asumir Cruz. Así, programas clave como el Instituto de Desarrollo de la Comunidad y el Consejo Superior de Planificación quedaron bajo su control. "Como se ve —dirá un crítico— la estructura de poder es la misma. Estando las fuerzas armadas en manos del general López y el poder civil decisorio en manos del abogado Zúñiga, los dos hombres que vienen controlando el país desde 1963, se asegura que todo seguirá igual, y que la participación del Partido Liberal en el gobierno apenas si hará diferencias de matiz"[72].

Todas esas limitaciones no tardaron en evidenciar sus efectos negativos, al punto que, desde muy temprano, voces autorizadas se atrevieron a pronosticar un golpe de Estado inminente. Había algo más que simple intuición en las palabras premonitorias de Manuel Acosta Bonilla —cercano colaborador de López Arellano—, quien, al iniciarse el nuevo gobierno, se atrevió a advertir que en poco tiempo habría "un cambio, porque tenemos que poner los pies en la tierra". Aquellas palabras reflejaban ya un sentimiento de frustración frente al contenido del célebre *pactito*, que según Bonilla significaba una tergiversación del pacto original, una política de sectarismo y una traición a los garantes

---

[69] Diagnóstico y perspectivas de la economía del país. Tiempo, 10 de junio de 1972, pág. 5—A. Ver también el panorama económico presentado en el Proyecto de Reforma Tributaria, en su exposición de motivos por el Poder Ejecutivo al Congreso Nacional, Tiempo, 8 de noviembre de 1971, pág. 19.

[70] Tiempo, 10 de diciembre de 1971, pág. 3.

[71] Empresa Privada define posición frente a la "Reforma Tributaria". Tiempo, 12 de noviembre de 1971, pág. 3.

[72] El Pacto Político y la crisis total del país. Tiempo, 7 de diciembre de 1971. pág. 4

del proyecto de unidad. Por ello, exhortaba a sindicalistas, campesinos, profesionales y al ejército a actuar en consecuencia.

Una columna periodística señalaba que las expresiones de Acosta Bonilla debían interpretarse en un sentido constructivo: "el desemboque institucional, —y añadía— la salida política que permitió el pacto no podrá ser sostenida por mucho tiempo si no es apuntalada con la eficacia administrativa y la seriedad en la toma de decisiones fundamentales", Esa afirmación tenía su base en el clima político del momento, que ya ha sido descrito anteriormente. Y aunque la historia pareciera empeñarse ahora (1980) en una segunda oportunidad, no resultaba en aquel entonces exagerado afirmar que la democracia hondureña tenía en el gobierno de Cruz su decisivo momento de prueba[73].

El signo del exclusivismo político marcó al gobierno de "unidad nacional" incluso antes de su inicio: el pacto no podía cambiar la naturaleza de las personas ni transformar a los dirigentes sectarios de ayer en políticos tolerantes y respetuosos de los derechos ajenos[74]. A pesar de los acuerdos detallados sobre el reparto de cargos públicos entre los dos partidos firmantes del *pactito*, la intolerancia hacia el adversario comenzó pronto a golpear al propio partido colaborador—perdedor (el Partido Liberal), que se vio amenazado por las pretensiones exclusivistas del "zuñiguismo".

Cuando empezó el reparto de los cargos, los liberales tuvieron que "gritar y patalear" para conseguir y retener la porción que les correspondía. A menos de dos meses de gobierno ya estallaban crisis entre ambos partidos. La disputa surgió por la negativa del Partido Nacional a otorgar a sus socios—opositores los puestos que les correspondían en el Poder Judicial. Motivos no faltaban: "el poder judicial ha sido una de las armas predilectas del licenciado Zúñiga para mantener su influencia personal. Mediante el control de cortes y judicaturas ha protegido a sus amigos y ha volcado la justicia —o mejor dicho la injusticia— sobre sus enemigos, tanto nacionalistas como liberales"[75].

Para otro analista político, ese conflicto formaba parte de una estrategia destinada a crear un clima de deterioro artificial "para obligar al doctor Cruz a creer en la inminencia de un golpe de Estado, y a aferrarse al único, al insustituible político que podría salvarlo, puesto que es dueño absoluto de la maquinaria del Partido Nacional"[76].

---

[73] Amílcar Santamaría: Columna Doble. Tiempo, 7 de junio de 1971, pág. 4
[74] Política y políticos. Tiempo, 22 de junio de 1971, pág. 4.
[75] El Pacto Político en Peligro, Tiempo, 19 de agosto de 1971, pág. 4.
[76] Política y políticos. Tiempo, 19 de agosto de 1971. pág. 4.

El afán de poder personal y la incapacidad de comprender la realidad de las circunstancias políticas le dieron a este gobierno rasgos muy particulares: carente de respaldo popular, de orientación sectaria, inclinado a la improvisación, a la indecisión y a la duplicidad en su liderazgo (una cosa era el poder formal y otra el real). Como complemento inevitable, aparecieron la corrupción y el autoritarismo.

El punto del plan mínimo de gobierno que exigía la pronta elaboración de un plan de desarrollo socioeconómico fue retrasado de manera deliberada. El gobierno avanzó sin políticas claras en casi todos los campos. Si a esto se suma lo ya dicho en el párrafo anterior, no sorprende que un nuevo conflicto interpartidario pusiera en riesgo la estabilidad del pacto: el reparto del presupuesto nacional para 1972. El Ejecutivo, por medio de la Secretaría de Hacienda y Crédito Público, presentó un proyecto que el Consejo Superior de Planificación Económica consideró técnicamente deficiente[77]. El Partido Liberal, por su parte, elaboró otro proyecto. Ambos fueron ignorados y finalmente se aprobó, mediante el uso del "voto de calidad" en el Congreso, el proyecto defendido por el Partido Nacional. Dicho presupuesto revelaba un sesgo marcadamente sectario, como lo evidencian las cifras: "los ministerios controlados por el Partido Liberal apenas disponen de 49 millones de lempiras para operar, mientras que los ministerios nacionalistas cuentan con más de 150 millones. Solo el Ministerio de Comunicaciones, aun con un recorte en su presupuesto, maneja más fondos que todos los ministerios liberales juntos"[78].

Esta situación reflejaba con claridad el empeño del Partido Nacional en gobernar sin compartir el poder, interpretando su victoria electoral como un mandato exclusivo para dirigir la nación, marginando incluso a su socio en el pacto, no digamos a otras fuerzas políticas opositoras.

---

[77] Consejo Superior de Planificación Económica contra el Proyecto de Presupuesto, Tiempo, 11 de diciembre de 1971, págs. 16—17. La última de las conclusiones de ese informe decía: "5.6. Se concluye finalmente, que además de los efectos negativos que produciría el proyecto de presupuesto sobre las finanzas públicas; la expansión del gasto corriente y la baja en la inversión prevista, se convertirían en factores negativos para la economía en su conjunto, por su influencia en el nivel general de precios y en el empleo".

[78] Amílcar Santamaría: Columna Doble. Tiempo, 5 de enero de 1972, pág.4. Ver también, urge una acción efectiva para mejorar el nivel de vida del pueblo hondureño. Tiempo, 7 de diciembre de 1971, págs. 12—13 A, "... el presupuesto para 1972 fue elabora— do con criterio político, divorciado de los imperativos económicos, y esta circunstancia impide que el presupuesto sea un instrumento efectivo y poderoso para darle al país el impulso que está necesitando" (Miguel Ángel Rivera).

La misma fuente apuntaba que en el Congreso "En el Congreso, ni una sola de las iniciativas de los diputados del Partido Liberal ha sido aprobada por la mayoría nacionalista. Es más, el voto de calidad del Presidente Martín Agüero, que está destinado a superar crisis graves, se utiliza ahora a diestra y siniestra para resolver la disensión más nimia y para recordar, a los supuestos aliados en la "coalición", quien es el que manda. En la Corte Suprema, único reducto real del Partido Liberal, no hay dinero para trabajar, pues el proyecto de presupuesto fue despedazado por el Ministerio de Hacienda, para que al llegar al Congreso ya no hubiera que tomarse demasiadas molestias".

De esta manera, los ministerios liberales, el Poder Judicial y la posición minoritaria en el Congreso dejaban al Partido Liberal en evidente desventaja, limitando su capacidad de gestión y reduciendo sus posibilidades de ganar apoyo en las elecciones municipales de 1974 y en las nacionales de 1977. Su "socio adversario" preparaba así con antelación la continuidad en el poder.

Tal panorama, sin embargo, no podía ser aceptado por las demás fuerzas sociales que habían impulsado el Convenio de Unidad, cuyo objetivo era precisamente superar esas prácticas sectarias que habían mantenido al país en permanente inestabilidad política y en un desarrollo socioeconómico limitado.

El 11 de noviembre de 1971, el Consejo Hondureño de la Empresa Privada (COHEP) envió un pronunciamiento al presidente Cruz[79], describiendo la situación del país como crítica en lo económico, lo social y lo político, y lamentando la falta de una acción firme del Estado para detener el deterioro. La acción gubernamental es caracterizada por su falta de políticas definidas, por actitudes vacilantes e indecisas. Haciendo un recuento histórico de las razones y objetivos que llevaron a la firma del Convenio de Unidad Nacional, manifiestan su descontento por no haberse cumplido fielmente con el contenido de este. "Esto se debe a que los partidos políticos se han concretado al reparto matemático de los puestos públicos sin respetar uno de los principios del citad!? plan, en el sentido de que la dirección de los asuntos nacionales debería confiarse a los ciudadanos más idóneos para el desempeño de las altas funciones a ellos encomendadas, anteponiendo intereses personales o de grupos determinados a los altos fines del progreso nacional". Ante esa situación exigen una pronta Reformar Administrativa y un programa de austeridad en los gastos corrientes del Estado; asimismo, se opone a la

---

[79] Empresa Privada sostiene que no funciona el pacto. Tiempo, 12 de noviembre de 1971, pág. 8.

Reforma Tributaria[80] que está tratando de impulsar el poder ejecutivo, por cuanto no se justifica sin ser acompañada de planes de desarrollo económico previamente elaborados. Gabriel A. Mejía, Presidente del COHEP, en una intervención pública posterior, agregaba también que el gobierno debía impulsar la Reforma Agraria, "como una herramienta indispensable para incorporar a los campesinos al desarrollo integral del país"[81].

Los obreros organizados tardaron más en pronunciarse con una sola voz, aunque Víctor Artiles, en representación de la CTH, ya había expresado su posición en el mismo foro donde habló Mejía, representando al COHEP. Artiles criticó duramente el aumento injustificado del gasto corriente y la ausencia de un verdadero plan de inversión pública y privada. Concluyó señalando: "En vista de las dificultades que se observan para que el pacto opere, los empresarios, los trabajadores y el ejército deben tomar decisiones en este país". Abogó también por una reforma agraria integral, la vigencia del salario mínimo, la reestructuración del Mercado Común Centroamericano, la hondureñización de la banca, industria y comercio, la apertura de

---

[80] En los primeros días de noviembre de 1971, el Poder Ejecutivo presentó al Congreso Nacional un proyecto de reforma tributaria, con la finalidad de aumentar los ingresos corrientes del sector público con los cuales afrontar los gastos presupuestados en el proyecto de presupuesto para 1972, dado a conocer también al Congreso Nacional para su aprobación. El contenido de la pretendida reforma tributaria no fue del agrado ni de la Empresa Privada ni del Partido Liberal, así como de importantes organizaciones populares como la CTH. En ese proyecto de reforma se despoja a las municipalidades de la función del cobro del impuesto de bienes inmuebles, por lo que suscitó la airada protesta pública de la gran mayoría de alcaldías del país.
En medio de airados debates se presentaron finalmente en el Congreso tres proyectos de presupuesto para 1972, el del Poder Ejecutivo (fundamentado en los resultados de la reforma tributaria), el del Partido Liberal (que estaba en desacuerdo con la reforma por hacerse divorciada de una reforma administrativa total del sector público) y del Partido Nacional. Este último proyecto se basaba ya no en la reforma tributaria del Ejecutivo, sino que aumentaba los ingresos corrientes del sector público mediante la rebaja de un 50 por ciento de las exenciones y franquicias para las personas, empresas o industrias clasifica— das en base a la Ley de Fomento Industrial o el Convenio Centroamericano de Incentivos Fiscales y otras. Algunos consideraron esa medida como un "chantaje" contra la empresa privada a cambio de aceptar la reforma tributaria del ejecutivo. La empresa privada terminó aceptando el proyecto de reforma tributaria, pero de todas maneras esta no se aprobó.
[81] Al final, el Congreso Nacional mediante el uso del voto de calidad del presidente de este aprobó el Proyecto de Presupuesto para 1972, de acuerdo con el proyecto presentado por la banca nacionalista.

relaciones diplomáticas y comerciales con todo el mundo, la creación de empresas mixtas y el fomento de la pequeña industria.

Más radicales fueron los juicios de los sectores que no participaron en el Convenio de Unidad. La Central General de Trabajadores, las organizaciones estudiantiles (FESE, FEUH), la Democracia Cristiana, los partidos comunistas y otros movimientos denunciaron el fracaso de la "estrategia oligárquica", calificando al régimen como "antipopular, improvisado y sectario"[82].

No obstante, no hubo rectificaciones y la situación se deterioró aún más. El propio presidente provocó una nueva crisis de gabinete al destituir de forma abrupta a dos ministros y a sus respectivos subsecretarios de filiación liberal (Trabajo y Previsión Social, y Salud Pública y Asistencia Social). Esa medida implicaba, de hecho, una ruptura del Convenio, pues contravenía la cláusula que exigía tomar en cuenta las propuestas de los partidos pactantes. La Federación de Sindicatos de Trabajadores Nacionales de Honduras (FESITRANH) reaccionó rápidamente, expresando su "extrañeza y asombro" ante tal decisión[83]. Un editorial de *Diario Tiempo*[84] trató de explicar el trasfondo: ¿qué motivó al presidente Cruz a destituirlos? El público conocía sobre todo la disputa en torno a la reestructuración de la lotería.

Es posible que también influyera el reconocimiento de la directiva del Sindicato de Trabajadores del Instituto Hondureño de Seguridad Social (SITRAIHSS), lo cual disgustó al presidente en el caso del ministro de Trabajo, licenciado Gautama Fonseca. El ministro de Salud, doctor Gilberto Osorio Contreras, por su parte, se había ganado la animadversión del mandatario al revelar públicamente una orden telefónica que este le dio para que evitara tratar el tema de la lotería en el Patronato Nacional de la Infancia.

En definitiva, la eliminación de intermediarios en la venta de billetes de lotería —un negocio político altamente lucrativo— pudo haber sido la causa de la medida, que amenazaba con desatar una crisis política aún

---

[82] Por ejemplo, ver:
- Partido Demócrata Cristiano de Honduras: Las Fuerzas Armadas no deben obstaculizar el desarrollo de las organizaciones del pueblo, Tiempo, 11 de enero de 1972, pág. 22 A.
- Partido Comunista de Honduras: Informe de Balance de la Actividad del Partido Comunista de Honduras, III Congreso, mayo de 1977.
- Partido Comunista (marxista leninista) de Honduras: VI Pleno del Comité Central Partido Comunista de Honduras, 25 de diciembre de 1971

[83] FESITRANH: Pronunciamiento, Tiempo, 14 de marzo de 1972, pág. 8—4.

[84] Asoma la crisis de gabinete, Tiempo, 8 de marzo de 1972, p. 4—A.

mayor.

En esta cita están inmersas dos cuestiones, cuyo tratamiento ayudan a caracterizar la gestión gubernamental de Cruz, su política obrera y la corrupción administrativa, y ambas llevan siempre a un mismo origen, a un mismo personaje, que aparece actuando por mediación del Presidente Ricardo Zúñiga Agustinus.

El ministro de Salud había tenido un papel clave en esa reforma: eliminar a los intermediarios en la venta de lotería[85], permitió que el Patronato Nacional de la Infancia recibiera mayores fondos para atender la educación y salud de la niñez, y que el Banco Nacional de Fomento obtuviera nuevas fuentes de financiamiento[86].

Por su parte, el ministro de Trabajo impulsaba reformas administrativas que, según la FESITRANH, incluían:

   a) Que las directivas sindicales registradas en el Ministerio representaran genuinamente a la clase trabajadora y no a intereses políticos ad—hoc.

   b) La creación de una institución nacional, el INFOP, dedicada a la capacitación y formación de mano de obra, indispensable

---

[85] Política y Políticos, Tiempo, 17 de febrero de 1972, pág. 4—A. Qué significa el negocio de la lotería menor. la Lotería Nacional distribuye semanalmente 1.500 "bolsas" de lotería menor, aproximadamente. Cada bolsa vale para el distribuidor autorizado 515 lempiras, pero este, que forma parte de la lista de recomendados políticos, la vende a los distribuidores callejeros (chiqueros) a 560 o 570 lempiras. El "recomendado", sin hacer prácticamente nada, como el zángano, gana con cada bolsa de chica entre 45 y 50 lempiras. Entre estos distribuidores privilegiados figuran altos funcionarios del Estado, ministros "representantes del pueblo" y allegados al círculo de mando del Partido Nacional. Existen distribuidores que acumulan hasta 50 bolsas, o sea una ganancia semanal de dos mil a dos mil 500 lempiras, lo que en el año —52 semanas— significan entre 117 mil a 130 mil lempiras.
Para redondear cifras, las mil 500 bolsas producen anualmente por sólo la "comisión" entre 3.5 a 3.9 millones de lempiras. Uno por ciento de esta suma, es concepto generalizado, sirve para sostener una vasta y ávida organización política nacional.
La bolsa de chica, ya vendida al público, produce en rendimiento 600 lempiras. O sea que el chiquero que es el que realmente trabaja, gana entre 30 y 40 lempiras cuando vende toda la bolsa. Pero necesita colocar el 80 por ciento de ésta para recuperar la inversión, sin tomar en cuenta el interés alto que paga para que lo financien. Si vende menos de esto sale perdiendo, ya que no le admiten devoluciones, aunque el distribuidor sí tiene esa prerrogativa. Por otra parte, los que prestan dinero son distintos a los distribuidores, lo cual contribuye a ramificar más aún el "negocio".
[86] La reestructuración de la Lotería Nacional o el triunfo de la razón", Tiempo, 3 de marzo de 1972, pág. 4—A

para ejecutar los planes de desarrollo económico y social[87].

El punto a) entraba en contradicción, según una asamblea de la CTH, con la política del gobierno y del Partido Nacional de intervenir "abierta y descaradamente" ... "para destruir el laborismo del país", citando como ejemplos los siguientes hechos: "los pasos últimos que ha dado el gobierno para infiltrar y saturar de sindicatos 'blancos' la FECESITLIH, que agrupa la gran mayoría de los sindicatos del centro, y así desarticular la fuerza del sindicalismo en su conjunto". " .... la apresurada y ultrajante inscripción de la nueva junta directiva del SITRAPANI (Sindicato de Trabajadores del Patronato Nacional de la Infancia), la destitución del doctor Samuel García, representante de los médicos internos del Hospital del Seguro Social en el Sindicato de Trabajadores del Instituto Hondureño de Seguridad Social que intervenía en las negociaciones para la firma del contrato colectivo, y lo que indudablemente se viene con la inscripción de los sindicatos de telecomunicaciones, de correos, de la Agencia René Sempé, además de las maniobras en otra entidad autónoma como es el Ferrocarril Nacional"[88].

El pronunciamiento de la FESITRANH, citado anteriormente, recogió un sentimiento compartido por las fuerzas implicadas en el Pacto de Unidad Nacional (con excepción del PN) respecto a evaluar los resultados obtenidos hasta ese momento en su aplicación. Siguiendo esta línea, la II Asamblea Extraordinaria de la CTH, reunida en Puerto Cortés el 22 de abril de 1972, resolvió nombrar una comisión que buscara promover una reunión con los dos partidos políticos, el COHEP, el jefe

---

[87] FESITRANH: Pronunciamiento, ya citado.
[88] Política y Políticos, Tiempo, 17 de marzo de 1972, pág. 5—A. Esta política intervencionista con fines de control político se extenderá también al COHEP, poco antes de las pláticas evaluadores del convenio. Ver: Política y Políticos, 20 de mayo de 1972, pág. 4.A.
Gabriel A. Mejía denuncia clare maniobra política en el COHEP, Tiempo, 23 de mayo de 1972, pág. 3—A. Amílcar Santamaría: Columna doble, 20 de mayo de 1972 pág. 4—A. Asaltan dirección del COHEP, Tiempo. Ídem.
A la larga, los elementos afines a la línea zuñiguista lograrán el control del COHEP, durante la reunión de conciliación, celebrada en El Hatillo en enero de 1973. Allí se desplazó y Gabriel A. Mejía —miembro prominente del sector reformista de la burguesía de la dirección del Consejo—, tal era la condición del grupo rebelde para aceptar la unificación. En esa misma reunión se aprobaron los nuevos estatutos, que posteriormente fueron autorizados por el Ministerio de Gobernación, produciéndose entonces (febrero 1973) la elección de un nuevo presidente, Alberto Smith, del sector de los banqueros y asegurado— res. Significó el tránsito de la dirección del COHEP hacia posiciones de ultraderecha con su sucesor Camilo Rivera Girón, de los bananeros independientes.

de las Fuerzas Armadas y el doctor Cruz, cuyo objetivo fundamental sería analizar a fondo la aplicación del Pacto de Unidad Nacional[89]. Una reunión celebrada en Tela el 30 de abril entre las fuerzas que propiciaron el Pacto ratificó ampliamente el deseo del sector obrero de avanzar en su evaluación[90]. Al día siguiente, el comité organizador del primero de mayo en La Ceiba, integrado por doce grandes organizaciones populares, se sumó a la petición de revisar el Pacto, criticando con dureza a los partidos integrantes del gobierno con estas palabras: "Ha quedado hartamente demostrado que en este país no serán los políticos quienes podrán resolver sus problemas. La burocratización del cargo y la protección al ladrón público que a diario señala la prensa independiente del país, son muestras inequívocas de que en nada hemos avanzado con el pacto de unidad nacional, cuando descaradamente se ha hecho a un lado para dar paso a la política de las recomendaciones, los padrinos y las zancadillas y tan es así, que a un año del gobierno no se ha podido definir. un plan mínimo de desarrollo e inversión y, el establecido por el pacto, se ha convertido en el chiste de los cafetines y el olvido voluntario del gobierno"[91].

Ese mismo día, la CTH emitió un histórico pronunciamiento en el que relataba los antecedentes y objetivos de la firma del Pacto de Unidad Nacional y exigía "con todas sus fuerzas" al gobierno de unidad nacional lo siguiente: 1. Sujetamiento estricto al Convenio de Unidad y desconocimiento del "pactito"; 2. definición de una política de desarrollo económico y social; 3. aplicación de la Ley de Servicio Civil para que todos los funcionarios se ajusten a la misma y reforma de la Ley de Probidad Administrativa; 4. emisión de la Ley del Salario Mínimo y la Ley de Creación del Instituto Nacional de Formación Profesional (INFOP); 5. darle plena vigencia a la Ley de Reforma Agraria, reestructurando la dirección y administración del Instituto Nacional Agrario (INA); 6. asignar en el Presupuesto Nacional una partida para el INA en proporción al porcentaje que representa el campesinado en el total de la nación; 7. poner en marcha programas de desarrollo comunal; 8. acelerar los programas de alfabetización; 9. planificar la capacitación acelerada de la mano de obra;" 10. terminación de los estudios sobre la Reforma Administrativa del Estado; 11. adopción de una política habitacional con metas y programas definidos, para la construcción acelerada de la vivienda popular; 12. plena vigencia de la Ley de

---

[89] Obreros organizados promoverán reunión a nivel nacional para revisar el pacto, Tiempo, 25 de abril de 1972, pág.2—A.
[90] Acuerdan efectuar revisión del Pacto, Tiempo, 1 de mayo de 1972, pág. 3—A.
[91] Carta Pública, Tiempo, 2 de mayo de 1972, pág. 13.

Inquilinato y aplicación severa de la Ley sobre Higiene y Salubridad; en el plano internacional demanda la fijación de una política internacional de la República, la reestructuración del Mercado Común Centroamericano sobre la base de una equitativa distribución de los beneficios y la efectiva participación sindical en los procesos de desarrollo social e integración económica regional y, finalmente, la pronta solución del conflicto con FI Salvador sobre la base de la delimitación fronteriza[92].

El 23 de mayo se inició la evaluación del Pacto, convocada por el jefe de las Fuerzas Armadas y a instancias de sindicatos y empresarios. Los garantes fueron duros en sus apreciaciones, y hasta el propio Partido Liberal, ahora controlado por la corriente socialdemócrata llamada "izquierda democrática", arremetió contra el virtual partido gobernante. Las conversaciones duraron hasta el 9 de junio y, según la CTH, "el resultado de las pláticas puede sintetizarse en el documento conjunto emitido por los dos partidos"[93]. Tal documento fue calificado como ambiguo y general, e "ignora casi en su totalidad las soluciones y solicitudes presentadas en los diferentes documentos presentados por la delegación obrera"[94].

El más importante de estos documentos está fechado el 5 de junio y recoge un conjunto de "medidas que la CTH sugiere para atenuar la crisis económica y social que enfrenta el país y dinamizar la correcta aplicación del Convenio Político de Unidad Nacional"[95]. Se trata de un pronunciamiento concebido en el mismo espíritu del documento del 31 de abril y de los precedentes. Lo destacamos en tanto su contenido resulta ser todo un programa de gobierno, que en gran parte compartirán los trabajadores organizados y el sector empresarial moderno. Será el

---

[92] CTH pide al gobierno sujetarse estrictamente al pacto político, Tiempo, 3 de mayo de 1972, pág. 11.

[93] Documento Conjunto de los partidos Liberal y Nacional, Tiempo, 7 de junio de 1972, pág. 8—A.
El susodicho documento contiene los puntos de acuerdo con que llegaron los dos partidos, que no fueron otros que los mismos doce puntos del supuesto Plan Mínimo de Gobierno que debía implementar el Gobierno de Unidad Nacional (sic.). Asimismo, se consigna en él los puntos de divergencia que fueron presentados por el Partido Liberal: la total reorganización del gabinete de gobierno y la reestructuración de la Dirección y del Consejo de Servicio Civil con funcionarios propuestos por ambos partidos, por la CTH y por el COHEP, por mayoría.

[94] Sindicalismo rechazó los 15 puntos del documento conjunto, Tiempo, 10 de junio de 1972, pág. 2—A,

[95] Documento de la CTH sobre la crisis económico—política nacional, Revista de la Universidad, etapa V, No. 6 Tegucigalpa, julio de 1972.

punto de referencia que servirá a los sectores laborales para medir el grado de coincidencia entre sus intereses y los representados por el régimen militar que sucederá al gobierno de "unidad nacional". El tono era enérgico, directo y "sin posiciones sectarias ni partidarias". En lo referente al Poder Ejecutivo proponía: a) Reorganización del gabinete conforme a la Constitución y al Pacto; b) Establecimiento de un Consejo de Ministros como orientador de la política de gobierno, con participación del secretario técnico del CONSUPLANE; c) Reestructuración administrativa del CONSUPLANE; d) Formulación de políticas conjuntas con todos los sectores sociales; e) Integración del Consejo del Servicio Civil, incluyendo a la CTH, garantizando que la carrera administrativa respondiera a capacidad, honestidad y estabilidad de los servidores públicos, en consonancia con un sistema de méritos.

En el terreno económico y social planteaba:

A. Reforma Agraria

    a. Abolición del latifundio y del minifundio.

    b. Recuperación de tierras nacionales y ejidales acaparadas ilegalmente.

    c. Revisión inmediata de arrendamientos y concesiones de tierras.

    d. Impuestos sobre tierras incultas u ociosas.

    e. Revisión de concesiones a bananeras y otras empresas de recursos naturales.

    f. Prohibición del subarrendamiento de tierras nacionales o ejidales.

    g. Dotación gratuita de tierras con asistencia integral a campesinos sin tierra.

    h. Creación de un organismo de coordinación de todas las dependencias públicas del agro.

    i. Eliminación de trabas jurídicas, políticas o de intereses creados que han limitado el Consejo Nacional Agrario. La representación mayoritaria y el poder de decisión debían quedar en manos campesinas.

    j. Creación de tribunales agrarios.

    k. Asignación suficiente de recursos al INA.

    l. Estrategia inmediata de reforma agraria con:

        i. Entrega rápida de tierras cultivables en zonas conflictivas.

        ii. Reforma agraria integral por regiones.

        iii. Salario mínimo para campesinos asalariados.

iv. Seguridad social para trabajadores del campo.

v. Continuación del catastro nacional priorizando zonas de reforma.

B. Industrialización

a. Que el Estado asumiera responsabilidad directa en el desarrollo, creando empresas básicas y mixtas, y fijando los objetivos de la industrialización.

b. Reforma bancaria y monetaria para aumentar la participación de inversionistas hondureños.

c. Revisión de concesiones y exenciones fiscales.

d. Ley del Salario Mínimo Vital, extensión de la seguridad social y reestructuración del Instituto Hondureño de Seguridad Social.

e. Sistema impositivo moderno como mecanismo redistributivo destinado a infraestructura.

f. Aprobación de la Ley del INFOP

En el plano institucional sugería:

a. Reforma del régimen municipal, transformándolo en entidades de desarrollo, y convertir el Concejo del Distrito Central en municipalidad autónoma.

b. Nueva Ley Electoral que facilitara inscripción de nuevos partidos y candidaturas independientes.

c. Creación de un consejo asesor de la presidencia con representación amplia de sectores sociales, políticos y económicos.

d. Establecimiento del Tribunal de lo Contencioso Administrativo y un ente para aplicar la Ley de Probidad Administrativa.

e. Corrección de las deficiencias del Poder Judicial.

f. Establecimiento de la Ley de Sindicalización Obligatoria.

Un conjunto de soluciones como las presentadas por la delegación obrera no podía gozar del apoyo entusiasta de las delegaciones partidarias en las pláticas evaluadoras del pacto; por ello fueron dejadas de lado, generando la razonable inconformidad de sus autores ante la indiferencia de los partidos firmantes para echar a andar las transformaciones fundamentales que el país necesitaba: "No podemos concebir que a un año de gobierno coaligado los partidos nos vengan con un documento que en 13 de sus 15 puntos no son más que una copia del

170

contenido del Plan Mínimo de Gobierno, hasta ahora incumplido. Eso nos da la medida de que ambas instituciones políticas se encuentran interesadas solamente en la defensa de sus propios intereses y no en los del pueblo hondureño en general"[96]. Por esas y otras razones, la delegación obrera y la empresarial coincidieron en no firmar el documento conjunto de los dos partidos y en dejar constancia en acta de sus apreciaciones.

Después de tales conversaciones, prácticamente fracasadas, la sombra de un golpe de Estado comenzó a ser algo más que un presentimiento, y ya se daba por frustrado el ensayo de unificación gubernamental de los bandos políticos tradicionales. Como símbolo del futuro inmediato, la gota que rebalsó la copa y desencadenó la asonada fue la amenaza de la Asociación Nacional de Campesinos de Honduras (ANACH) de provocar una marcha de hambre movilizando a sus afiliados de toda la República hacia la capital el 5 de diciembre. Esta amenaza, que no se concretó debido a la intervención del Ejército con el golpe del 4 de diciembre, resumía la exasperación del campesinado ante la paralización total en materia de reforma agraria sufrida durante el gobierno de coalición. Detengámonos un momento a esbozar unas cuantas líneas sobre la política oficial en este aspecto.

El presidente Cruz inicialmente colocó como director del INA a un joven agrónomo descendiente de familia terrateniente. Posteriormente confió dicha responsabilidad al abogado Horacio Moya Posas que —a juicio del Comité Pro—celebración del primero de mayo en La Ceiba— "había venido siendo asesor de los terratenientes y en nada le importaban los problemas del campesino, en su afán de mantener el imperio de los acaparadores sobre la ignorancia y el sufrimiento del hombre del campo"[97].

La dirección del INA prefirió, en lo poco que hizo, apoyar la colonización y el parcelamiento antes que el sistema cooperativo (opción preferida por el anterior director Rigoberto Sandoval Corea). La política agraria permaneció indefinida, a pesar de las exigencias tanto de la FENAGH como del campesinado organizado. Cruz quiso reestructurar el INA para dar cabida a todos los actores productivos del país y al Consejo Nacional Agrario como conductor de la transformación. Pero de las intenciones fue difícil pasar a la acción, pues el mismo presidente justificaba la inoperancia del instituto alegando que el anterior titular "dejó las arcas vacías y con los recursos actuales es imposible hacer

---

[96] Sindicalismo rechazó los 15 puntos..., ya citado.
[97] Carta Pública, ya citado.

mayor cosa"[98].

"Necesitamos una cantidad mayor, por lo menos unos ocho millones de lempiras para empezar la tarea"[99]. Los campesinos denunciaron que aun los pocos recursos del INA se malgastaban por la excesiva burocracia y la compra a precios exagerados de tierras destinadas a proyectos agrarios, en lugar de proceder a la expropiación de terrenos nacionales, ejidales, baldíos o insuficientemente cultivados.

Desde el inicio, las organizaciones campesinas ejercieron presión sobre el gobierno mediante tomas masivas de tierras. "...La situación económica del país, el desgaste político del gobierno y la ausencia de una política agraria clara son las causas principales del resurgimiento y cada vez más violenta proliferación del activismo agrario"[100].

Esta opinión difería mucho de la visión del presidente, quien atribuía la agitación agraria únicamente a la izquierda local y al clero que "ahora quieren hacer ese reino (el de Cristo, RDC) en la tierra"[101]. Con semejante forma de ver las cosas, las aspiraciones campesinas solo podían esperar planteamientos demagógicos y promesas vanas, que únicamente podrían realizarse mediante la eficacia de su propia movilización.

Como epitafio, una columna periodística señaló: "El pacto político ha sido un fiasco... Ha naufragado porque el mandatario nunca entendió la filosofía de la unidad nacional, el propósito de la integración de los hondureños y la urgencia de gobernar con eficiencia, honradez y austeridad"[102].

La sabiduría popular acumuló otra frase más corta y aleccionadora: "El pacto aquí murió, don pactito lo mató".

En todo caso, debe indicarse que el final del fugaz régimen de "unidad nacional" marca el inicio de un nuevo desafío a las formas oligárquicas de dominación social, al surgimiento del reformismo militar como solución política y, finalmente, a la crisis de los partidos políticos tradicionales como vehículos de expresión de sectores populares e incluso de núcleos burgueses, que tras el fracaso del pacto de unidad nacional pasarán a expresarse, sobre todo, a través de sus propias organizaciones corporativas.

---

[98] El presidente promete resolver situación agraria, Tiempo, 22 de marzo de 1972, pág. 3—A.
[99] Ocho millones para comenzar, Tiempo, 22 de abril de 1972, pág. 4—A.
[100] Reforma Agraria y vacío de poder, Tiempo, 14 de marzo de 1971, pág. 4—A.
[101] El presidente promete resolver situación agraria, ya citado.
[102] Política y Políticos, Tiempo, 30 de octubre de 1972, pág.4.

CAPÍTULO III: LA MILITARIZACIÓN DEL ESTADO: DEL REFORMISMO AL ANTIRREFORMISMO MILITAR (1972—1979)

El período se abre con el fracaso del bipartidismo, en un ambiente convulsionado por la lucha organizada de sectores sociales de origen popular y de la empresa moderna, que pugnan por ampliar su espacio de participación política y social.

Con la clara intención de convertir a las Fuerzas Armadas en el "eje o punto de equilibrio de la vida pública", se inicia la fase reformista encabezada por López Arellano, fecunda en medidas de adecentamiento administrativo, expansión del aparato estatal, atención de demandas urgentes de la población y en la emisión de políticas orientadas hacia la modernización institucional y el aprovechamiento más eficiente de los recursos nacionales para el desarrollo.

Esta etapa reformista, sin embargo, resulta breve y pasa por un corto período de transición, hasta desembocar en una fase en la que las Fuerzas Armadas abandonan de manera definitiva sus posiciones originales, limitándose a impulsar medidas de crecimiento económico de escaso impacto social. Varias de las metas contempladas en el Plan Nacional de Desarrollo quedan inconclusas, lo que agudiza las tensiones sociales y restringe el alcance del sector público en la promoción y conducción del desarrollo.

Se observa, además, la creciente penetración de los militares en ámbitos antes reservados exclusivamente a los civiles: desde puestos de menor rango, pasando por ministerios y gerencias de empresas públicas, hasta la dirección de las Juntas Regionales de Desarrollo, que se convirtieron en verdaderas fuentes locales de influencia política y económica y en espacios de control social.

1. Oswaldo López Arellano y el reformismo militar (1972—1975)

a. Aspectos Sociopolíticos

El marcado deterioro en que fue cayendo el gobierno bipartidista de "Unidad Nacional", provocado por los vicios administrativos antes mencionados y la creciente movilización radical de las masas populares, determinó la nueva intervención política de las Fuerzas Armadas en la conducción del Estado. El fracaso del Pacto Político unitario, la falta de firmeza para poner en práctica el Plan Mínimo de Gobierno y el agravamiento de los problemas sociales, se presentaron como elementos justificativos de la proclama militar del 4 de diciembre de 1972. Gran responsabilidad asumía el Ejército ante un panorama plagado de dificultades: inestabilidad en el agro, ineficiencia generalizada, crisis fiscal agobiante, corrupción administrativa, alza desmedida en el costo de la vida, ausencia de programación en la acción estatal, indefinición en la política exterior, estancamiento de la inversión privada, entre otros factores, condujeron al país a un estado de penoso estancamiento económico[1].

El nuevo gobierno resultaba representativo de una constelación de fuerzas que, apoyadas en la institución castrense, desplazaban del poder a los grupos financieros cercanos al zuñiguismo, tanto en lo político como en lo económico[2]. Los sectores apartados conformaban un bloque integrado por terratenientes (en su mayoría absentistas), empresarios ligados al capital extranjero, burócratas, grandes casatenientes, comerciantes importadores, políticos de oficio de ambos partidos tradicionales y capas altas de la clase media.

La base social del nuevo régimen se fue conformando en fechas recientes, principalmente a partir de la modernización económica experimentada tras la larga dictadura de Tiburcio Carías Andino. Sectores de la clase obrera organizada, la principal organización campesina (aglutinados en la CTH) y lo que la prensa llamó "el sector sano de la empresa privada"[3] constituyeron el principal sustento del ala reformista militar. A ello se sumó el "apoyo crítico" de sindicalistas socialcristianos, comunistas y algunos liberales, junto con sectores campesinos, intelectuales y estudiantiles influenciados por dichas corrientes.

Conviene destacar un aspecto político de enorme importancia, que

---

[1] 12—A y 13—A (discurso de López Arellano).
[2] El poder y sus bases de sustentación. Tiempo, 18 de enero de 1973, p. 10—A.
[3] Ídem.

explica en parte la delimitación de fuerzas mencionadas: la historia política nacional ha estado marcada por las pugnas entre conservadores y liberales. La composición de ambos bloques ha sido policlasista, aunque las decisiones quedaban monopolizadas por quienes poseían el poder económico en las áreas productivas clave. Esto fue erosionando poco a poco su base popular y debilitando la influencia de los partidos tradicionales en los nuevos sectores sociales. El crecimiento de la organización popular se desarrolló al margen, e incluso en oposición, a esos partidos. El momento decisivo de esa ruptura parece estar en la coyuntura del gobierno de "unidad nacional", que desgastó a los partidos y aceleró la conformación de un nuevo alineamiento de fuerzas que, apoyado en el ala militar reformista, logró gobernar al margen de los partidos tradicionales. Claro está, esa constelación tampoco estaba libre de contradicciones internas, que al no resolverse de manera acertada se convirtieron en flancos débiles aprovechados por sus adversarios.

El Consejo Superior de la Defensa, al tomar el gobierno, no ofreció soluciones concretas a la situación heredada; su proclama estaba redactada en términos tan generales que admitía diversas interpretaciones. Era, en realidad, una estratagema, pues sus intenciones quedaron claras en el mensaje de año nuevo pronunciado por López Arellano el 1 de enero de 1973. Allí planteó las bases de su política reformista: convertir la Reforma Agraria en tarea central, declarar los recursos forestales patrimonio nacional y fuente de capitalización campesina, impulsar el desarrollo manufacturero y de servicios, organizar el Instituto Nacional de Formación Profesional, fortalecer la medicina preventiva, emprender la reforma educativa, modernizar la administración pública, reformar el sistema tributario y definir una política exterior más activa. Desde el inicio se advirtió la falta de énfasis en la "hondureñización de la economía" —clave para fortalecer el financiamiento nacional— y la omisión de la reforma bancaria, reclamada por empresarios reformistas y la CTH[4]. En otras palabras, la definición de la política gubernamental no espera hasta la emisión de los conceptos fundamentales del Plan Nacional de Desarrollo (discurso de López Arellano del 10 de enero de 1974); aparece conceptualizada desde un principio, su puesta en práctica será que quede en suspenso, como a la espera de que los directamente interesados la detengan o la hagan avanzar.

Antes de dar a conocer los lineamientos del Plan Nacional de Desarrollo (PND), el gobierno aprobó varios decretos—leyes con los

---

[4] Nuevo gobierno define su política. Tiempo, 3 de enero de 1973, p.10—A.

que buscaba atraer simpatías del sindicalismo y del empresariado moderno. Entre ellos: el decreto 3 del 6 de diciembre de 1972, que prohibía deducciones "voluntarias" de empleados públicos para partidos políticos; el decreto 8 del 26 de diciembre de 1972, que imponía el arrendamiento forzoso de tierras incultas; el decreto 10 del 28 de diciembre de 1972, que creaba el Instituto Nacional de Formación Profesional; el 12 del 6 de enero de 1973, que eliminaba privilegios en importaciones industriales; el 14 del 9 de enero de 1973, que obligaba a los trabajadores no sindicalizados a pagar cuota al sindicato si se beneficiaban de un contrato colectivo; y el 49 del 27 de junio de 1973, que restablecía exenciones y franquicias fiscales bajo la Ley de Fomento Industrial y el Convenio Centroamericano. De todos ellos, el 8 y el 14 resultaron los más polémicos: el primero, por rozar los intereses terratenientes; el segundo, por interpretarse como un guiño sindicalista de López Arellano y parte de su gabinete.

Durante el primer año del gobierno militar, las fuerzas sociales en disputa fueron reagrupándose y midiendo su poder. Las presiones eran dobles: de un lado, quienes exigían romper el estancamiento con reformas profundas; del otro, quienes querían impedir cambios de fondo. El peso del poder económico garantizó mayor capacidad de presión a los sectores opositores, provocando vacilaciones en el gobierno. Y aunque López Arellano afirmaba que "los intereses sagrados de la patria no admiten vacilaciones"[5], la aplicación de las promesas se fue retrasando (en esto hubo mucho de gusto por el juego del suspenso, de gozar la algarabía de la "repartición de confites"). Incluso la publicación del PND, prometida para mediados de 1973, se demoró hasta un año después. Lo mismo ocurrió con la Ley de Reforma Agraria y la Ley de Salario Mínimo.

La impaciencia de sus aliados espontáneos se expresó en un editorial de Tiempo, que señalaba que "muchos de los anhelos de la colectividad, y que este gobierno ha alimentado en el principio de su gestión, van por la vía de la frustración, y que el gobierno en su primer año de labores no

---

[5] La situación del país no admite medidas parciales. Ya citado, Ineptitud y corrupción puso fin al gobierno de Cruz. Tiempo, 15 de diciembre de 1972, p. 5— A. "Y a no hay tiempo para estudios. Los proyectos para superar el atraso tienen que ser de emergencia, a corto plazo y como me dijo el Jefe de Estado, hemos llegado a un grado en que hay que entrarle de inmediato a los problemas y estamos de acuerdo ya que no hay tiempo que esperar" (Oscar Gale Varela, presidente del SITRATERCO).

ha logrado nada que lo distinga"[6]. Sin embargo, López insistía en su propósito: "La empresa privada tiene la obligación de actuar con responsabilidad social", declaró en una reunión con dueños de medios, respondiendo a la lista de insatisfacciones presentada por el COHEP el 6 de diciembre de 1973[7]. Y agregó: "Aquí le tienen miedo a la palabra revolución… ¿Qué queremos? ¿Una revolución pacífica o una violenta? La queremos pacífica, por eso estamos decididos a realizar el plan"[8].

Finalmente, el Plan Nacional de Desarrollo fue divulgado, facilitando prever la orientación del régimen y delimitando con más claridad sus apoyos y oposiciones. Los sectores populares, alentados por lo que consideraron sus "aspectos positivos", respaldaron el plan con grandes concentraciones en San Pedro Sula (13 de enero y 22 de diciembre de 1974) y en distintos centros urbanos en ocasión del primero de mayo (1974 y 1975). Foros, mítines y pronunciamientos reforzaban estas expresiones de apoyo. Sin embargo, se advertían debilidades: además de las formas de exhibición de fuerzas arriba indicadas no se ensayaron otras medidas de presión tanto al régimen como al sector conservador; se tenía el temor de que, con acciones más radicales, se podría perjudicar al gobierno al asustar a sus miembros menos convencidos y a los opositores. Por otra parte, los diversos sectores componentes de la fuerza de apoyo al plan señalaron detenidamente su posición ante él, los acuerdos y desacuerdos, las omisiones, etc. Eran posiciones individuales (de cada sector) que en ningún momento llegaron a plasmarse en un claro proyecto alternativo, que permitiera nuclear –sobre todo a la fuerza laboral– alrededor de objetivos más radicales (que sí los tenían) hacia los cuales ir inclinando paulatinamente al régimen. Todavía no era tarde cuando se escucharon las primeras voces llamando a la formación de un Frente Amplio de apoyo al PND[9], esto no llegó a concretarse, posiblemente por desacuerdos internos de las fuerzas interesadas o por emular del régimen la lentitud que se criticaba.

Las fuerzas opositoras a los planes reformistas resultaron más efectivas en alcanzar sus propósitos. Desataron una fuerte campaña en distintos medios de comunicación, buscando desvirtuar el contenido y

---

[6] ¿Han fracasado políticamente las Fuerzas Armadas? Tiempo, 4 de diciembre de 1973, p. 1.
[7] COHEP plantea al gobierno su lista de insatisfacciones. Tiempo, 7 de diciembre de 1973, p. 27.
[8] Oswaldo López Arellano: "La Empresa Privada debe actuar con responsabilidad social". Tiempo, 19 de diciembre de 1973, p. 3.
[9] Proponen formación de Frente Amplio para apoyar la ejecución del PND, Tiempo, 27 de abril de 1974, p. 2

logros del PND y, sobre todo, impedir la promulgación de una reforma agraria que se alejara de sus intereses de clase. Los señalamientos al régimen de "populista" o "procomunista" calaron en sectores empresariales medianos y en pequeños propietarios urbanos y rurales, además de despertar temores en gobiernos vecinos, especialmente el nicaragüense. Recurrieron también al acaparamiento de productos básicos de consumo popular, para crear un clima de descontento entre la población, en particular en los sectores más pobres. Para contrarrestar la especulación se creó la Agencia del Banco Nacional de Fomento para el Suministro de Productos Básicos (BANASUPRO), el 20 de junio de 1974, que organizó una red de expendios, contribuyendo a abaratar algunos bienes de amplio consumo. Estos BANASUPRO fueron blanco de sabotajes: robos, destrucción de alimentos con productos cáusticos, incendios de locales, entre otros[10].

La posición antirreformista se reforzó con las represalias de las compañías bananeras, en especial la Standard Fruit Company, al oponerse con insistencia a la decisión del gobierno hondureño de integrarse a la Unión de Países Exportadores de Banano (UPEB) y aprobar un impuesto de un dólar por caja exportada, según el Acuerdo de Panamá. La presión de estas empresas logró que finalmente el gobierno redujera el tributo a cincuenta centavos de dólar por caja, conforme al decreto—ley 122 del 18 de abril de 1974. Los fondos del nuevo impuesto se destinarían al financiamiento del PND a través de un Fondo Nacional de Desarrollo.

Tras esta medida, la Standard Fruit desató lo que el SUTRASFCO calificó de "agresión económica contra Honduras"[11] : dejó perder 40 mil cajas de banano y afectó los salarios de cinco mil obreros, cumpliendo así sus amenazas de suspender embarques y generar desempleo.

Los rumores de golpe de Estado circularon con fuerza desde abril, incrementándose después de la visita de Somoza a fines de marzo, cuando manifestó abiertamente su rechazo a las medidas impulsadas por López Arellano[12]. Para ganar respaldo, el gobierno promulgó la Ley de Salario Mínimo, vigente desde el 1 de mayo de 1974. Al anunciarla, López Arellano admitió que había salarios "que son apenas un disfraz de hambre, y es a estas situaciones desesperadas a las que primero se ha

---

[10] Partido Comunista de Honduras: "Informe de balance de la actividad del Partido Comunista de Honduras". Ya citado p. 15.
[11] SUTRASFCO: "Standard Fruit Company desata agresión económica contra Honduras". Tiempo, 11 de mayo de 1974, p. 18.
[12] López Arellano: ¿El desafío a un golpe de Estado?, Tiempo, 8 de abril de 1974, p. 16.

tratado de atender". Añadió que "estas conquistas sociales, así como las leyes que las amparan, son de carácter progresivo y que el previsible aumento de nuestra economía nos irá dando también las bases para un movimiento ascendente en el salario mínimo vital"[13]. A riesgo de abundar en citas, creemos necesario destacar que en esa misma ocasión López Arellano dejó sentada una advertencia, que se debe recoger como constancia histórica del inmediato porvenir: "Sería... nefasto para la nación, cruel para el pueblo hondureño, afrentoso para nuestra reputación como colectividad humana, que este plan salvador· llegara a frustrarse por mala fe, egoísmo bastardo o fanatismo banderizos que solo buscan la satisfacción de ambiciones personales".

A veinte meses de gestión, un editorial señalaba los aspectos negativos del régimen de López: indecisión, descoordinación, errores en la aplicación de ideas y una forma de gobernar basada en impulsos aislados más que en una acción sistemática. Eso generaba desconfianza en unos, desaliento en otros y reafirmaba el escepticismo histórico de los hondureños. También reconocía avances como la creación de la COHDEFOR, la Ley de Salario Mínimo, la CONADI, la limitación a la importación de vehículos, el impuesto a las exportaciones de banano, la política hacendaria y la conducción de los asuntos con El Salvador. "Pero estas realizaciones han quedado rebasadas en un mar de indecisión, de desconfianza, de falta de promoción humana, y no han sabido despertar el entusiasmo en la colectividad que, en verdad, ha estado receptiva y con ánimo positivo en cuanto al éxito del gobierno"[14].

Gracias al soborno, a presiones de otra índole o a ambas, las compañías bananeras consiguieron finalmente una rebaja en el impuesto a sus exportaciones. Un decreto del 26 de agosto de 1974 lo escalonó: 25 centavos de dólar inicialmente, con aumentos de 5 centavos por año hasta llegar a 50 en 1979. Aunque las transnacionales lograron su objetivo, hubo añadidos: pagarían desde entonces un 40% de Impuesto Sobre la Renta, en vez del 30% que habían venido cancelando, y se aprobó un incremento de 15 centavos por caja de primera a favor de productores independientes y asociados[15].

El 18 de septiembre, el huracán Fifí devastó la costa norte causando entre dos y cinco mil muertes y pérdidas estimadas en 500 millones de dólares. Destruyó cerca del 60% de la capacidad productiva, dañó

---

[13] López Arellano: "Sería afrentoso y cruel para Honduras el fracaso del Plan Nacional de Desarrollo". Tiempo, 2 de mayo de 1974, p. 4.
[14] ¿A dónde vamos? Tiempo, 6 de agosto de 1974, p, 6
[15] Así se modificó el impuesto bananero. Tiempo, 18 de abril de 1975, p. 2.

infraestructura y redujo a la mitad las exportaciones[16]. La ultraderecha aprovechó la tragedia para presionar el freno a las reformas, exigiendo trasladar la ayuda y reconstrucción a agencias privadas, aduciendo mala administración y corrupción en el manejo estatal. Pese a ello, la cooperación internacional se mantuvo, logrando el gobierno importantes apoyos financieros[17] y respaldo de organizaciones de masas. Destacó la labor de ministros progresistas, brigadas universitarias y organizaciones campesinas y obreras en la atención de la emergencia. No obstante, para reducir la presión, López cedió en puntos clave: en noviembre permitió a oficiales de derecha expulsar a la brigada médica cubana (despedida con muestras de gratitud por miles de ciudadanos, incluido el ministro de Salud en el aeropuerto de San Pedro Sula) y en enero autorizó la deportación de 30 exiliados chilenos.

Los partidos políticos tradicionales aprovecharon la coyuntura para exigir el retorno al orden constitucional[18],mientras los sectores populares, por medio de sus organizaciones, reiteraban su llamado a "reconstruir transformando"[19]. En una multitudinaria concentración en San Pedro Sula el 22 de diciembre, López reafirmó su decisión de seguir adelante con el PND y de no retroceder en la aplicación de la Reforma Agraria[20].

La Ley de Reforma Agraria fue publicada el 1 de enero de 1975. Poco después, se nombró director del INA al teniente coronel DEM y licenciado Mario Maldonado, perteneciente a la generación de oficiales jóvenes, con lo que el gobierno mostraba su voluntad de aplicar la norma con rigor. Paralelamente, se anunció una reorganización militar que sustituyó las siete zonas militares por tres regiones. Esto se interpretó como maniobra de la oficialidad conservadora para concentrar poder y frenar a los cuadros intermedios[21]. Dicha maniobra no dio sus resultados.

---

[16] American Friends of Guatemala: "Honduras: ¿Who's Running the Show?". Guatemala & Central America Report, Berkeley, california, No. 7, july 1975, p. 3.

[17] Pleno respaldo internacional al gobierno militar. Tiempo, 9 de diciembre de 1974, p. 26—27, 216 millones de lempiras para defensa de la balanza de pagos". Tiempo, 16 de diciembre de 1974, p. 38.

[18] Liberales y nacionalistas preocupados por actitud divisionista del gobierno de OLA. Tiempo, 10 de diciembre de 1974, p. 15.

[19] Lema adoptado por la Comunidad Universitaria —UNAH— durante su primer encuentro en noviembre de ese año.

[20] Terminar con las prácticas tradicionales qué tienden 3 perpetuar la explotación del hombre por el hombre. Tiempo 23 de diciembre de 1974, p, 30—31 (discurso de López Arellano).

[21] Mario Argueta y Edgardo Quiñonez: Historia de Honduras, Escuela Superior del Profesorado, Tegucigalpa, abril 1978, p. 158.

Sin embargo, el 1 de abril hubo cambios que pusieron el mando en manos del Movimiento de Oficiales Jóvenes, desplazando incluso a la jefatura de las FFAA. López cedió el mando militar al coronel Melgar Castro, aunque conservó la dirección del gobierno. Fue, en los hechos, una pérdida de poder para él y para toda una generación de viejos coroneles de derecha.

¿Qué cosas se escondían detrás de estas medidas? Nos resulta difícil responder con exactitud. Un columnista de Diario Tiempo se aventuró a señalar lo siguiente: "¿Cuáles son los objetivos de esta reorganización...?

1) Lograr una más completa unidad de acción y de pensamiento en las Fuerzas Armadas; 2) eliminar al máximo la corrupción en el sector militar y en el civil administrativo; 3) aumentar la participación de las Fuerzas Armadas –como institución– en la toma de decisiones gubernamentales; 4) acelerar la realización de las reformas económicas y sociales propuestas por el gobierno; y 5) profesionalizar y especializar más aún la organización y el funcionamiento de las Fuerzas Armadas". La misma fuente evaluaba las derivaciones posibles de dicha reorganización: "1) Las Fuerzas Armadas consolidan su institucionalidad; 2) el régimen militar se fortalece; 3) se acelera y profundiza el proceso reformista planteado por el gobierno; 4) las Fuerzas Armadas pasan a manos de generaciones jóvenes con mayor capacidad técnica, mejores conocimientos académicos y más actualizada formación profesional; 5) se eliminan en forma considerable los factores que interferían el proceso de unidad doctrinaria en el seno de las Fuerzas Armadas; 6) aumenta el poder político del ejército; y 7) se refuerzan las posibilidades de continuidad del régimen militar2[22].

La separación de López Arellano de la jefatura de las Fuerzas Armadas se mezcla con las revelaciones que por esos mismos días hizo el periódico neoyorquino The Wall Street Journal, en el sentido de que la transnacional norteamericana United Brands había sobornado a altos funcionarios del gobierno hondureño, entre los que posiblemente se encontraba el mismo jefe de Estado. Al rechazar las acusaciones del diario neoyorquino, López Arellano integró una comisión investigadora, formada por prominentes personalidades del país, con el objetivo de investigar a fondo la veracidad de las denuncias.

Aprovechando el clima de fuerte malestar contra las transnacionales bananeras, el gobierno decidió el 21 de abril de 1975 expropiar a la Standard Fruit Company un total de 22 mil hectáreas en la zona de Isletas, departamento de Colón. Este gesto de radicalidad implicó

---

[22] Política y Políticos. Tiempo, 4 de abril de 1975, p. 6.

también el rechazo a la propuesta de la compañía de establecer allí una empresa mixta, con participación del gobierno, de la empresa privada y de la propia bananera. El SUTRASFCO ya había denunciado con firmeza los intereses ocultos detrás de dicha propuesta de la transnacional[23], misma que había abandonado la zona tras el huracán Fifí y las inundaciones, en una decisión unilateral que dejó sin empleo a unos seis mil obreros.

Un día después, López Arellano fue depuesto de su cargo como jefe de Estado y reemplazado por el coronel Juan Alberto Melgar Castro, luego de negarse a autorizar a la comisión investigadora del soborno la revisión de sus cuentas bancarias en Suiza, asunto clave para esclarecer el escándalo[24]. Con la caída del general se cerraba así una etapa significativa de la vida política hondureña.

b. Política social, económica y administrativa del gobierno de López Arellano.

(Breve análisis del Plan Nacional de Desarrollo)

La filosofía del PND fue planteada por López Arellano desde su discurso del 1 de enero de 1973 y, un año después, desarrollada de forma más completa. Lo importante es subrayar que toda la gestión del gobierno militar reformista giró en torno al cumplimiento de los objetivos trazados en dicho plan. Su punto central, la reforma agraria, no pudo ser ejecutada directamente por López Arellano, ya que su salida del poder ocurrió poco después de la promulgación de la nueva ley agraria.

Los objetivos generales del PND eran: "asegurar a toda la población un nivel de ingresos adecuados para la satisfacción de sus necesidades vitales; disminuir en forma sostenida los niveles de desempleo y subempleo; mejorar la calidad de la vida de la población asentada en el campo; lograr una más equitativa distribución del ingreso y de los medios de producción: transformar la estructura productiva para diversificar y aumentar en forma creciente y sostenida la producción

---

[23] SUTRASFCO dice ¡no! a empresa mixta bananera, Tiempo 4 de enero de 1975, p. 3. Empresa mixta: una "carnada" de la Standard al gobierno Tiempo, 20 de enero de 1975, p. 10.

[24] Ya el 16 de abril en un pronunciamiento público el Partido Liberal y el Partido Nacional habían demandado la separación de López Arellano de su cargo como única alternativa "para salvaguardar a las F.A. del posible ridículo y total irrespeto". Única alternativa: separar a López Arellano de su cargo. Tiempo, 18 de abril de 1975. p. 4.

nacional; racionalizar la explotación de los recursos naturales para asegurar su perpetua y continua utilización y derivar de los mismos, en favor de la comunidad hondureña, los mayores beneficios: ensanchar y modernizar la industria nacional en forma que permita la transformación de nuestras materias primas exportables en productos terminados o semielaborados; lograr que el país perciba los máximos beneficios de la producción exportable y fortalecer la posición de nuestra economía frente a los cambios del mercado internacional[25].

Como podrá observarse, los objetivos apuntan hacia una modernización de las estructuras socioeconómicas del país que permita aprovechar en beneficio de éste la explotación de los recursos nacionales. El contenido de este contempla la aplicación de Plan Nacional de Reforma Agraria y de un Plan de Reforma Forestal, que constituyen sus aspectos básicos; también busca el fortalecimiento del Estado, en tanto instrumento de promoción del desarrollo y la realización de una serie de proyectos estratégicos con la finalidad de expandir la capacidad de exportación del país y de crear las condiciones de su industrialización (pulpa y papel, hidroeléctrica del Cajón, siderúrgica y la refinería de petróleo).

En el trasfondo se percibía una alianza entre una burguesía reformista emergente y actores laborales también reformistas, formados en la línea de la ORIT y el Instituto Americano para el Desarrollo del Sindicalismo Libre. Dada la falta de fuerza económica y de cauces institucionales para llevar adelante su propio proyecto, estos actores se apoyaron en las Fuerzas Armadas, que, tras la guerra con El Salvador, el fracaso del Mercado Común Centroamericano y la crisis de los partidos tradicionales, surgimiento de una *intelligenzzia* militar, experiencias peruana y panameña, etc., encontraron un terreno fértil para impulsar un proyecto de modernización. Aun así, el Consejo Superior de la Defensa y el equipo de gobierno eliminaron de entrada los planteamientos más radicales: la reforma bancaria, la regulación de la inversión extranjera, la cogestión obrera, la conducción campesina de la reforma agraria y el enfoque regional de la misma.

En términos de clase, los objetivos del PND buscaban:

-   Acelerar el desarrollo del capitalismo, a través de la ampliación del mercado interno por la vía de la incorporación de un importante sector del campesinado al goce de la propiedad territorial y el incremento de la productividad agrícola.
-   Incentivar el desarrollo de la industria y de la agroindustria sin

---

[25] Oswaldo López Arellano: Discurso pronunciado el 31 de diciembre de 1974.

modificar sustancialmente las condiciones de participación del capital extranjero ni transformar la esencia de la participación de los trabajadores asalariados en la misma.

- Otorgarle al Estado un papel más destacado en la promoción y orientación del desarrollo económico y social.
- Sentar con todo ello las bases estructurales para una estabilidad social prolongada.

Se argumentaba que el elemento de fuerza, que permitiría llevar el plan hasta sus últimas consecuencias, sería la permanencia en el poder de las Fuerzas Armadas durante un buen tiempo. El propio López Arellano lo expresó: "Durante un lapso de muchos años seguirá existiendo una relación directa entre el funcionamiento eficiente de las Fuerzas Armadas y la buena marcha de la administración general del país"[26]. Y resumió: "Las Fuerzas Armadas han llegado a constituir el eje o punto de equilibrio de nuestra vida pública"[27].

Reforma Agraria

La política agraria del primer período del gobierno militar tuvo dos etapas, bien definidas: el decreto ley 8 (1972) y la Ley de Reforma Agraria (decreto 170, 1975).

El Decreto—Ley No. 8 fue concebido como una medida de emergencia con el propósito de lograr la estabilización de la presión campesina existente mientras el gobierno elaboraba la nueva legislación agraria. Sus límites están explicados por esta misma circunstancia.

Desde la fecha de emisión del decreto (diciembre de 1972) hasta el 14 de enero de 1975, cuando fue emitida la Ley de Reforma Agraria vigente, las organizaciones campesinas ANACH, FECORAH y la UNC, juntamente con grupos de campesinos independientes, fundaron, organizaron y afianzaron 608 empresas campesinas al amparo del arrendamiento forzoso de tierras incultas u ociosas que autorizaba el Decreto 8, previa comprobación por el Instituto Nacional Agrario. En ese mismo período se realizaron 608 asentamientos campesinos, para un total de 21,518 familias, en un área afectada de 135,846 manzanas[28].

La aplicación del Decreto—Ley mencionado no alteró significativamente la relación de tenencia de la tierra en el agro, manteniendo incólumes las grandes empresas agrícolas latifundistas. De las tierras entregadas, el 72.6% de ellas eran nacionales, 8.5% ejidales y

---

[26] Política y Políticos. Tiempo, 8 de octubre de 1973, p.6.
[27] Ídem.
[28] PROCCARA—INA: 46 meses, Tegucigalpa, diciembre 1976. p. III—6.

apenas un 18.9% estaban catalogadas como privadas[29]. Hay que tener en cuenta la calidad y ubicación de estas tierras para reafirmar la idea anterior. Un hecho interesante a destacar es la forma adoptada por los campesinos para la explotación de sus parcelas. Los campesinos beneficiados por el Decreto 8, constituyeron empresas de explotación colectiva, organizándose de la manera siguiente: cooperativas 104 empresas (18.8%), ligas campesinas 113 empresas (20.5%), subseccionales 205 empresas (37.1%), organización tradicional 108 empresas (19.6%), empresas comunitarias 22 empresas (4%). Estos tipos de organización mantuvieron, todos, la forma predominante de trabajo colectivo, la explotación de la tierra en forma comunitaria y el uso colectivo de la maquinaria. En este sentido, el 83.8% de la maquinaria es usada colectivamente por todos los socios de las empresas creadas; el resto, utiliza la maquinaria en forma individual en un 14.4% y en forma mixta en un 1.8%. Solamente en lo que se refiere al ganado predomina el tipo de propiedad y/o uso individual[30].

Los mismos informes oficiales reconocieron las limitaciones que tuvo la aplicación del decreto 8. Así lo señala el borrador confidencial de PROCCARA que hemos venido citando: a) en el decreto hubo indefinición en cuanto a la política de reparto de la tierra, produciéndose desproporciones en cuanto a la cantidad de tierra por número de asentados. El promedio nacional de tierra adjudicada a los socios de las empresas fue de 5.9 manzanas (insuficiente para el mantenimiento de una familia campesina), habiendo lugares donde la relación fue mucho menor, contribuyendo a la creación de más minifundios; b) la casi totalidad de las empresas campesinas fue ubicada en áreas marginales, desde la perspectiva de la producción y de su localización a los mercados y a la estructura vial del país; c) el carácter de tierras arrendadas frenó la realización de inversiones fijas en infraestructura (prohibidas en la reglamentación respectiva) y restringió, por otra parte, las posibilidades de diversificación de la producción, que quedó reducida a cultivos anuales, predominantemente granos básicos de escasa rentabilidad en las condiciones tecnológicas dentro de las cuales se enmarcó la producción de las empresas campesinas creadas a su amparo. Ello, además, comprometió la expansión de la producción y de la productividad agrícola y permitió que el resultado económico de dichas empresas quedara supeditado a los factores de orden climático (por ejemplo, el huracán Fifí que azotó el país durante el período de vigencia del decreto);

---

[29] Ídem. p. III—11.
[30] Ídem. p. III—14.

d) las empresas campesinas carecieron de apoyo técnico y de otros servicios productivos de asistencia, y tampoco contaron con servicios de comercialización que les permitieran liberarse de la explotación impuesta por los agentes y modalidades tradicionales prevalecientes[31].

El gobierno se preocupó por acompañar la aplicación del decreto 8 con medidas de capacitación organizacional, tanto del campesinado como de los funcionarios encargados de su aplicación. Este programa se hizo efectivo a través del Proyecto de Capacitación Campesina para la Reforma Agraria (PROCCARA), apoyado por la ONU a través de la FAO. Dicho programa, iniciado el 10 de marzo de 1973, estuvo dirigido por el conocido agrarista Clodomir Santos de Morais y desempeñará un papel relevante en la promoción de formas colectivas de producción y en la asesoría de la legislación agraria a emitirse[32].

El segundo momento de la política agraria del gobierno de López Arellano se inicia con la publicación del decreto—ley 170 el 1 de enero de 1975, que entró en vigor el 14 de enero de ese mismo año.

La nueva Ley de Reforma Agraria se planteó los objetivos siguientes: a) ampliar el mercado interno; b) calmar la presión campesina; y c) expropiar las áreas ociosas o mal explotadas del sector manejado por los productores hondureños[33].

Dentro del diagnóstico interpretativo de la situación agraria se concibe la existencia de tres grandes compartimientos: el tradicional, representado por la constelación latifundio—minifundio; formado por un grupo de 279 grandes explotaciones, que constituyen el 0.2% del total de fincas del país y cubre el 19.6% de la tierra agrícola censada con un total de 500 mil hectáreas; esto es, un promedio de 1,800 hectáreas por finca. Además, está compuesto por unas 126 mil fincas, (67.5% del total) y disponen del 12.3% de la tierra censal, unas 313 mil hectáreas, un promedio de 2.4 hectáreas por finca[34]. El moderno, que lo integran las unidades de producción técnicamente desarrolladas, formado por las 105 fincas que el III Censo Nacional Agropecuario clasifica como sociedades comerciales; este compartimiento utiliza el 31% de la superficie en cultivos y genera el 66% del producto del rubro agrícola[35].

---

[31] Ídem. p. III—8 y III—12.

[32] Mario Posas Amador: Política Estatal y Estructura Agraria en Honduras (1950—1978). Tegucigalpa, 1979, p. 30 (mimeografiado—inédito).

[33] Instituto de Investigaciones Económicas y Sociales: Boletín, No. 89, UNAH, noviembre 1979. p. 3.

[34] CONSUPLANE: Plan Operativo del Sector Público 1977, Tegucigalpa, febrero 1977, p. 25 (mimeografiado).

[35] Ídem.

El contemporáneo, constituido por empresas comunitarias campesinas, cooperativas agrícolas, ligas campesinas, subseccionales de ANACH y asentamientos campesinos. Para 1976, el panorama de este sector ha cambiado notablemente si lo comparamos con las cifras que presenta el Plan Nacional de Reforma Agraria[36]. Lo integran, en 1976, unas 199 cooperativas, de las cuales 169 son agropecuarias, 25 cafetaleras, una avícola y 4 pesqueras. En este grupo están comprendidas 82 cooperativas y precooperativas de FECORAH con 4,400 socios; 850 ligas campesinas de la UNC con 65 mil afiliados, y 1,030 subseccionales de ANACH con 87 mil afiliados. Estas agrupaciones incluyen un total de 156,400 afiliados, los cuales representan un número importante si se compara con las 378,800 familias que forman la población rural de Honduras en 1976.[37] De acuerdo con las intenciones de la Ley de Reforma Agraria se buscaría consolidar el compartimiento moderno y eliminar el compartimiento tradicional, reemplazándolo por el compartimiento contemporáneo.

Dado el carácter estrictamente modernizante de esta ley, basado en el principio de la "función social de la tierra", que constituye —según E. Feder[38] — un instrumento de contrarreforma, su alcance en cuanto a la cantidad de tierra a afectar y al número de beneficiarios es bastante limitado. Intenta resolver, fundamentalmente, los problemas inmediatos del estrato campesino registrado en el Censo Agropecuario de 1965–1966 como minifundistas y campesinos sin tierra. Estos constituían, según la fuente mencionada, 120 mil familias y son la base principal de reclutamiento de las organizaciones campesinas; es decir, constituyen el grupo más combativo del agro. Para beneficiar a ese número de familias, el Código Agrario estableció un conjunto de prioridades de afectación, comenzando por las tierras con infraestructura básica estatal, luego con las tierras de mínima infraestructura básica y, por último, con las tierras de frontera agrícola[39]. La Ley decretó también la expropiación de todas las tierras afectadas bajo la aplicación del decreto—ley número 8 y estableció como base un Fondo Agrario de Tierra de aproximadamente

---

[36] INA: Plan Nacional de Reforma Agraria: Tegucigalpa, diciembre 1973, p. 34. "El Compartimiento contemporáneo está formado por 440 empresas comunitarias campesinas (70 cooperativas y precooperativas, 40 ligas campesinas, 30 subseccionales de ANACH y 300 asentamientos) las cuales agrupan alrededor de 22 mil familias en aproximadamente 80 mil hectáreas"

[37] SONCUPLANE: Plan Operativo del Sector Público 1977, ya citado, p. 25.

[38] Emest Feder: Violencia y despojo del campesino: el latifundismo en América Latina. Siglo XXI, México, 1972, p. 91. Cap.III.

[39] INA: Plan Nacional de Reforma Agraria, Ya citado, p.30—31.

600 mil hectáreas, para dar un promedio de cinco hectáreas por familia. En promedio, cada empresa deberá reunir 100 familias, lo que requerirá la organización de 1,200 asentamientos campesinos, de acuerdo con la siguiente programación:

Años	No. Familias	Empresa	Superficie (ha)
1	30,000.00	300.00	150,000.00
2	30,000.00	300.00	150,000.00
3	25,000.00	250.00	125,000.00
4	25,000.00	250.00	125,000.00
5	10,000.00	100.00	50,000.00
Total	120,000.00	1,200.00	600,000.00

Fuente: INA, Plan Nacional de Reforma Agraria,1973, pág. 31

Como lo interpreta el citado informe de PROCCARA, la Ley Agraria parece responder a la correlación de fuerzas de los estratos involucrados en el proyecto impulsado por las Fuerzas Armadas. Por eso, dentro del contexto hondureño, la ley no resulta radical sino más bien "amplia" e "indulgente". En este sentido, son varias las concesiones otorgadas a los terratenientes, entre las cuales destacan:

a) Los lineamientos y las intenciones básicas de la ley fueron divulgados un año antes de su promulgación y la misma fue publicada dos semanas antes de entrar en vigor. Esto permitió que muchos de los grandes terratenientes distribuyeran entre sus parientes y amigos trozos de sus latifundios, restando deliberadamente grandes superficies del fondo agrícola destinado a la afectación.

b) La Ley Agraria no tuvo como propósito eliminar a los latifundistas, ya que solo expropió los terrenos ociosos de sus propiedades, concediéndoles incluso un plazo de tres años para ponerlos en cultivo, además de brindarles facilidades para invertir en otros campos productivos.

c) El decreto—ley 170, en su afán de no desalentar a los empresarios agrícolas "modernos", estableció criterios de eficiencia bastante conservadores y flexibilizó la negociación sobre los techos de la propiedad (que oscilaban entre 100 y 2,000 hectáreas, según las zonas del país), con la posibilidad de ampliarlos en función de nuevas inversiones de capital. Asimismo, las modalidades del crédito agrícola se mantuvieron casi intactas, lo que permitió a los terratenientes seguir usufructuando más del 80% de los recursos disponibles[40].

---

[40] PROCCARA—INA: 46 meses, Y a citado p.11—32.

Reforma Forestal

Antes de la emisión del PND, la situación en torno a la explotación de los recursos forestales era francamente crítica. Honduras recibía divisas por exportación de madera calculadas en unos 35 millones de lempiras al año, aunque el valor real de dichas exportaciones superaba los 120 millones. El Estado apenas percibía alrededor de cuatro millones anuales, es decir, solo un 10% del total ingresaba al país. Además, las compañías aserradoras, abusando de los permisos de corte, extraían cinco o seis árboles más de lo autorizado. El bosque era objeto de un verdadero saqueo: las empresas exportadoras evadían impuestos declarando volúmenes inferiores a los realmente enviados al extranjero, según lo revelaron estudios oficiales.

A esto se sumaban otros problemas graves: el deterioro de carreteras provocado por el transporte pesado de madera, la erosión de los suelos (en algunos casos generando áreas semidesérticas) y los bajísimos jornales pagados a los trabajadores hondureños[41]. Solo en 1972, el país dejó de percibir 62 millones de lempiras en divisas por este rubro. Como en otros sectores clave de la economía, el capital extranjero era el principal beneficiado. En 1974 existían 130 aserraderos, de los cuales 28 controlaban más del 90% de la producción nacional, estando la mayoría en manos de extranjeros (cubanos, italianos y estadounidenses)[42].

El Plan Nacional de Desarrollo reconoció la importancia estratégica del sector forestal y lo catalogó como el principal recurso natural del país. Su nueva política forestal se orientaba hacia los siguientes objetivos:

- Proteger los recursos forestales para asegurar su perpetuidad y lograr su máximo aprovechamiento.
- "Desarrollar una eficiente industria forestal capaz de utilizar la materia prima de los bosques, a fin de transformarla en productos de alto valor económico y generar excedentes que puedan ser utilizados por el gobierno para impulsar el desarrollo de otros sectores básicos para la economía, especialmente el agrario.
- Racionalizar el mercado interno de la madera con el propósito de asegurar un adecuado abastecimiento de este producto tanto en términos de calidad como cantidad; y
- Lograr que las divisas que genere la exportación de los productos forestales reviertan al país y mejoren sus reservas

---

[41] Pierde Honduras más de 85 millones al año por exportación de madera. Tiempo, 24 de octubre de 1973, p. 2.
[42] Hechos y no palabras, Tiempo, 22 de noviembre de 1974, ¿p.? (COHDEFOR).

internacionales"[43]

Para hacer efectivos estos objetivos, el gobierno decidió afectar tanto los bosques nacionales como los de propiedad privada, concentrando en el Estado la explotación, conservación, reforestación y comercialización. Estas funciones quedaron bajo la Corporación Hondureña de Desarrollo Forestal (COHDEFOR), creada por el decreto—ley 103 del 10 de enero de 1974.

La COHDEFOR funcionaba como una empresa estatal, encargada tanto de brindar servicios forestales como de promover y formar unidades productivas, además de producir bienes derivados de la madera para consumo nacional e internacional. Entre sus atribuciones figuraba la concesión de créditos a la empresa privada y la participación en compañías de capital mixto. La empresa privada local participaba en tareas de corte, aserrío, resinación y transformación de productos forestales[44].

Asimismo, mediante el Programa Social Forestal, la COHDEFOR impulsaba la organización de asociaciones campesinas y cooperativas forestales, brindándoles asistencia técnica y crediticia para que participaran en los beneficios de la explotación maderera.

En alianza con la CONADI, la COHDEFOR promovió la creación de dos grandes empresas mixtas: la Corporación Industrial de Olancho (CORFINO) y Forestal Industrial Agua Fría (FIAFSA), que jugarían un papel decisivo en el tan esperado Proyecto de Pulpa y Papel.

Los primeros resultados fueron significativos. En apenas diez meses de operación, la COHDEFOR había generado para el Estado 3.5 millones de lempiras, frente al promedio anual de apenas 285 mil registrado entre 1966 y 1973 por el gobierno. Esto significaba multiplicar por más de doce los ingresos. El promedio de las exportaciones madereras entre 1970 y 1973 fue de 48 millones de lempiras, con un pico en 1973 de 74 millones. Para finales de 1974, la COHDEFOR había alcanzado 81 millones, es decir, 33 millones más que el promedio del período anterior, un incremento superior al 40% en ingresos para el Estado[45]. En 1976, el presupuesto asignado a la corporación ascendió a 110 millones 957 mil lempiras[46].

---

[43] Oswaldo López Arellano: Discurso... ya citado.

[44] CONSUPLANE: Plan Operativo... ya citado, p. 96.

[45] La COHDEFOR tiene la razón. Tiempo, 19 de marzo de 1975, p.7.

[46] Fernando Cruz Sandoval: Empresas Públicas y Mixtas en la política hondureña de desarrollo. Ponencia presentada al III Congreso Centroamericano de Sociología, Tegucigalpa, abril 1978, p. 4 (mimeografiado).

Política industrial

El contenido de la política industrial impulsada por el gobierno buscaba lograr varios objetivos centrales: diversificar y ampliar la producción; instalar industrias consideradas básicas o estratégicas; orientar la manufactura de acuerdo con la disponibilidad de recursos naturales, materias primas y mano de obra; elevar la productividad y el nivel tecnológico de la industria; aprovechar al máximo los recursos agropecuarios y forestales; descentralizar regionalmente la producción; racionalizar las inversiones; y expandir, así como diversificar, las exportaciones.

No obstante, esta política mostraba una clara limitación: no enfrentaba el problema estructural del modelo industrial hondureño, marcado por la concentración productiva y el dominio del capital extranjero[47]. Esa deficiencia del PND fue señalada por los empresarios reformistas, menos ligados al capital externo, que exigían una reforma en la banca privada[48] y la regulación de la inversión extranjera. Según este grupo, el "punto clave para deslindar los campos en el sector privado, es lo que se refiere a la regulación de inversión extranjera en Honduras"[49].

Para contribuir de forma directa a estos objetivos, se creó la Corporación Nacional de Inversiones (CONADI) mediante el decreto—ley 135 del 9 de julio de 1974, iniciando funciones en enero de 1975. Sus metas eran impulsar el desarrollo económico mediante la promoción de nuevas empresas industriales, la ampliación de las ya existentes y la organización del mercado de capitales y valores. En la lógica del PND, CONADI debía además fomentar el ahorro nacional y dirigirlo hacia fines vinculados con el desarrollo[50].

Para febrero de 1978, CONADI había invertido en acciones por 23

---

[47] Rafael del Cid: "Honduras: Industrialización, empleo y explotación de la fuerza de trabajo". Economía Política, Segunda época, No. 13, Instituto de Investigaciones Económicas y Sociales—UNAH, Tegucigalpa, noviembre 1976—junio 1977, (Cap.II).
[48] La posición de este sector al respecto se encuentra plasmada en el "Proyecto de Ley Reguladora de la Banca Extranjera" presentada al Congreso Nacional en noviembre de 1972; publicada en Tiempo de 4 de noviembre de 1972, p.16—17. Ver también: "Debate sobre Reforma Bancaria". Tiempo, 7 de noviembre de 1972, p. 5—A. "Las reformas obligan a definir la política", Tiempo, 8 de noviembre 1972, p. 10.4 "La Reforma Bancaria", Tiempo, 30 de marzo de 1973,
[49] "¿Están fracasando políticamente las Fuerzas Armadas?" Tiempo, 21 de agosto de 1973, p. 1.
[50] Fernando Cruz Sandoval: Empresas públicas y mixtas en la política hondureña de desarrollo, Ya citada, p. 7.

millones de lempiras, otorgado créditos industriales por 53 millones y avalado empresas por un total de 51 millones. El destino por ramas de actividad fue el siguiente: a) industria alimenticia, 74.7 millones; b) industria forestal, 12 millones; c) industria textil, 10.1 millones[51].

CONADI también tuvo participación, junto a COHDEFOR, en empresas mixtas como CORFINO y FIAFSA, y en la Compañía Azucarera Cantarranas (ACANSA), constituida en marzo de 1975. El Estado, por medio de CONADI y otras empresas públicas, proyectaba organizar más sociedades mixtas en sectores como textiles, alimentos, cementos, pulpa y papel, y siderurgia.

En sintonía con la meta de elevar la productividad y eficiencia empresarial, se creó también el Instituto Nacional de Formación Profesional (INFOP), destinado a capacitar a los trabajadores en técnicas modernas de producción y mejorar con ello su rendimiento.

Política fiscal y administración pública

En materia fiscal, el PND dispuso que los esfuerzos del gobierno se concentraran en respaldar los programas de reforma agraria y forestal. Prometía austeridad en el gasto, mejorar la eficiencia de los servicios y garantizar la honestidad en la gestión pública. También planteaba la revisión de las políticas monetarias, cambiarias y crediticias para ajustarlas a las demandas de la reforma productiva y social, así como una reforma tributaria que fortaleciera los ingresos fiscales y promoviera mayor equidad en la recaudación.

En cuanto a la administración pública, el propio gobierno reconocía serias deficiencias: trámites complejos y lentos, funciones duplicadas y falta de coordinación entre organismos. Se anunciaron medidas para corregir estas fallas, pero muchas quedaron inconclusas. La prensa lo resumía así: "Si hubo cambios de personal fue en los cargos más altos y se paró allí. Casi no ha alcanzado a los departamentos con excepción de los inoperantes gobernadores políticos, sustituciones que –dicho sea de paso– no se basaron en su totalidad en la mejor escogencia.

Todavía quedan funcionarios representativos del sistema de corrupción montado con alguna perfección, y otros servidores de menor influencia, si bien es cierto que bastante inhibidos de aplicar los procedimientos acostumbrados.

Inhibición nada más, como (a la) espera de otros acontecimientos, ya que según el decir de uno de los partidos políticos (se refiere al Partido Nacional RDC), ya no habrá más cambios de personal porque hay un

---

[51] Idem, p. 8.

entendimiento privado entre los directores de la política de hoy y los que recibieron el golpe del 4 de diciembre de 1972"[52].

Considerando la importancia que la administración pública tiene en la aplicación de cualquier plan gubernamental y su marcada resistencia a los cambios, resulta explicable la preocupación por reformar y adecentar la burocracia estatal. Como advertía un estudio de Jorge Yllescas Oliva[53], la administración pública heredada de los gobiernos nacionalistas desde 1963 no se identificaba con el PND, tanto por su sometimiento a un partido de visión retrógrada, como por la escasa o nula participación de las oficinas gubernamentales en la elaboración del plan, concebido más bien como un trabajo de los técnicos del CONSUPLANE.

Política social

En este aspecto, las metas propuestas están en estrecha relación con los logros de la aplicación de la reforma agraria y forestal. Se contemplan medidas en el plano de la educación, salud y nutrición, vivienda y trabajo. Dado que los alcances del plan son bastante limitados no podía esperarse una solución profunda a la inmensa cantidad de problemas sociales que afronta el país. Por esa razón el reto para el futuro inmediato que se le planteaba a los sectores menos favorecidos de la población, estribaba en conseguir, además de la aplicación cabal del PND, medidas de naturaleza mucho más radical. En eso se basaba seguramente la confianza que buena parte de la población depositó en el gobierno de López Arellano, expectativas que en poco tiempo se vieron frustradas.

2. Crisis y agotamiento del reformismo militar (1975—1979)

a. Aspectos Sociopolíticos

Los cambios internos en las Fuerzas Armadas a finales de marzo de 1975 colocaron en posiciones clave a la nueva generación de tenientes coroneles. Como ya se señaló, lo más significativo fue el relevo en la jefatura militar, considerado por algunos como el "verdadero" golpe

---

[52] "Debe avanzar la reforma de la administración". Tiempo, 30 de abril de 1973, p, 10.
[53] Exfuncionario de la administración de Melgar Castro. Fungía como Director General de Aduanas. Publicó en la prensa los resultados de una investigación realizada en su dependencia, que reveló la corrupción existente, con nombres y apellidos de los culpables. Las medidas que tomó el gobierno fueron la destitución del denunciante. Jorge Yllescas Oliva: Reforma Administrativa. Presencia Universitaria, No, 19, Año 3,
abril 1976, p. 2 y 3.

contra López Arellano. El escándalo del soborno bananero solo sirvió de excusa para desplazarlo también de la jefatura de Estado.

En un inicio, las expectativas eran optimistas: se pensaba que la juventud militar corregiría la indecisión y el desgaste acumulado en el gobierno de López. No obstante, la designación de Juan Alberto Melgar Castro como jefe de las Fuerzas Armadas y luego como jefe de Estado mostró que la reestructuración era resultado de un acuerdo entre sectores reformistas y corrientes más conservadoras.

Melgar pertenecía al ala conservadora, con formación en EE. UU., experiencia como ministro de Gobernación y como comandante del Cuerpo Especial de Seguridad. En 1975 fue trasladado a la zona norte, donde tenía vínculos con empresarios tradicionales.

Se diferenciaba de los otros oficiales de su generación por su punto de vista político y por sus contactos con el Movimiento de Oficiales Jóvenes. Este hecho le permitió asumir casi una posición arbitral con relación a las distintas corrientes políticas del ejército a la vez que ocupar los altos cargos arriba mencionados.

Un informe político calificó su gobierno como "el primer escalón de la conjura montada por la ultraderecha y los monopolios contra el proceso reformista—burgués". La asesoría económica comenzó a desempeñarla Guillermo Bueso, quien, desde la presidencia del Banco Central, aplica la línea del Fondo Monetario; y, como asesor político, se designó a César A. Batres, apoderado legal de la Standard Fruit Company"[54]. Alguien habló, incluso, de que la llegada de Melgar al poder significaba un "golpe por etapas" a los sectores reformistas. Los hechos vinieron a coincidir después con tales apreciaciones

El primer respaldo al nuevo régimen vino de la empresa privada, que lo condicionó a tres exigencias: 1) que fuera transitorio y condujera a un régimen de derecho; 2) que se respete en todos sus extremos el régimen de "libre empresa" defendido por el COHEP; y 3) que se modificara la Ley de Reforma Agraria[55].

El sindicalismo, en cambio, adoptó una postura vigilante e independiente: exigió sancionar a los implicados en el soborno, rechazó retrocesos políticos y criticó la composición del gabinete nombrado por Melgar[56].

Los primeros discursos del nuevo mandatario fueron moderados,

[54] Partido Comunista de Honduras, Ya citado, p. 35. Ml
[55] Política y Políticos. Tiempo, 28 de abril de 1975, p, 10.
[56] "FESITRANH asume actitud de observación y vigilancia frente al nuevo gobierno", Tiempo, 2. de mayo de 1975, p.2, "Sindicalistas del Centro temen un retroceso político". Tiempo, 3 de mayo de 1975, p. 2.

pero gradualmente se orientaron hacia un desarrollismo enfocado en el crecimiento económico más que en cambios estructurales.

Sin embargo, los conflictos agrarios y laborales dominaron su gestión, y la forma represiva con que los enfrentó alimentó la idea de que con Melgar iniciaba el fin del reformismo militar. En su etapa final, las tensiones electorales y el escándalo del narcotráfico concentraron la atención.

La llamada segunda etapa del régimen militar se inició en medio de un clima convulsionado por la exacerbación de las contradicciones sociales. Los grupos antagónicos se mostraban más decididos a ensayar formas agresivas de lucha, los terratenientes realizaban campañas económicas para compra de armamento y contratación de peones con fines represivos.

La posición del campesinado organizado contra el INA se manifestó particularmente belicosa, enfatizando la ineptitud y personalismo de su nuevo director, el teniente—coronel Mario Maldonado, a quien culpaban eje la lentitud en la dotación de tierras. A su vez, en el seno del Consejo Nacional Agrario las dirigencias campesinas manifestaban su desacuerdo por la política del INA de organizar las Empresas Asociativas. Ya en el sector expropiado a la Standard Fruit Company se estaban dando los primeros pasos para organizar la Empresa Asociativa de Isletas; otro tanto se hacía con la Empresa Asociativa de Guaymas.

Las Empresas Asociativas constituyen formas autogestionarias de organización empresarial, mucho más avanzadas que las cooperativas, por cuanto aquellas pros criben –salvo en casos muy especiales– la división entre asalariados no propietarios y los socios. Las dirigencias campesinas veían en ellas el peligro de que las mismas se fueran desprendiendo de las organizaciones existentes. Además de que sus socios terminarán siendo simples asalariados del Estado. El trasfondo del asunto radicaba, más bien, en un temprano temor al liderazgo económico y político que podrían llegar a adquirir tales empresas en el futuro, dada la composición de sus asociados, fundamentalmente, antes trabajadores agrícolas cesanteados por las compañías bananeras.

El asunto de las Empresas Asociativas fue motivo de discrepancias entre las bases y dirigencias campesinas y obreras. Por ejemplo, a nivel ejecutivo la ANACH rechazaba este tipo de empresa, pero con ello violaba un acuerdo de su última convención en la que se aprobaba la constitución de aquéllas. Un grupo de dirigentes campesinos de base opinaba al respecto, "que el Instituto Americano para el Desarrollo del Sindicalismo Libre (IADSL) y el Instituto Centroamericano de Estudios Sindicales (IESCA), a través de sus programas de ayuda han presionado y distorsionado la mentalidad de los funcionarios de la ANACH, para que las empresas asociativas no se implanten en Honduras[57].

Al parecer, la posición de Mario Maldonado era proclive a la constitución de estas empresas, identificándose con la política que también impulsaba el PROCCARA, de acuerdo con el espíritu de la ley agraria, y que coincidía con las opiniones de los poderosos sindicatos bananeros y otras fuerzas progresistas. Esa actitud le ganó la aversión de las dirigencias campesinas de ANACH, UNC y FECORAH.

Había en las masas campesinas verdadera impaciencia por la resolución de sus problemas de tierra. El hambre y las expectativas que creó la promulgación de un nuevo estatuto legal en materia agraria, actuaban como elemento detonante. Eso explicaba su organicidad y disposición a la movilización. Por otro lado, la ley no comenzaba a aplicarse por dos razones: a) porque las declaraciones juradas de los poseedores de tierra no denunciaban la existencia de tierras incultas, lo que estaba obligando al INA a nuevos trámites, como ser la comprobación *in situ* de la veracidad de tales declaraciones de ley. Comenzaban a manifestarse las limitaciones jurídicas y administrativas de la ley agraria en perjuicio del campesinado; b) porque la reglamentación de la Ley de Reforma Agraria no había sido discutida ni aprobada por el Consejo de Ministros, ni mostraban interés en ello.

Comenzaba a verse la oposición oficial a la reforma. Muchas solicitudes de tierra permanecían engavetadas a la espera de la solución de los tediosos trámites burocráticos y de la "buena voluntad" del Jefe de Estado y de su Consejo de Ministros. El al 19 de mayo de 1975, en sincronizadas acciones relámpagos la UNC promueve 108 tomas de tierra en 10 departamentos del país, "como respuesta a la pasividad del INA para atender los problemas que afectan al campesinado en el sector agrario". La dirigencia de la UNC (Pedro Mendoza) señaló como responsable directo de tales acciones director del INA, a quien describió como "un militar que está poniendo en mal predicado al ejército con sus ejecuciones civiles"[58].

La situación se complicó cuando, ese mismo día, noventa hombres armados, pertenecientes a la Asociación de Ganaderos y Agricultores de Olancho (afiliada a la FENAGH), se tomaron por asalto las oficinas regionales del INA, manteniendo a doce empleados en calidad de rehenes. Justificaron este acto como una protesta al operativo nacional

---

[57] "Bases campesinas presionan para que Empresas Asociativas funcionen". Tiempo, 15 de mayo de 1975, p. 2.
[58] "En relampagueante maniobra la UNC realiza 108 "recuperaciones", Tiempo, 20 de mayo de 19765. p. 3.

de la UNC.

La disposición de las bases campesinas a las tomas que se produjeron no necesita más explicación, pero ¿qué motivaciones se escondían en la conducta de su dirigencia? Es muy difícil contestar con exactitud a esta pregunta. El propio director del INA opinaba que la dirigencia de la UNC actuaba con "fines políticos...". Observaba con acierto que "las invasiones no se han hecho en terrenos nacionales ni ejidales, sino en privados"[59], cosa contraria a la política observada por las organizaciones campesinas que siempre se han cuidado de tocar solamente terrenos ejidales y nacionales. Diecisiete organizaciones sindicales de tendencia progresista emitieron un pronunciamiento público en el que se mostraban comprensivos de las razones objetivas del campesinado para tomar la tierra, pero advertían "que detrás de ese movimiento existe una conjura política, organizada por elementos de la derecha incrustada en el gobierno, que de esa suerte han pretendido colocar en una situación difícil al coronel Mario Maldonado, director del INA, con vistas a precipitar su caída..."[60]. Así lo entendió el propio perjudicado al declarar que detrás de la UNC hay un partido político que deseaba colocar en su posición a uno de sus miembros[61]. Se estaba refiriendo al Partido Demócrata Cristiano. La pregunta que nos queda es: ¿estaba la Democracia Cristiana negociando con Melgar Castro la dirección del INA? Hechos posteriores mostrarán que la conjura política de que hablaban los sindicatos era real e iba dirigida contra la juventud militar que apoyaba los cambios reformistas. ¿Fue la Democracia Cristiana consciente de esa conjura política? Alguna vez se conocerá la historia verdadera.

El gobierno dio un plazo de 48 horas a los campesinos para desalojar las tierras; la UNC acordó el retiro de sus bases. A su vez, la ANACH, que había visto con simpatía las acciones de la UNC, contestó al gobierno dándole un plazo hasta el 31 de mayo para que procediera a satisfacer las demandas campesinas.

La bandera del anticomunismo surgió por doquier. Los grandes sindicatos del norte del país fueron acusados de estar infiltrados y controlados por el Partido Comunista; estas acusaciones procedían de los llamados frentes democráticos, tendencias obreras con mentalidad de Guerra Fría. El mismo INA fue acusado de estar infiltrado; asimismo,

---

[59] "La UNC no nos impedirá hacer la reforma agraria: Maldonado". Tiempo, 22 de mayo de 1975, p. 4.
[60] "UNC y ANACH: instrumentos de una conjura política". Tiempo, 23 de mayo de 1975, p. 4.
[61] "La UNC no nos impedirá hacer la reforma agraria..." Ya citado.

circuló un impreso que señalaba también al Consejo Superior de las Fuerzas Armadas (COSUFFAA) de contar con elementos comunistas en su interior.

Al mismo tiempo, los partidos políticos tradicionales acentuaron su campaña por "el retorno al orden constitucional", el cese de las invasiones campesinas y la elaboración de la Ley Electoral[62].

La situación nacional alcanzó un punto conflictivo con el anuncio, por parte de la UNC, de realizar en la última semana de junio el operativo Esteban Rodríguez, o sea, una marcha del hambre sobre Tegucigalpa con la finalidad de presionar al gobierno por la agilización de la reforma agraria. En el departamento de Olancho, escenario de agudos conflictos agrarios, un grupo de terratenientes y militares intentó boicotear el operativo campesino. En primer lugar, se produjo el allanamiento armado del Centro de Capacitación Campesina 18 de Febrero, propiedad de la UNC.

En esta acción civil y militar se utilizaron a niños de una escuela primaria como escudo de los agresores. "Los niños estaban allí sin saber por qué, los profesores gritaban y por el portón lateral entraron cuatro agentes del DIN y ganaderos armados; todos ellos disparaban", declaró a la prensa una testigo del hecho[63]. Allí murieron 4 personas y dos resultaron gravemente heridas, además de que un grupo numeroso fue arrestado. El 26 de junio, el terrateniente Manuel Zelaya, utilizando volquetas del gobierno, bloqueó la carretera para evitar el paso de los campesinos que a pie se dirigían en marcha hacia la capital. Un contingente militar reforzó la acción del terrateniente.

La situación en todo el país se volvió tensa. Las oficinas de la CGT y la UNC en Tegucigalpa fueron allanadas por la Policía, capturando a los secretarios generales de esas organizaciones y a dos dirigentes más, lo mismo que a cinco periodistas que se encontraban en el local recogiendo información. En la misma capital fue también ocupado por los cuerpos policiacos el Centro Loyola, hogar de sacerdotes jesuitas y estudiantes. Según aquellos, buscaban armas y una emisora clandestina.

Por órdenes del Ministerio de Gobernación, el mayor Enrique Chinchilla Chinchilla, comandante regional de Olancho, procedió a la expulsión de cinco sacerdotes y dos monjas, todos extranjeros, "pues sólo se dedican a actividades políticas desde los púlpitos"[64].

Un número apreciable de miembros activos de la iglesia católica —

---

[62] Partido Nacional—Partido Liberal: Pronunciamiento Público, 5 de junio de 1975.
[63] "Sobrevivientes de la tragedia de Olancho hablan para Tiempo". 27 de junio de 1975, p. 5.
[64] Ídem.

religiosos y seglares— fueron tomados presos en Olancho y El Progreso (norte del país). Algunos de ellos fueron vejados (caso del sacerdote Esteban Gross). Radio Paz, emisora eclesiástica que funcionaba en la zona sur, fue clausurada, al igual que una emisora comercial en Tegucigalpa. A los sacerdotes jesuitas de El Progreso se les decomisó un aparato de radiocomunicación utilizado en labores pastorales. Se dieron por desaparecidos dos sacerdotes, Iván Betancourt y Miguel Cypher Jerome —colombiano y norteamericano, respectivamente—, lo mismo que dos jovencitas. Una de ellas, cuñada del sacerdote colombiano, visitaba temporalmente el país.

Las autoridades militares de Olancho aseguraban que las personas desaparecidas habían pasado a engrosar las filas de un movimiento guerrillero que se estaba gestando, razón por la que el Ejército desplazó contingentes hacia las posibles zonas de acción, realizando cateos y abusos contra la población. El 18 de julio, los desaparecidos, junto con otro grupo de nueve dirigentes campesinos, fueron encontrados en el fondo de un pozo de malacate dinamitado, ubicado dentro de la hacienda del terrateniente Zelaya. Todos ellos mostraban evidentes signos de torturas físicas.

Posteriormente, la Comisión Investigadora de Alto Nivel nombrada por el gobierno encontró como culpables de tales hechos a un grupo de civiles y militares, entre ellos el comandante departamental de Olancho. En su defensa, este último se declaró inocente, pues sólo cumplía "órdenes superiores". La Comisión declaró que los hechos de Olancho eran parte de un vasto plan represivo dirigido por la FENAGH; esta se defendió señalando que los militares querían utilizarlos de chivos expiatorios para esconder su culpabilidad en los acontecimientos.

La iglesia y las organizaciones populares tuvieron reacciones airadas ante la gran embestida represiva que se había desatado. Exigieron la investigación a fondo de los hechos, el castigo a los culpables, el cese de la represión contra el pueblo, garantías para el trabajo apostólico y la toma de medidas radicales para el cambio de las estructuras injustas[65].

Fracasada la marcha del hambre y superados los momentos de aturdimiento dejados por los últimos acontecimientos, las organizaciones campesinas volvieron a presionar contra el régimen. En octubre, las tres organizaciones agrarias existentes decidieron unificar acciones y dieron vida al Frente de Unidad Campesina (FUNC) con el

---

[65] "Iglesia católica pide el cese de toda actividad represiva". Tiempo, 7 de julio de 1975,
p. 2. "Iglesia católica exige castigo a culpables, garantías personales y el retiro de tropas". Tiempo, 12 de julio de 1975, p. 2.

"fin de afrontar en forma colectiva la solución a la problemática agraria..."[66]. Poco después, hacían entrega al gobierno de un emplazamiento, contentivo de un plazo hasta el 22 de octubre para dotar de tierras a 30 mil familias[67].

El director del INA, teniente coronel Mario Maldonado, interpuso su renuncia —al parecer presionado por el COSUFFAA— y fue enviado virtualmente al exilio diplomático en Washington como miembro de la Junta Interamericana de Defensa. "Los ataques a Maldonado fueron insistentes. Acusado de seguir una política personalista en el INA, fue sometido a tremendas especulaciones e intrigas. Antes se le había querido botar con una marcha campesina que, entre otras finalidades, llevaba la de colocar un director del INA de filiación demócrata cristiana"[68]. Precisamente, quedó como director interino de ese instituto público un ciudadano de tal filiación política.

Días después, el gobierno pidió al FUNC un plazo prudencial para iniciar la distribución de tierras solicitadas. Pero en los últimos días de ese mismo mes y primeros del siguiente, oleadas bien coordinadas de bases campesinas pertenecientes a la ANACH y a la UNC realizaron numerosas tomas de tierra en casi todos los departamentos de la República. La prensa calificó esto como "un hecho sin precedentes en la historia nacional"[69]. El gobierno reaccionó condenando las tomas y amenazando incluso con medidas de fuerza si fracasaban los medios pacíficos.

La fuerte presión campesina hizo ceder al gobierno, que ya para el 17 de noviembre iniciaba un plan de emergencia: el operativo relámpago Juan Alberto Melgar Castro. El alcance de esa operación se limitó a la zona noroccidental del país, culminando en enero del año siguiente, habiéndose recuperado 12,871 hectáreas de tierras ejidales y nacionales que beneficiaron a 3,660 familias[70].

Pese a todos los acontecimientos suscitados durante 1975, se mantenían ciertas expectativas en cuanto a que el gobierno podría retomar el rumbo reformista. Se esperaba que, una vez superados los

---

[66] "Doce dirigentes firmaron el acuerdo de Unidad Campesina". Tiempo, 11 de octubre de 1975, p. 2.
[67] "Antes del 22 de octubre el gobierno debe beneficiar con tierras a 30 mil familias". Tiempo, 11 de octubre de 1975, p. 22.
[68] "El liderazgo agrario y la renuncia de Maldonado". Tiempo 25 de octubre de 1975, p. 6.
[69] "Invasiones de tierras sin precedentes en Honduras". Tiempo, 4 de noviembre de 1975, p. 2.
[70] CONSUPLANE: Plan Operativo ..., ya citado, p. 26.

escollos burocráticos (aprobación del reglamento para la aplicación de la reforma agraria y catastro agrarios), las medidas reformistas tendrían su realización. Pero las líneas programáticas de gobierno señaladas por Melgar Castro en su discurso del 31 de diciembre de 1975 omitieron toda referencia al Plan Nacional de Desarrollo, proponiendo más bien un programa de cuatro puntos: a) continuación de la reforma agraria tal como ha sido planeada; b) ejecutar el proyecto turístico de Tornasal; c) acelerar la construcción de la fábrica de pulpa de papel y d) tomar medidas para realizar el proyecto hidroeléctrico de El Cajón. Ello mostraba que los sectores adversos al Plan Nacional de Desarrollo estaban logrando imponer sus criterios, mediatizando las reformas estructurales con un desarrollismo empresarial[71].

Diario Tiempo, la expresión periodística de la burguesía reformista sampedrana, señalaba con acierto algo que se había estado confirmando: "Asoma ya un deslinde inevitable, en el sentido de que quienes van a pasar definitivamente a la oposición al régimen militar son los sectores partidarios del desarrollo económico y social, si el proceso hacia la constitucionalidad enfila al monopolio secular en la política de los sectores conservadores tradicionales. Y la razón es simple: van en disminución las acciones gubernamentales en favor de la promoción del desarrollo y se observa un claro repliegue a la posición adoptada por el conservadurismo económico y político"[72].

Durante ese año de 1976, lo referente a la política agraria del gobierno de Melgar Castro se mantuvo sin mayores sobresaltos. A mediados de año fue juramentado un nuevo director del INA, el licenciado Rigoberto Sandoval Corea, de gran prestigio profesional en materia agraria y quien se había estado desempeñando con la FAO en Roma. Este nombramiento dio pie para que el campesinado abrigara nuevas esperanzas con respecto a la puesta en práctica de la ley agraria. Antes de cumplir un año en la dirección del INA, Rigoberto Sandoval estaba renunciando, evidenciando así el agotamiento total del reformismo militar.

La renuncia de Sandoval Corea se sumaba a otros cambios en las esferas de conducción gubernamental. En las últimas semanas de diciembre de 1976, varios oficiales progresistas fueron desplazados de sus posiciones y enviados a misiones diplomáticas al exterior. En 1977 se anunciaba un viraje más claro hacia posiciones conservadoras y, en efecto, fue un año cumbre en cuanto a acciones enfiladas hacia los

---

[71] "El Partido Comunistas de Honduras y el momento político actual". Tiempo, 14 de enero de 1976, p. 7. (PCH).
[72] "Dos oposiciones al gobierno militar". 8 de enero de 1976, p. 6.

actores de apoyo del reformismo desplazado.

La gestión de Sandoval Corea en el INA sirvió para darle a esta institución una mayor definición política, dirigida hacia la recuperación de tierras nacionales y ejidales u ociosas de propiedad privada, al impulso de las formas asociativas de producción y al estímulo a la producción de renglones agroindustriales, con apoyo crediticio y técnico del Banco Nacional de Fomento y el Ministerio de Recursos Naturales, respectivamente[73].

En esa línea de acción, el director se lanza a la afectación de tierras ociosas de propiedad privada, hasta ese momento intocables. Amparándose en lo que denominó política azucarera del régimen, procedió a la expropiación de tres mil 170 manzanas de tierra de la Compañía Azucarera Hondureña SA (CAHSA). La política azucarera en que Sandoval se apoyó tenía su fuente en la misma Ley de Reforma Agraria, que mandaba a los ingenios azucareros a utilizar solo una parte de su producción como materia prima, ya que el resto debía ser comprado a los grupos beneficiarios de la reforma agraria dedicados a dicha actividad. De esta manera, el ingenio Santa Matilde, propiedad de CAHSA, comenzó a comprar la producción del proyecto cañero San Manuel, operado por grupos campesinos que explotan colectivamente la tierra.

El caso de expropiación, suscitado con la mencionada compañía azucarera, fue perdido por Sandoval Corea tanto en el seno del Consejo Nacional Agrario como ante la Corte Suprema de Justicia. La compañía recuperó de esta forma 800 hectáreas del total expropiado[74].

El otro punto controversial de la política seguida por Sandoval Corea fue la firma de un acuerdo de expropiación de 35 mil hectáreas de tierras detentadas por la Tela Railroad Company. Las presiones que la compañía ejerció sobre el gobierno a raíz de esta medida precipitaron la caída del mencionado funcionario. Según denunciaba un ex trabajador del INA[75], semanas antes de su renuncia, Sandoval Corea había convocado a los grupos campesinos beneficiarios para constituir una comisión conjunta con el INA para pasar a ocupar dichas tierras. Al final, se expropiaron a la compañía solamente dos mil hectáreas, meses después de la renuncia de Sandoval.

Las razones que fundamentaron la salida de Sandoval se basaron en

---

[73] Mario Posas Amador. Ya citado, p. 38.
[74] Para más detalles, ver: Mario Posas Amador, Ibidem, p.39—49
[75] Allan Fajardo: "Se está confundiéndola aplicación del Decreto 170 con la sola aplicación del Artículo 170 de ese Decreto". Presencia Universitaria, No. 32, Año 5, junio 1977, p.9.

la falta de apoyo oficial y en la pérdida de autoridad que sufrió al crearse un nuevo organismo agrario por encima de su persona: la Comisión Coordinadora de la Reforma Agraria[76]. Era evidente que sus disposiciones reformistas habían entrado en choque con el conservadurismo ya plenamente consolidado.

Rápidamente, Melgar Castro nombró un nuevo director del INA: el ingeniero Fabio David Salgado. Este se había venido desempeñando como subdirector de esa institución hasta el 10 de marzo, en que fue revocado de su cargo a petición del licenciado Sandoval, quien nunca hizo públicos los motivos de su decisión. La revocatoria de Salgado le valió a Sandoval Corea el enfrentamiento con la dirigencia de FECORAH. Sin embargo, un comentarista radial denunció abiertamente lo que pudo haber causado tales hechos: que Fabio Salgado estaba enfrascado "seguramente", junto al presidente de FECORAH y un comerciante de tractores, en un negocio corrupto[77]. Hace muy poco (diciembre de 1979) Salgado ha sido destituido como director del INA y una comisión militar ha concluido sus indagaciones sobre supuestos manejos de fondos por parte del controvertido exdirector agrario.

Desde el nombramiento de Salgado en la conducción del INA, la reforma agraria entrará en una fase de virtual estancamiento. A pesar de que el jefe de Estado, Melgar Castro, no autorizó nunca la revisión de la ley, tal como lo estuvo exigiendo constantemente la FENAGH, en los hechos sí se produjo un importante viraje en la concepción de la política agraria original.

Oficialmente fue anunciada la puesta en práctica de un Plan Operativo Agrario (POA), que continúa siendo aplicado en la actualidad. Este mecanismo prácticamente libera de la afectación a los latifundistas. El programa se orientará principalmente hacia las áreas que considera prioritarias —que fundamentalmente se trata de zonas de colonización— y solo, complementariamente, en aquellos lugares donde se produzcan conflictos agrarios.

Los programas de reforma agraria se concentrarán, entonces, en el llamado Sector de Desarrollo Rural Concentrado. Dicho rubro está conformado por zonas que presentan las características de: a) ubicarse en tierras nacionales, ejidales o cedidas, ya en áreas dotadas de infraestructura básica, como en áreas de colonización. No se trata, pues, de zonas de alta conflictividad social; b) localizarse en las proximidades

---

[76] "Renuncia Sandoval" Tiempo, 16 de marzo de 1977, p.22.
[77] Herman Allan Padge: Comentario Radial en Diario Matutino, HRN, 10 de marzo de 1977. Y ver también, Victor Meza: "Punto de Vista ... ¡Al fin cayó Fabio!". Tiempo, 10 de diciembre de 1979, p. 6.

de empresas agroindustriales importantes (relacionadas en términos de control de inversiones, directa o indirectamente, con las compañías bananeras). Hacia dicho segmento se destinarán los mayores esfuerzos y recursos de los proyectos de reforma. El mismo POA justifica esta decisión en base a la necesidad de aprovechar los recursos externos (préstamos y donaciones), interesados en estimular actividades complementarias a los intereses de las transnacionales. Veamos detenidamente un ejemplo, que nos presenta el estudio realizado por Mario Posas en esta misma línea de reflexiones:

"Con el apoyo de un cuantioso préstamo ofrecido por el BID (40 millones de dólares) ha de iniciarse la "segunda etapa" del proyecto del Bajo Aguán. Los préstamos administrados por el BANAFON obligan a los campesinos cooperativizados a la producción de palma africana y cítricos, fundamentalmente. La producción de palma africana procesada en sus etapas iniciales es vendida localmente a las subsidiarias de la United Brands y Castle and Cook, para ser procesada en sus fases finales, con lo que estas empresas multinacionales adquieren insumos sin haber realizado gastos de infraestructura de producción y sin riesgos laborales, al tiempo que usufructúan por vía indirecta del cuantioso financiamiento internacional. Los cítricos se plantan también con una perspectiva de transformación agroindustrial"[78].

De ese ejemplo pueden desprenderse las múltiples ventajas que las empresas agroexportadoras han obtenido de los programas llamados de reforma agraria.

Debemos dejar claro que la complementariedad advertida entre los sectores reformados y las empresas agroexportadoras no es inherente solo a la política del POA, sino a toda la orientación de la reforma agraria en su concepción original[79]. Lo que hace el POA es despojar al proyecto inicial de su contenido anti absentista, convirtiéndolo de un proyecto modernizante en una reforma agraria marginal, neocolonial y represiva.

Esto último, por cuanto se basa en la llamada migración inducida, que obliga a los campesinos reclamantes a trasladarse a la capital de la Reforma Agraria (la zona del Bajo Aguán). No en vano, los resultados en materia de reforma agraria han sido ínfimos, comparados con las pretensiones del decreto ley 170.

El "resumen de datos generales del sector reformado", publicado bajo la responsabilidad del INA, en sus cuadros 5 y gráfico VI.1.1., nos

---

[78] Mario Posas, obra citada, p. 38.
[79] Lo habíamos advertido tempranamente en un estudio de contenido sobre el Decreto—Ley No. 170. Rafael del Cid: Reforma Agraria y Capitalismo Dependiente. Editorial Universitaria, UNAH, Tegucigalpa, 1977.

permite obtener varias conclusiones: a) en el país se viene hablando oficialmente de reforma agraria desde la emisión de la ley de 1962. Sin embargo, el ritmo, magnitud y contenido de las otorgaciones de tierra realizadas en su nombre son distintos. Una cosa es la ley de 1962, otra el decreto ley 8 y otra el decreto ley de 1975 (siendo también distintos sus contenidos originales y la aplicación actual). Observando simplemente lo relativo a la distribución fundiaria y número de beneficiarios se desprende lo siguiente: en los once años que corren de 1962 a 1972, se adjudicaron 35 mil 961 hectáreas; durante los dos años de vigencia del decreto ley 8, se repartieron 79 mil 552 hectáreas y, de 1975 a 1978, bajo el amparo de la nueva ley, se otorgaron 85 mil 565 hectáreas. En términos porcentuales, esto significa que, del total de 201 mil 078 hectáreas adjudicadas en 17 años, el 18 % correspondió a la Ley de Reforma Agraria de 1962, el 39.5 % al decreto 8 y un 42.5 % a los cuatro primeros años de la ley actual[80].

La gráfica correspondiente nos muestra con cierta claridad que los años cumbres de la adjudicación fundiaria correspondieron a 1973 y 1974, años de auge del reformismo militar. A partir de 1975, el proceso de reparto territorial sufrirá una sensible baja porcentual; son los años en que se inicia e impone la contrarreforma, razón por la cual, en lugar de acrecentarse la dotación de tierras, sucede lo contrario. Comparando la cantidad de tierras adjudicadas en los dos años de vigencia del decreto 8 con las repartidas en los cuatro años que van de 1975 a 1978, notamos que las primeras representan el 93 % de las segundas, lo que refuerza lo dicho con anterioridad.

b) El programa de adjudicación de tierras contemplado en el Plan Nacional de Reforma Agraria se planteó como meta adjudicar, en el término de los primeros cuatro años de aplicación de la ley, el reparto de 550 mil hectáreas que beneficiarían a 110 mil familias campesinas. Los hechos muestran pobres resultados. Al comparar la tierra realmente adjudicada con la cantidad prometida, encontramos que la meta solamente se cumplió en un 15.5 %. Igual cosa sucedió con los beneficiarios, cuyo número apenas alcanzó a representar el 13 % de las familias que debían haber sido beneficiadas, según la normativa. El porcentaje se vuelve mucho más irrisorio cuando se compara la cantidad prometida con el área adjudicada que resulta laborable (11.7 %).

Si observamos con atención los cuadros que se muestran en la página 31 del resumen citado, se deduce fácilmente el impacto regional desigual

---

[80] Instituto Nacional Agrario: Resumen de datos Generales del y Sector Reformado, Departamento de Planificación. Sección de Estadísticas e información. Tegucigalpa, diciembre 1978.

de la reforma y su carácter marginal, es decir, de colonización. Téngase en cuenta que los cuadros se basan en las cifras totales de los 17 años que van de 1962 a 1978.

La zona de desarrollo rural concentrado es, evidentemente, la más privilegiada tanto por los factores antes mencionados como en cuanto a la adjudicación de tierras. En esa zona se ha otorgado el 45 % de las tierras (89 mil 925 hectáreas) al 32 % del total de beneficiarios. Obsérvese cómo solamente el proyecto del Bajo Aguán cubre el 53 % del total adjudicado al sector de desarrollo rural concentrado y el 38 % de los beneficiarios.

El promedio de tierra otorgado por grupos campesinos varía notablemente de una zona a otra. En la zona de consolidación, el promedio es de 83.5 hectáreas y en la zona de desarrollo rural concentrado de 230 hectáreas por grupo. Varía, también, la calidad de las tierras. En la zona de consolidación, la tierra otorgada es un 61 % cultivable, mientras que en el otro lugar lo es en un 92 %.

En un trabajo anterior, haciendo algunos cálculos gruesos, sosteníamos que, de llegar a cumplirse con las metas de adjudicación estipuladas en el Plan Nacional de Reforma Agraria, la cantidad afectada andaría por el 24 % del total de la superficie en fincas existentes según el Censo de 1965—66. Los beneficiarios (120 mil) llegarían a representar el 67.5 % de la población agrícola, según ese mismo censo[81].

Pero la población es un elemento cambiante y de una alta tasa de crecimiento en el país, aminorando con el paso del tiempo los posibles efectos de las medidas de reforma. Así evidencia, en una parte de su ensayo, Enrique Astorga Lira —excéntrico del PROCCARA, que sirve ahora a la reforma agraria mexicana. Señala lo siguiente:" ... en los cuatro años de reforma agraria, el crecimiento de la población hizo aumentar el número de los posibles beneficiarios en 33.000 familias, en el período señalado, ello significa que *casi el 75 % del esfuerzo de reforma agraria fue absorbido por el crecimiento natural de la población*. De manera que el número de beneficiados alcanzó —en términos reales— sólo 11.700 familias. Comparado con el número de familias sin tierra o con muy poca existentes en 1972, el impacto de la reforma agraria alcanza a cubrir sólo el 5,8 % de las familias necesitadas. Proyectando esta cifra a las 200 mil familias potenciales, *se requerirán casi 70 años para incorporar a esas familias a las tierras de acuerdo con el ritmo de los cuatro años mencionados*[82]. (subrayados del autor).

---

[81] Rafael del Cid: Reforma Agraria ..., ya citada, p. 135.
[82] Instituto de Investigaciones Económicas y Sociales, obra citada, p. 3. Subrayados del autor.

El viraje político suscitado a raíz del ascenso de Melgar Castro a la jefatura de gobierno, vuelto particularmente represivo en 1977, afectará también al sector obrero, cuyos episodios caracterizarán la gestión del mencionado gobernante.

Un hecho sin precedentes en la historia del sindicalismo nacional se produjo el 9 de agosto de 1977 cuando un comando militar se tomó las instalaciones de la refinería Texaco, ubicada en Puerto Cortés (zona atlántica), y las Fuerzas Armadas emitieron una ordenanza que declaraba de alta a los obreros en huelga de dicha refinería, sujetándolos al fuero de guerra. El motivo de la huelga obrera radicaba en la negativa de la empresa a negociar una serie de cláusulas del convenio colectivo de trabajo. Llenados todos los requisitos de la ley[83] el sindicato de la refinería se va a la huelga tomándose las instalaciones de la empresa. Alegando intereses estratégicos, el Ejército militariza al sindicato y somete las negociaciones a un fallo arbitral. Después de una larga espera se emite finalmente la resolución, que según los trabajadores les perjudica en un 70 %.

Ese fue el cuarto acontecimiento antisindical que se producía en ese año[84]. En febrero se había producido una intervención militar en la Empresa Asociativa de Isletas. Esa empresa había surgido en mayo de 1975 en las tierras abandonadas por la Standard Fruit Company, debido a los desastres provocados por el huracán Fifí. Después que el gobierno de Melgar decidió expropiar dichas tierras a la compañía en el mes de septiembre de ese año, la Empresa Asociativa de Isletas se convirtió en el más significativo proyecto de reforma agraria del país. Laborando con la ayuda de un fondo de emergencia proporcionado por el gobierno (1,041,700 lempiras), los trabajadores (ex obreros agrícolas de la Standard y campesinos) rehabilitaron en poco tiempo las instalaciones abandonadas para hacer, poco tiempo después, el primer embarque de bananos. A mediados de octubre la empresa había obtenido ingresos de 200 mil lempiras por venta de la referida fruta. El gobierno planificó en la zona una serie de proyectos de diversificación agrícola para el abastecimiento interno y la construcción de obras de

---

[83] "Sindicalistas de la refinería agotaron procedimientos legales". Tiempo, 30 de julio de 1977, p. 2.
[84] Si se descuenta el despido del Ministro de Trabajo acaecido en enero de ese mismo año, por presiones de la empresa privada y de las dirigencias sindicales amarillas, descontentos por su gestión y ante la pérdida de posiciones de dirección por parte de estos últimos.

infraestructura[85].

Por sus antecedentes, la masa obrera se mostraba afín a las posiciones políticas sostenidas por la dirigencia del SUTRASFCO, que en los últimos años mostraba gran trayectoria combativa de apoyo al PND y de despiadada crítica hacia las acciones de la Standard Fruit. Por esas razones, no tardaron en tener problemas con la compañía —en relación con las condiciones de compraventa de la fruta— y con la recién creada Corporación Hondureña del Banano (COHBANA, octubre 1975). Así, pues, en medio de un creciente clima de Guerra Fría, bajo la acusación de malversación de fondos, la dirigencia de la Empresa Asociativa de Isletas va a parar a la cárcel. Y aunque las autoridades del INA señalaron la inocencia de los inculpados en base a un informe financiero hecho por esa dependencia, estos permanecieron presos durante tres años y medio. Al final, las autoridades judiciales los encontraron libres de cargos.

Otra empresa asociativa floreciente sufrió también la intervención policial. Se trataba de la Empresa Asociativa de Guaymas, localizada en el departamento de Yoro. El 9 de abril, su dirigencia, unos 16, fueron tomados prisioneros, logrando la excarcelación poco tiempo después.

A finales de marzo la dirigencia del poderoso sindicato de trabajadores de la Standard Fruit Company es descabezada, en una maniobra del llamado Frente Democrático, con ayuda de las autoridades militares. A pesar de la ilegalidad de tal acción[86], el nuevo ministro del Trabajo reconocerá a la directiva usurpadora.

Algo similar estuvo a punto de ocurrir con el SITRATERCO poco antes de la instalación de su asamblea quincenal en la primera semana de abril. Allí un grupo de más de mil obreros impidieron la concretización de hechos semejantes a los de SUTRASFCO

Todos estos acontecimientos no estaban divorciados de una política oficial, confabulada con dirigentes afines al llamado "sindicalismo libre y democrático". En medio de un clima anticomunista exacerbado, se crearon los Frentes Democráticos que sirvieron de puntales para intentar descabezar las dirigencias no afines a la línea gubernamental. Principalmente, estas acciones se orientaron a los grandes sindicatos bananeros donde las dirigencias amarillistas habían perdido sus más importantes bastiones (en octubre de 1975, el viejo líder sindical Óscar Gale Varela, que por muchos años había dirigido el SITRATERCO, tuvo que entregar la dirección por voluntad de las bases congresales a Luis

---

[85] Miguel Pineda R.: "Isletas". Honduras Agraria, No. 1, PROCCARA—INA, Tegucigalpa, enero—abril, 1976, p. 205—208.
[86] "Se toman sede del 'SUTRASFCO". Tiempo, 28 de marzo de 1977, p. 3.

Thiebaud, de línea independiente).

Las discrepancias sindicales adquirieron particular relieve durante la XIX Asamblea General Ordinaria de la Federación de Sindicatos Nacionales de Honduras (FESITRANH), celebrada en abril de 1977. Allí, por una serie de motivos que consideraron arbitrarios e injustos, un número de 19 sindicatos abandonaron dicha asamblea. La particularidad de este hecho radica en que esos sindicatos representaban la mayoría de la membresía de la federación y su fuente más importante de cotizaciones.

Tiempo más tarde, el SITRATERCO decide abandonar al grupo de sindicatos disidentes (la Intersindical del Norte) para mantenerse en una postura independiente. Con excepción de otro más, los restantes sindicatos terminarán afiliándose a la Central General de Trabajadores (abril 1978), de tendencia predominantemente socialcristiana. De esa manera, esta central pasó a constituirse en la más poderosa del país, si se toma como criterio el número, grado de organicidad, cohesión y combatividad de sus componentes. Ese hecho ha tenido un impacto bastante fuerte en el acontecer nacional, en la medida que inicia un nuevo despunte de la iniciativa laboral.

Durante el período de gobierno de Melgar Castro adquirió de nuevo importancia el asunto electoral. El punto principal del discurso del 31 de diciembre de 1975 lo constituyó el anuncio del gobernante de proceder a la creación de un Consejo Asesor de la Jefatura de Estado, que tendría como finalidad principal la elaboración de la Ley Electoral y, secundariamente, el asesoramiento al jefe de gobierno en asuntos de interés nacional. Para integrar este consejo, Melgar Castro llamó a un diálogo nacional con todos los actores organizados del país.

El Consejo Asesor de la Jefatura de Estado (CONASE) quedará finalmente creado el 9 de marzo de 1976, mediante decreto ley 327. Según esta norma, se integraría con 48 representantes propietarios y 39 suplentes, representativos de la jefatura de Estado, las Fuerzas Armadas, la Corte Suprema de Justicia, los partidos políticos (incluyendo dos no reconocidos por la ley, la Democracia Cristiana y el Partido de Innovación y Unidad), el COHEP, la CTH y diversas organizaciones campesinas, profesionales y estudiantiles.

Con su propuesta de ley, el gobierno tuvo el cuidado de mantener un cierto equilibrio entre las fuerzas favorables a las reformas sociales y aquellas que le estaban haciendo férrea oposición, tratando de quedar este como la tercera fuerza, de carácter arbitral.

Las limitaciones más importantes de este consejo fueron el haber nacido adscrito a la jefatura de Estado, careciendo de iniciativa de ley, pues el mandatario en Consejo de Ministros retendría la facultad legislativa por entero.

Las reacciones de los distintos grupos sociales organizados a esta propuesta gubernamental fueron diversas. Los partidos políticos tradicionales y la empresa privada se opusieron a su formación desde un principio, alegando que para redactar una Ley Electoral no se necesitaba montar un aparato burocrático, económicamente lesivo al Estado. Al final decidieron no integrarlo y formar su propia organización: la Unión de Instituciones Democráticas (UND). Los sectores populares reaccionaron positivamente hacia él, por cuanto vieron en ese consejo un instrumento para que sus inquietudes fueran escuchadas y convertirlo, incluso, en una tribuna agitativa en torno a las necesarias transformaciones nacionales.

Pocos advirtieron, sin embargo, lo que en realidad era el trasfondo de la integración de dicho consejo asesor. Un comentarista político opinaba que con ese consejo "el gobierno espera que la oposición se desgaste e invierta sus mayores energías en una lucha al mejor estilo de la politiquería criolla"; y más adelante agregaba, "las opiniones y consejos que el consejo pueda dar serán tomadas en cuenta en la medida en que así lo consideren convenientes los tenientes coroneles"[87].

Y, en efecto, aparte de que la integración y los debates del famoso consejo asesor mantuvieron por mucho tiempo ocupados a los dirigentes de las diversas organizaciones populares, muy pocas sugerencias fueron atendidas por el gobierno[88]. El mismo "Proyecto de Ley Electoral y de Organizaciones Políticas y el Registro Nacional de las Personas", sufrió al final —en el Consejo de Ministros—, una serie de modificaciones que disminuyeron los alcances de esta y violentaron el espíritu original con que había sido redactada.

El decreto de creación del CONASE establecía que este funcionaría desde el 15 de junio de 1976 hasta la instalación de la Asamblea Nacional Constituyente; sin embargo, el CONASE fue cancelado por los gobernantes que sucederán en la jefatura del gobierno a Melgar Castro, complaciendo a los actores que, desde un principio, venían solicitando su cancelación.

Las postrimerías del régimen de Melgar Castro se caracterizaron por un nuevo auge de las tomas masivas de tierra y por el escándalo suscitado

---

[87] Víctor Meza: "El Consejo Asesor". Tiempo, 16 de marzo de 1976, p. 6.
[88] Esa razón motivó al Partido de Innovación y Unidad —PINU— decir organismo, aparte de manifestar su deseo de no continuar avalando desde allí una política lesiva a los intereses populares, ver: "EL PINU deja el Consejo Asesor del Jefe de Estado". Tiempo, 11 de enero de 1977, p. 5.

con el asesinato de los esposos Ferrari. Las investigaciones sobre este último hecho llevaron al descubrimiento de que Honduras estaba siendo utilizada como puente en el tráfico internacional de estupefacientes, negocio en el que se hallaban involucrados altos personeros militares.

Esas revelaciones de corrupción oficial, las evidencias de una estrecha alianza entre Melgar Castro y dirigentes del Partido Nacional —que tenía como finalidad preparar las condiciones para su "constitucionalización" como presidente de la República— y las luchas de poder al interior de las FFAA, se sumaron para determinar su "renuncia" como jefe de Estado, el 7 de agosto de 1978.

Una junta militar compuesta de tres miembros asumió las responsabilidades ejecutivas de gobierno. El general Policarpo Paz García, jefe de las FFAA; el teniente coronel Domingo Álvarez Martínez, comandante general de la Fuerza Aérea; y el teniente coronel Amílcar Zelaya Rodríguez, comandante general de la Fuerza de Seguridad Pública (FUSEP), integraron el triunvirato militar.

Los motivos que argumentó el Consejo Superior de las Fuerzas Armadas para separar de su cargo a Melgar Castro se basaron en la no aceptación por parte de este de un planteamiento "que a juicio del jefe de Estado ponía en entredicho el principio de autoridad y la jerarquía del mandatario. Asimismo, ese planteamiento iba cargado de intenciones". Eso último lo revelaba el consejero principal del jefe de Estado, César A. Batres, en una entrevista periodística[89].

Al poco tiempo, el célebre planteamiento cayó en manos de la prensa escrita, siendo publicado en un diario de Guatemala y en el periódico oficial de la Federación de Estudiantes Universitarios (FEUH). Su contenido revelaba lo que se calificó como el programa de gobierno de la junta militar.

Varios ministros controvertidos (excepto el titular de Trabajo) debían ser sustituidos; debían crearse las Juntas Regionales de Desarrollo; emitirse una Ley de la Comunicación Social (¿venganza por el relevante papel desempeñado por la prensa en la denuncia del narcotráfico?); adopción de una política más enérgica en el sentido de prevenir y mantener el orden público; y robustecer las organizaciones democráticas (campesinas, obreras, estudiantiles y profesionales) afines al gobierno de las Fuerzas Armadas, además de poner bajo conocimiento y control del Consejo Superior de las Fuerzas Armadas los arreglos con un partido político para "constitucionalizar" un representante del

---

[89] "Melgar fue destituido por no aceptar caprichos". Tiempo, 9 de agosto de 1978, p. 22.

instituto armado en el próximo torneo electoral[90].

Por supuesto que la veracidad de tal documento fue puesta en entredicho por la junta de gobierno, por lo que popularmente se le conoció como el memorándum apócrifo.

Lo cierto es que casi todo su contenido se fue paulatinamente cumpliendo. Las nuevas condiciones políticas que se fueron creando en el país y en el área centroamericana impidieron su total realización.

Si el gobierno de la junta militar se orientaba por ese tristemente célebre memorándum, resultaba evidente el golpe de muerte al reformismo militar inicial y el cambio hacia una forma de gobierno inspirada en la Doctrina de la Seguridad Nacional.

Asimismo, si el gobierno de los militares desechaba sus intentos transformadores originales, perdían toda legitimidad para su mantención en el poder, cosa que había venido sucediendo desde el gobierno de Melgar Castro; en tanto, este se había asumido en nombre de los cambios necesarios que urgían para la salvación del país y para el logro de la "felicidad del pueblo"[91].

Los nuevos gobernantes procedieron a la integración de un nuevo gabinete y, más tarde, a la creación de las Juntas Regionales de Desarrollo. Estas últimas eran idea del CONSUPLANE, presentadas como proyecto al COSUFFAA y al Consejo de Ministros. Su finalidad era la de planificar, coordinar y ejecutar las acciones del sector público regional; la canalización y manejo de fondos públicos se involucraba dentro de sus funciones. La dirección de estas juntas correspondería a los representantes del CONSUPLANE, en nombre de la jefatura de gobierno. Sin embargo, el COSUFFAA determinó que la dirección de estas recaería en los respectivos comandantes militares de zona.

Como lo ha señalado acertadamente Víctor Meza: "estas juntas se han convertido en mecanismos de control político en extremo eficientes, que al propio tiempo que anulan los últimos vestigios de autonomía municipal, conducen a la militarización de la vida civil"[92].

La Junta Militar de Gobierno le ha dado continuidad al proceso electoral, es decir, el retorno al orden constitucional. Sin embargo, la

---

[90] "Contenido del documento que derribó a Melgar", Tiempo, 26 de setiembre de 1978, p. 6.
[91] En este sentido resultan interesantes las opiniones vertidas por Edmun L. Bográn, miembro destacado del sector empresarial reformista de San Pedro Sula, Ver: "El gobierno carece de justificación histórica y política", Tiempo, 9 de enero de 19768, p. 4 y 5.
[92] Víctor Meza: "La Trayectoria de la dependencia en Honduras", *Le Monde diplomatique* en español, No. 11, Año I, México, noviembre 1979, p. 24.

conducción de este no ha sido muy afortunada y es grande la oposición despertada en torno a la manera cómo se está desarrollando.

El asunto arranca del contenido mismo de la ley, que contrario a las disposiciones de la Declaración Universal de los Derechos Humanos de la ONU y a otros acuerdos internacionales, deja fuera del cotejo electoral a quienes no comulguen con la ideología del bloque dominante. Por otro lado, complica la inscripción de fuerzas electorales nuevas con un sinnúmero de trámites innecesarios, cuando se tiene la voluntad de ser realmente pluralistas. Esto se vuelve peor con la presencia en el seno del Tribunal Nacional de Elecciones (TNE), de una correlación de fuerzas totalmente favorables a un partido político, conocido por su particular inclinación al uso de los métodos tradicionales de la politiquería criolla.

Los gobiernos militares han contado, en todo momento, con el apoyo civil de una burocracia identificada políticamente con el Partido Nacional. Esta "alianza natural" volvió a hacerse patente con el gobierno de Melgar Castro con vistas a su futura "constitucionalización". Así, en julio de 1978, se producen una serie de cambios en las municipalidades de todo el país. Más del 90 % de los nuevos alcaldes nombrados resultaron ser militantes del Partido Nacional, caso similar sucedió con los gobernadores políticos. Para el gobierno, esos hechos resultaron ser "meras coincidencias". La importancia de estos cambios se relaciona con el proceso electoral, en tanto, las municipalidades son las encargadas de extender la documentación ciudadana que sirvió para la elaboración del censo de electores.

El Partido Liberal emitió sendos pronunciamientos en los que denunciaba el sinnúmero de anomalías cometidas en la extensión de partidas de nacimiento y amenazó, incluso, con su retiro de las justas electorales de 1980, si se continuaban presentando anormalidades en los procedimientos respectivos[93].

Basados en pruebas de la existencia de las anomalías denunciadas, el Partido Liberal, la Democracia Cristiana, el Partido Innovación y Unidad y diversas organizaciones populares, exigieron al gobierno la extensión del período para el censo electoral. El gobierno denegó esas exigencias, quedando unas 30 mil personas fuera de dicho censo.

Mientras tanto, el Partido Nacional entrabó las posibilidades de inscripción de la Democracia Cristiana hasta lograr dejarla fuera de la contienda electoral. Primero, el argumento de recibir financiamiento extranjero, asunto que por falta de pruebas fue desechado por los

---

[93] Panorama (Resumen Centroamericano de Noticias), No, 83 Segunda Época, Guatemala, diciembre 1978.

organismos judiciales y, finalmente, el señalamiento de nimias anormalidades de procedimiento, sirvieron de armas al nacionalismo para terminar con las aspiraciones electorales de los Demócratas Cristianos.

Por otra parte, los procedimientos internos que manda la ley para la elección de los candidatos a la Asamblea Nacional Constituyente fueron burdamente violentados por los dos partidos políticos tradicionales. De esta manera, impusieron los candidatos de sus bandos más conservadores, marginando a amplios grupos de su misma masa electoral. Con excepción de los candidatos del novel Partido de Innovación y Unidad, que logró su inscripción, los candidatos más fuertes (en términos de poder de manipulación) son los mismos que en el ayer protagonizaron el desgaste de los partidos tradicionales llevando al fracaso del gobierno de "Unidad Nacional". De lo que no pudo ser aquel gobierno surgió el largo período de gobiernos militares que aún subsisten... ¿Se repetirá la historia?

Todos esos hechos han suscitado la pérdida de amplios segmentos ciudadanos en los próximos comicios. Las organizaciones ahora integrantes del llamado Frente Patriótico Nacional (Partido Demócrata Cristiano, Partido Comunista, Partido Marxista Leninista, Partido Socialista, Movimiento Revolucionario del Pueblo, Central General de Trabajadores, Frente de Unidad Campesina y una serie de organizaciones sindicales de centro, estudiantiles y profesionales), prácticamente se han definido por el repudio al proceso electoral que podría culminar en un llamado al boicot de las elecciones de abril.

Si sumamos a todo lo anterior, la crisis económica en que se debate el país, cuyas tasas de crecimiento económico están experimentando alarmantes descensos (en 1977 fue del 8.4 %, mientras que en 1978 descendió a 7.8 % y en 1979 se situó en 6.8 %), provocados por el factor inflacionario y otros asuntos de orden interno, a los que hay que agregar la culminación de los periodos de gracia de los préstamos internacionales a partir de 1980 y el peso negativo de una balanza de pagos deficitaria que alcanza los 300 millones de lempiras[94]. Y si miramos a nuestro derredor, a los países vecinos del área, no podemos sino presagiar acontecimientos de gran trascendencia en la vida de la nación para la década que se inicia.

---

[94] "Honduras hacia el caso: según Guillermo Bueso y Jorge A, Reina". La Tribuna, 11 de enero de 1980, p. 7 (Cifras presentadas por G. Bueso).

b. Resultados de la aplicación del Plan Nacional de Desarrollo en relación al sector público.

Se ha dicho con mucha frecuencia que la llegada de Melgar Castro a la jefatura de Estado trajo como consecuencia, entre otras cosas, la revisión del PND, recortándolo en sus contenidos más radicales, respecto a la intervención del sector público en la economía, a la aplicación a fondo de la Ley de Reforma Agraria, al comportamiento con respecto a la inversión foránea, etc. Pero no se ha sabido determinar con exactitud en qué consistieron los aspectos revisados.

Precisamente a eso está dedicado un documento, que lleva por título *El Plan Nacional de Desarrollo o dos documentos de base de trabajo*[95]. El escrito es extenso y analiza punto por punto los cambios introducidos a un documento elaborado por el CONSUPLANE, cuyo contenido se dedica a presentar las "opciones estratégicas para el desarrollo nacional".

El autor del primer documento mencionado sostiene que una de las primeras consecuencias de la llegada de Melgar Castro a la jefatura de gobierno fue la elaboración de un documento titulado *Síntesis del Plan Nacional de Desarrollo 1974—1978* (julio de 1975). La labor del autor radicó en comparar pacientemente las diferencias entre las *Opciones Estratégicas para el Desarrollo Nacional* y la *Síntesis del Plan Nacional de Desarrollo 1974—78*. Allí parece estar el meollo de la reorientación que va a sufrir la aplicación del PND durante la "segunda etapa" del gobierno de las FFAA. De la comparación entre el segundo y tercer documento ya referidos, F. García presenta 23 conclusiones, que, por lo extensas, haremos aquí un rápido resumen.

a. Resultó falsa la promesa de las FFAA, expresada en la proclama del 22 de abril de 1975, de "acelerar la ejecución del PND"; los hechos así lo demuestran.

Por otra parte, no fue el huracán Fifí ni las presiones de los organismos financieros internacionales quienes obligaron al gobierno a revisar el PND en sus aspectos cualitativos. Fueron las presiones políticas de la empresa privada y de los partidos políticos tradicionales.

b. En el documento *"Síntesis del PND"* no están contenidas las opciones estratégicas elaboradas en tiempos de López Arellano.

c. El documento *Síntesis...* es una mutilación del documento de las opciones estratégicas en todo aquello que se refiere a la participación del Estado en las actividades económicas de los

---

[95] Fernando García: El Plan Nacional de Desarrollo o dos documentos de base de TRABAJO, sin fecha (mimeografiado).

sectores considerados.

d.	El documento afirma que la economía del país puede y debe participar en la actividad minera (en gran parte en manos de la Rosario Resources Corporation); sin embargo, en el contenido propio del documento no se contempla el tratamiento del sector. Cosa similar se da con la definición de la política demográfica.

e.	En la *Síntesis...* se plantea que el sector agropecuario seguirá "desempeñando el rol más importante en el esquema económico nacional". Pero las pocas realizaciones en materia de reforma agraria que ejecutó el gobierno conducen a pensar que el apoyo al rubro lleva a la reproducción de las condiciones tradicionales imperantes y no a la introducción de transformaciones estructurales. De esta manera, se condena al país a continuar siendo un simple suministrador de materias primas y alimentos y al predominio político del grupo social más conservador. Así se violenta el espíritu original del PND, que daba el papel de conductor del desarrollo al Estado y a la burguesía industrial modernizante.

f.	Otro objetivo asignado al aparato agropecuario era el del aumento de su producción y del ingreso, a fin de satisfacer a un menor costo las necesidades alimenticias de la población y la demanda de materias primas de la industria.

	Todo lo anterior fue eliminado en su profunda concepción social.

g.	Se tergiversaron y mutilaron las políticas de mecanización agrícola, asistencia técnica, comercio interno, crédito, exportación e importación, con lo cual la estrategia se quedó corta.

h.	En cuanto al aparato forestal e industrial, se eliminaron todas las referencias a la participación estatal en las actividades productivas de tales rubros. Agregando a los anteriores, el sector pesca, educación, salud, nutrición y vivienda, se cambiaron los articulados que hacían precisa la política oficial por definiciones abstractas y vagas.

	Se mutilaron las declaraciones que orientaban esas actividades hacia objetivos de beneficio social (por ejemplo, en el sistema de salud, la necesidad de normalizar y reglamentar los ingresos del personal médico y paramédico).

i.	Con relación a los objetivos que se asignaban al gasto corriente, a los gastos de inversión, inversión productiva e infraestructura, se eliminaron aquellos relacionados con la necesidad de prestar atención a los gastos sociales, al fortalecimiento del ahorro público, a darle "la mayor importancia" a la inversión pública "en el esfuerzo de la inversión total de la economía" (aspecto medular del PND), a dirigir el excedente generado en las producciones estratégicas en función de los objetivos del desarrollo nacional y a ampliar las actividades del Estado hacia el campo productivo.

Teniendo, pues, muy en cuenta los recortes cualitativos hechos al PND, no hay que olvidar que lo restante fue ejecutado durante la gestión de Melgar Castro. Ese plan, cuya duración abarcó de 1974—1978[96], arrojó su saldo positivo y negativo: unas metas fueron alcanzadas, otras quedaron a medias y algunas se relegaron al olvido.

No se ha hecho público ningún documento evaluativo de los resultados de la aplicación del PND, por lo que resulta difícil hacerlo desde fuera de los organismos que tienen a su cargo esa tarea. Sin embargo, en las secciones anteriores hemos hecho referencia a algunos resultados sectoriales (política forestal, industrial, reforma agraria). Resta hacer referencia, por el objetivo mismo de este trabajo, a la actividad del aparato público, que desempeñó un importantísimo papel en la ejecución del mencionado plan de desarrollo.

Basándonos en datos preliminares del borrador del *Plan Global Sector Público, 1979—1983*[97], que incluye una breve evaluación del período de aplicación del Plan Quinquenal de Desarrollo (PND), 1974—1978, haremos unas cuantas consideraciones del orden general con relación al papel y comportamiento del sector público en ese lapso.

A pesar de las características que posteriormente asumió el PND en cuanto a sus alcances, es posible advertir cambios significativos en la política estatal con relación al comportamiento observado antes de la emisión de aquel.

Los objetivos del Plan Nacional de Desarrollo apuntaban hacia la modernización de las estructuras socioeconómicas del país, buscando aprovechar más racionalmente sus recursos. En este cometido, el sector público tendría la tarea de promover y orientar el desarrollo conducente a aquellos fines.

Los propósitos del PND, al irse concretizando (aunque sea de manera mediatizada), caracterizarán este período por los cambios significativos que experimentará el país en su vida económica. Cambios como la puesta en ejecución del Programa de Reforma Agraria, la cancelación de las exenciones a las compañías bananeras, la

---

[96] Aunque las pretensiones de sus planificadores originales eran de extender el alcance de sus objetivos más generales hasta unos 20 años, por lo menos.

[97] CONSUPLANE: Plan Global del Sector Público, 1979—1983. Borrador original.

recuperación de los muelles y ferrocarriles en poder de aquellas, la introducción de mejoras en el sistema tributario y ajustes en los precios de las empresas estatales, y los pasos encaminados a la implementación del proyecto de desarrollo forestal industrial de Olancho y el proyecto hidroeléctrico El Cajón.

El aparato estatal se expandió con la creación de las instituciones siguientes: Corporación Hondureña de Desarrollo Forestal (COHDEFOR), Corporación Nacional de Inversiones (CONADI), Corporación Hondureña del Banano (COHBANA), Empresa Hondureña de Telecomunicaciones (Hondutel), Financiera Nacional de la Vivienda (FINAVI), Instituto Hondureño de Mercadeo Agrícola (IHMA), Suministradora de Productos (BANASUPRO), Instituto Hondureño de Crédito Educativo (EDUCRÉDITO) y tres Empresas Mixtas: Forestal Industrial de Agua Fría, Azucarera Cantarranas y Corporación Industrial Forestal de Olancho[98].

Para satisfacer las necesidades financieras del sector público no financiero, en el período 1974—1978 fue necesario un gasto total de tres mil 951.4 millones de lempiras corrientes, de los cuales dos mil 014.2 millones correspondieron a gastos corrientes y mil 937.2 millones a gastos de capital. En términos proporcionales, estas magnitudes representaron un 51% de gastos corrientes y un 49% de gastos de capital.

Esas cifras representan una ampliación de los gastos destinados a la formación de capital social básico, por cuanto en el quinquenio anterior 1969—1973 la estructura del gasto fue de 60% en gastos corrientes y 40 % en gastos de capital.

El crecimiento del gasto total del sector público no financiero alcanza un promedio anual del 26% a precios corrientes, al pasar de 358,5 millones de lempiras en 1973 a mil 134.8 millones en 1978. Ese crecimiento se hace acompañar de una mayor participación estatal en la economía, si tomamos como indicador el coeficiente del gasto total con relación al Producto Interno Bruto (excluyendo la amortización de la deuda), que fue de 17.4% en 1973 y de 30.2% en 1978.

El destino y la naturaleza del gasto público fue reorientado durante el quinquenio último en referencia. El gasto corriente, que creció a una tasa media anual de 21%, deja ver los esfuerzos realizados en materia de programas de bienestar social: reforma agraria, salud, educación y vivienda. El gasto de capital se orientó hacia áreas consideradas estratégicas, buscando darle al Estado una mayor participación en la esfera de la producción.

---

[98] Ver en el anexo: Organigrama del Sector Público, 1971 y 1976.

Los ingresos corrientes cubrieron el 70.1% de los gastos totales en el quinquenio 1974—1978, bajando su participación relativa si se le compara con el 76.6% del periodo anterior. Eso significa que el papel de la deuda en el financiamiento del sector público ha ido adquiriendo mayor importancia, a pesar de las reformas que se introdujeron en el período en el sistema impositivo. La carga tributaria (excluyendo las contribuciones al Seguro Social) logró aumentarse de un 11,4% del PIB en 1973 a, aproximadamente, 16% en 1978. Por sus características, como veremos más adelante, las cargas tributarias tienen bases endebles y afectan en gran medida a los sectores de menores ingresos de la población.

En lo referente al financiamiento procedente de los ingresos de capital, se continuó manifestando en el período la tendencia al crecimiento mayor de la participación del financiamiento externo en comparación al interno. En el período del PND, el financiamiento neto externo representó en promedio el 17.6% y el financiamiento interno neto el 16.6% del gasto total (excluyendo amortizaciones).

El informe del CONSUPLANE que hemos venido utilizando señala que ese mayor financiamiento externo estuvo asociado con la mayor utilización de recursos externos para financiar el programa de inversiones públicas y tuvo su origen principalmente en créditos blandos provenientes de organismos internacionales de desarrollo.

El endeudamiento interno provino principalmente de la colocación de bonos públicos en el sistema bancario, bajo modalidades introducidas en la década de 1950, que dan la opción a los bancos comerciales de mantener determinadas proporciones de sus depósitos en títulos valores del Estado (que devengan interés) o en efectivo.

Líneas arriba nos hemos referido al aumento logrado en los ingresos tributarios. Provinieron de los siguientes esfuerzos: a) la aplicación de un impuesto especial a las exportaciones del banano; b) la eliminación de concesiones fiscales a las compañías bananeras; c) el gravamen sobre la remisión de utilidades por parte de sucursales locales de compañías extranjeras; d) la imposición de regalías a la producción minera por concepto de agotamiento de un recurso natural no renovable; f) la modificación en el sistema de recaudación del impuesto general sobre ventas, de un impuesto aplicado a las ventas finales a un impuesto al valor agregado por etapas; y g) la introducción de mayores impuestos a la producción de cerveza, cigarrillos, aguardiente y licores compuestos, así como a la exportación de café.

En este último renglón el impuesto fue progresivo, es decir, en función geométrica del crecimiento del valor de la exportación. Ese mecanismo permitió al Estado captar importantes ingresos aprovechando la coyuntura favorable a los precios internacionales del aromático.

Al analizar la composición de los ingresos tributarios (excluidas las contribuciones a la seguridad social), se nota claramente que el sistema continuó descansando en los impuestos indirectos: un 77% en el quinquenio 1969—1973 y 75% en 1974—1978. Esos porcentajes —aclara un estudio— no necesariamente ocultan un carácter de regresividad (de afectación a los que menos tienen), pues, al excluir los gravámenes a las exportaciones y considerarlos como impuestos directos, el porcentaje disminuye a un 69.3% en el primer quinquenio considerado y a 58.3% en el segundo.

Un hecho que llama la atención y que muestra la debilidad de las economías agroexportadoras es la alta participación de los impuestos que gravan al comercio exterior. En los últimos cinco años en mención, el promedio de participación de ese tipo de impuesto fue del orden del 42.1%. Las finanzas públicas quedan, de esta manera, a merced de las condiciones cambiantes del mercado internacional.

Los frutos del aumento de la importancia de la participación pública en la actividad económica en el período de aplicación del PND se traslucen en el crecimiento de las rentas no procedentes de impuestos, que se incrementaron a una tasa promedio anual del 21%. Comparando la participación de los ingresos no tributarios dentro de los ingresos totales del sector público observamos lo siguiente: en 1972, esa participación fue del orden del 5.1%; en 1974 subía al 26%; y en 1976 a un 25%[99].

Respecto al ahorro corriente y neto, la evaluación hecha por el CONSUPLANE nos advierte que, a pesar del acelerado crecimiento de los gastos públicos, fue satisfactorio el dinamismo del ahorro corriente del sector público no financiero, al aumentar a una tasa promedio anual de 23.7% a precios corrientes, comparado con 15.4% en los años 1969—1973.

Resultó positivo también —aunque no como resultado de una acción deliberada sino producida por la situación inflacionaria— el impuesto al banano en 1975 y la reforma tributaria de año, el cambio en la relación entre la amortización de la deuda y el ahorro corriente. De esta manera, la proporción destinada a los gastos de capital (ahorro neto) logró incrementarse. El ahorro corriente en el período 1969—1973 fue de

[99] Banco Central de Honduras: Honduras en Cifras, 1971—1973, 1974—1976, 1975—1977, Departamento de Estudios Económicos, Tegucigalpa.

152.7 millones de lempiras; de este total, el ahorro neto representó el 13%; en el siguiente período subió un 21% como participación dentro del ahorro corriente. El resto correspondió a la cantidad destinada a la amortización de la deuda.

Las realizaciones del sector público en materia de formación bruta de capital dependieron fuertemente del endeudamiento, principalmente del externo. Los recursos provenientes del ahorro neto y de otros reflejaron una leve mejoría en el período. Los gastos gubernamentales en la formación de capital se financiaron así: en un 79,3% de crédito interno y externo, 6.5% con recursos provenientes del ahorro neto y 14.2% con otros ingresos de capital[100].

Otra interesante tendencia del comportamiento del aparato público fue lo relativo a las inversiones. En este aspecto ha sido significativo el papel del sector en cuanto a su contribución al crecimiento económico. El coeficiente de capitalización pasó de 4.8 % a 7.9% en promedio entre los quinquenios 1969—1973 y 1974—1978. La participación de la inversión pública en la inversión total aumentó de 29.4 % a 38.2 % en promedio en los quinquenios señalados. Observando un cuadro que nos presenta el estudio en referencia[101], relativo a la distribución sectorial de la inversión real pública, obtenemos varias conclusiones:

- El considerable aumento de la inversión real pública de un quinquenio a otro, que casi llega a duplicarse. Según el CONSUPLANE, ese aumento refleja el desarrollo de una mayor capacidad de ejecución por parte de las instituciones del sector público.

- La reorientación experimentada en la asignación sectorial de recursos para la inversión, dándole una mayor importancia a actores fundamentales de la economía, tales como el agrícola y el forestal. La participación del sector productivo dentro de la inversión total se elevó de un 1.8 % a un 9.6 % entre los quinquenios que hemos venido considerando.

- En esa misma línea se enmarca el sensible aumento sufrido por la inversión en los llamados sectores sociales (salud, educación y vivienda), cuya participación fue de un 20 % aproximadamente en el quinquenio 1974—1978, comparado

---

[100] Véase anexo 1 Sector Público, financiamiento del Gasto de Capital, excluida la amortización de la deuda (millones de lempiras)
[101] Véase anexo 2 Sector Público Distribución Sectorial de la Inversión Real (Millones De Lempiras De 1966)

con un 12 % en el quinquenio anterior[102].

- Las realizaciones en infraestructura económica vieron reducida su participación porcentual en la inversión total. Así, se pasó de un 83.2 % a 68.9 % del total entre los dos últimos quinquenios. En términos absolutos, este tipo de inversiones públicas sigue siendo mayor que las realizadas en los otros dos sectores.

El esfuerzo del Estado en este segmento se volcó hacia la realización de una serie de obras en el campo del transporte (comprende: carreteras, puertos, ferrocarriles y aeropuertos), energía (hidroeléctrica, diésel y gas) y comunicaciones (teléfonos, telégrafos y correos). Por su orden, indican la cantidad de fondos invertidos de más a menos.

Aunque la evaluación confeccionada por el CONSUPLANE no presenta indicadores precisos, reconoce también la desigual distribución regional de la inversión pública. Según esa institución, existe la tendencia a ir destinando una buena cantidad del monto de la inversión hacia el rubro agropecuario, que de todas maneras resulta ínfima en comparación con la población dedicada a tales actividades.

Retomando el tema de la deuda pública, encontramos en el estudio que nos continúa sirviendo de base para este apartado acotaciones muy interesantes. En primer lugar, la creciente importancia que va adquiriendo el endeudamiento externo y, en segundo lugar, la ausencia de una política definida de endeudamiento público. Veamos.

Dadas las exigencias que el PND le planteó al aparato estatal, que exceden la capacidad financiera del mismo para atenderlas, la deuda pública ha venido a subsanar dicha deficiencia en forma creciente. La deuda pública pasó de L 503.3 millones en 1973 a L 1,393.8 millones en 1978 (lempiras de 1966), con una tasa de crecimiento anual de 26% y

---

[102] Los problemas en este campo son enormes y crecientes y el Estado apenas satisface en lo mínimo las necesidades habidas. Por ejemplo, en el campo de la vivienda el Sector Pública produce solamente el 7 por ciento de la totalidad del sector, con altibajos que reflejan la insuficiente atención que se le ha concedido al problema habitacional. El 93 por ciento restante es producido por la iniciativa privada. Relacionando la producción del INVA con la necesidad total acumulada de vivienda, se tiene que apenas se logró alcanzar una relación porcentual de 0.3 por ciento en el período 1974—1976. Si la relación se establece respecto a la deficiencia mínima, esta participación alcanza en promedio el 50% en el período antes mencionado. Para contribuir a satisfacer las grandes necesidades de vivienda del país, se creó la Financiera Nacional de la Vivienda, que inició operaciones en 1977, financiando la construcción de 837 viviendas con una inversión de 9 millones de lempiras, con la ayuda de un préstamo de la AID. CONSUPLANE, Plan Operativo Sector Público, 1977, ya citado, p. 229—233.

16% para la deuda externa e interna, respectivamente[103]. El menor ritmo de utilización del crédito interno ha provocado un cambio significativo en la estructura de la deuda. El endeudamiento externo representó en 1973 el 66% de la deuda total, aumentando a un 74% en 1978.

En función del crecimiento de la deuda, el sector público ha tenido que destinar parte de los ingresos corrientes y de los ingresos por divisas de exportación al cumplimiento de las amortizaciones e intereses de la deuda pública. La carga financiera del servicio de la deuda interna y externa pública no financiera sobre los ingresos brutos pasa de un 18.2% a un 20.7% entre los años 1974—1978, respectivamente.

La ausencia de definición de la política de endeudamiento público provoca el problema de que los criterios de consideración de lo que son los límites prudentes del servicio de la deuda quedan bajo los criterios definidos por los organismos prestatarios, asunto que se vuelve más problemático cuando se trata de instituciones financieras internacionales. Por otra parte, la carrera desenfrenada que, a veces, parece emprender la tecnocracia con lo que se refiere a la adquisición de préstamos provoca problemas que repercuten dolorosamente en la economía, sobre todo cuando esta no experimenta un crecimiento sostenido. Por ejemplo, en el período de 1974 a 1978 se sufrió un sensible deterioro en cuanto a las condiciones y características del nuevo endeudamiento externo, al ser cada vez mayor la proporción de la deuda negociada a elevadas tasas de interés. En efecto, la proporción de la deuda negociada a tasas del 7% y más sube de 19.6% en 1973 a un 28.3% en 1978.

La evaluación que hace el CONSUPLANE reconoce que, si bien el deterioro arriba apuntado refleja en parte los mayores costos del dinero en el mercado internacional, también es el resultado de que, en ausencia de definiciones políticas para el endeudamiento externo, se recurrió a fuentes duras para financiamientos de proyectos en que era factible obtener recursos de otras fuentes en condiciones más favorables para el país.

Al analizar el gasto público podemos advertir una tendencia en los últimos años a mantener tasas de crecimiento económico sostenido[104] a

---

[103] El total de la deuda pública a finales de diciembre de 1979 ascendía, en cifras preliminares, a 1.709 millones de lempiras corrientes. De esto, 609 millones de lempiras correspondieron a la deuda pública interna y 1.100 millones de lempiras a la deuda pública externa. Paul Vinelli: La Economía en Honduras en 1979 y perspectivas para 1980. Conferencia en el Club Rotario en San Pedro Sula, 9 de enero de 1980; p. 2y 3.

[104] Esta afirmación es un tanto relativa. Se ha logrado sostener la economía a niveles

base de jugar con dos factores: a) la contratación creciente de créditos blandos[105] y b) el aumento del crédito público interno por la vía de la contracción de los recursos destinados al sector privado[106].

Las deficiencias de la organización productiva local, que subutiliza

---

que la tecnocracia considera "optimistas" –dentro de las limitaciones de la economía nacional–; sin embargo, la tendencia no arroja saldos muy positivos. En 1976, se logró una recuperación económica luego de las enormes pérdidas dejadas por el huracán Fifí, llegándose a un crecimiento económico de 5.6, en 1977; 8.3, en 1978; en 1979, 6.8%. Banco Central de Honduras: Honduras en Cifras, ya citado, 1975—1977; y "Honduras hacia el caos!: según Guillermo Bueso y Jorge A. Reina", ya citado.

[105] Paul Vinelli. Ya citado, p, 4.

[106] Idem., 6—7; cito *inextenso* esta interesante apreciación: *"Entonces podemos claramente visualizar que la expansión crediticia de nuestro instituto monetario central en los 12 meses que ya he apuntado (entre diciembre 1978 y diciembre 1979; RDC), que son los últimos 12 meses, ha sido de orientar recursos exclusivamente al sector público, mientras que el sector privado ha sido paralizado; y el sector privado lo identificó como el sector bancario privado del país. Esto no es extraño si ustedes reconocen ciertos fenómenos, de la imposibilidad de un gobierno que enfrenta obras enormes de gran envergadura sin tener suficientes recursos locales. Recuerden que los créditos internacionales no es dinero que viene aquí a los bancos, sino que son utilizados exclusivamente para la adquisición de equipo y materiales en el exterior y para el pago de servicios de asistencia técnica del exterior, y el país tiene que contribuir con su contraparte de fondos locales. Si el país no tiene, ni dispone de dichos recursos, entonces el único proceso de que se dispone es utilizar el crédito interno para poder financiar los recursos de contraparte.*

Obviamente, este aumento de crédito de la banca central al gobierno está reflejado en el aumento de la deuda interna del sector público que he indicado y que nada más viene a reflejar el déficit fiscal que ha sufrido la nación en el período 1979.les. Recuerden que los créditos internacionales no es dinero que viene aquí a los bancos, sino que son utilizados exclusivamente para la adquisición de equipo y materiales en el exterior y para el pago de servicios de asistencia técnica del exterior, y el país tiene que contribuir con su contraparte de fondos locales. Si el país no tiene, ni dispone de dichos recursos, entonces el único proceso de que se dispone es utilizar el crédito interno para poder financiar los recursos de contraparte. Obviamente, este aumento de crédito de la banca central al gobierno está reflejado en el aumento de la deuda interna del sector público que he indicado y que nada más viene a reflejar el déficit fiscal que ha sufrido la nación en el período 1979.

Podríamos estimar dicho déficit en lempiras 234 millones del déficit interno y un déficit externo de lempiras 138 millones, que es nada más que el cambio en la deuda pública externa y la deuda pública interna. Los ingresos del gobierno central para 1979 fueron calculados en aproximadamente lempiras 818 millones, de los cuales lempiras 637 son los ingresos corrientes que provienen de impuestos y unos lempiras 181 millones son a base de crédito".

los recursos económicos más importantes (fuerza de trabajo y recursos naturales); la creciente descapitalización provocada por la inversión extranjera; el despilfarro en consumo suntuario; el constante deterioro de los términos de intercambio[107] y la timidez gubernamental para hacer frente con decisión a esos enormes problemas, imposibilitan al Estado para cubrir sus gastos con un endeudamiento mínimo, en el crecimiento económico sostenido y en la atención a los problemas fundamentales de la población.

Los recortes que sufrió el PND en aspectos medulares alejaron mucho más la posibilidad de rompimiento de ese peligroso círculo vicioso del subdesarrollo.

En síntesis, debemos señalar que los resultados positivos que arrojó la participación pública durante los años 1974—1978 en ciertos sectores de actividad pudieron haber sido mayores si no hubieran mediado factores de índole externa, pero fundamentalmente, de no haberse truncado las pretensiones de quienes, en afán visionario, intentaron desarrollar un proyecto de actualización histórica, cuya magnitud no se supo afrontar con la decisión del caso, dejando en los crédulos una nueva frustración más.

---

[107] Ibidem, p. 9.... "mientras hace cinco años, en 1972, un barril de petróleo se podía comprar con 57 libras de banano, ahora necesitamos 440 libras de banano para comprar el mismo barril. Si lo queremos calificar en otra manera, mientras en 1972 un barril de petróleo nos costaba tres libras de café, ahora nos cuesta 24 libras de café".

A MANERA DE CONCLUSIONES

A lo largo de este trabajo, hemos tratado de bosquejar el crecimiento y diferenciación funcional del aparato institucional del Estado hondureño, hecho explicable dentro de los marcos de la funcionalidad del Estado capitalista en formaciones sociales de tal naturaleza, de las necesidades de reproducción del capital local e internacional y de la dinámica de la lucha clasista.

¿A qué conclusiones generales puede arribarse en términos de la problemática particular que interesa a este estudio? Evidentemente, durante el período histórico—político de 1876—1948 las transformaciones en el aparato institucional del Estado no son de mayor consideración. La consolidación de las estructuras ministeriales del aparato central del Estado es quizá la transformación institucional más notable. Las estructuras ministeriales quedan ya claramente dibujadas hacia finales de la década de 1920 por el Código de Procedimientos, distribución ministerial a partir de la cual, a inicios de la década de 1950, se produce un nuevo proceso de desagregación institucional que conduce a la distribución ministerial actual. Institucionalmente, durante este período quedan ya claramente consolidadas las estructuras estatales de poder regional o local, que durante buena parte de este han de mantener tendencias centrífugas frente al poder centralizador del Ejecutivo. Las estructuras jurídicas y legislativas, que caracterizan los regímenes demoliberales, han quedado ya claramente establecidas desde finales del siglo pasado, aunque su acción efectiva es irregular e intermitente.

Como hemos tratado de mostrar, es solamente en la segunda posguerra del presente siglo que se inicia un acelerado proceso de diferenciación institucional y expansión del aparato estatal, en el marco de una ampliación del proceso de expansión capitalista del país más allá de la plantación bananera y de otros renglones controlados ampliamente por el capital imperialista, y teniendo como telón de fondo general una nueva tónica en las articulaciones con el centro imperialista de poder y los países del capitalismo periférico, particularmente América Latina, basada sobre una nueva apreciación de los problemas del desarrollo y el subdesarrollo, influida ideológicamente por la lucha contra la subversión comunista y los cambios revolucionarios.

El régimen de Juan Manuel Gálvez marca el inicio de este proceso de diferenciación funcional y expansión del aparato estatal, así como también el inicio de una activa participación del Estado en la economía, en la sociedad civil, más allá de las tradicionales funciones económicas liberales de la construcción de obras de infraestructura, que de todas maneras a partir de entonces experimentarán un vigoroso impulso. Surge, pues, el Estado como promotor de "desarrollo económico", personificándose institucionalmente en un conjunto de nuevos organismos, entre los cuales uno de los primeros y más importantes será el Banco Nacional de Fomento (BANAFON), una suerte de banco de desarrollo, a través del cual el Estado ha de jugar un importante papel en la promoción del capitalismo del agro y en la creación de núcleos burgueses agrarios diferentes de la burguesía imperialista bananera.

Como ha tratado de mostrarse, parte importante de la modernización institucional que inicia el régimen de Gálvez y continúan casi ininterrumpidamente los posteriores, responde a las presiones organizadoras internacionales del imperialismo, ideológicamente comprometido en la lucha contra el subdesarrollo y la subversión comunista, y más allá de ello, con los intereses de las grandes corporaciones multinacionales. Ello no sólo afecta a sectores como la salud, la educación, sino también al Ejército, al complejo mundo de las finanzas y de la planificación capitalista. En efecto, un importante sector en que son evidentes las presiones imperialistas, ya en su conformación como en su funcionamiento, es precisamente el de la planificación capitalista. Como ha quedado señalado en este trabajo, los orígenes del primer organismo de planificación económica del país, el Consejo Nacional de Economía, están estrechamente ligados a las recomendaciones del Banco Internacional de Reconstrucción y Fomento (BIRF), importante agencia financiera imperialista. Más tarde, el desarrollo de la planificación capitalista recibirá un notable impulso de la Alianza para el Progreso y de los organismos internacionales bajo hegemonía norteamericana.

Algunas modificaciones institucionales que han ocurrido en los últimos treinta años son explicables mejor a partir de la dinámica interna de la lucha clasista, de las presiones de los sectores populares, de las capas medias urbanas, e incluso de núcleos burgueses modernizantes.

En breve, como ha podido verse a lo largo del trabajo, es justamente en los últimos treinta años que se ha producido un notable proceso de diferenciación funcional y expansión del aparato estatal. Parte importante de este proceso es la creación de un conjunto de empresas estatales, autónomas o semiautónomas, que han expandido notablemente el aparato institucional del Estado y ampliado considerablemente las áreas y modalidades de su intervención en la sociedad civil: empresas autónomas para la producción de energía eléctrica, agua y exportación maderera, bananera, para la dotación de servicios sociales orientados a garantizar ciertas condiciones para la reproducción de la fuerza de trabajo, etc. (ENEE, SANAA, COHDEFOR, COHBANA, JNBS, etc.). El Estado, incluso, ha entrado ya, aunque un tanto tibiamente, en una fase de realización de inversiones productivas mixtas con el capital privado, la Corporación Industrial Forestal de Olancho, entre otros, es un ejemplo de ello.

En general, es precisamente en coyunturas pre reformistas y reformistas de gestión política que el Estado hondureño ha experimentado una considerable expansión de su aparato institucional y ampliado el ámbito de su acción en la sociedad civil.

Durante estos lapsos políticos, los grupos y clases sociales gestoras del aparato estatal se han visto obligados a procesar las demandas de los sectores populares, así como de las capas medias urbanas y de núcleos burgueses modernizantes. En una coyuntura pre reformista, de gestión militar, que sigue al fugaz régimen dictatorial de Julio Lozano Díaz, de gran agitación social y que precede al reformismo villedista, el Estado asume importantes funciones en la reproducción de la fuerza de trabajo, que se expresan funcionalmente (INVA, PANI), así como en la creación de una fuente segura de energía eléctrica barata y abundante para proveer al desarrollo capitalista industrial del país (ENEE).

Nuevas instituciones autónomas de este último género se agregan al aparato estatal durante el régimen reformista del socialdemócrata Villeda Morales: el Ferrocarril Nacional, el SANAA. Igualmente, durante el reformismo villedista, la cuestión social adquiere plena sistematización institucional: la JNBS, el IHSS. La cuestión agraria, que surge como verdadero problema social hacia finales de la década de 1950, conduce a la creación del INA, cuya fundación precede a la dación de la Ley de Reforma Agraria emitida en el fondo social de la Alianza para el Progreso y de una agudización de la lucha de clases en el campo hondureño.

Es nuevamente, en un período reformista, el reformismo militar liderado por López Arellano y en su fase de desgaste por Melgar Castro, que el Estado vuelve a verse sometido a un vigoroso proceso de diferenciación institucional y de ampliación de su intervención en el ámbito de la sociedad civil. Institucionalmente, ello se materializa en la creación de la Corporación Hondureña de Desarrollo Forestal (COHDEFOR), la Corporación Nacional de Inversiones (CONADI), la Corporación Hondureña del Banano (COHBANA), la Empresa Hondureña de Telecomunicaciones (Hondutel), la Financiera Nacional de la Vivienda (FINAVI), el Instituto Hondureño de Mercadeo Agrícola (IHMA), etc., así como en algunas empresas productivas mixtas

(Forestal Industrial de Agua Fría, la Azucarera Cantarranas y la Corporación Industrial Forestal de Olancho).

A través de este conjunto de instituciones estatales, algunas de las cuales no están alejadas de propósitos nacionalizantes, por lo menos declarativamente, el Estado ha pasado a desempeñar un importante papel como promotor de "desarrollo económico y social", como rezan los informes oficiales, sin duda, complicando notablemente su estructura institucional y expandiendo vigorosamente el ámbito de su intervención en la sociedad civil.

Finalmente, y para concluir, hay que indicar que el aspecto más notable y reciente de la expansión institucional del aparato estatal, el aparecimiento de las Juntas Regionales de Desarrollo, organismos de control político y de planificación regional capitalista, a la cabeza de las cuales se encuentran comandantes militares, no hace más que confirmar un rasgo fundamental en la evolución política del país: la creciente militarización del Estado, en el marco particular actual de un régimen político autoritario, que detenta una política económica y social notablemente desfavorable hacia los sectores populares y sus organizaciones, los que son objeto continuamente de la violencia institucional del Estado.

Anexo 1

SECTOR PUBLICO FINANCIAMIENTO DEL GASTO DE CAPITAL, EXCLUIDA LA AMORTIZACION DE LA DEUDA (millones de lempiras).

	1969—73	%	1974—78	%
Gastos de Capital	487	100	1.563.8	100
Ahorro Neto	20.2	4.2	102.1	6.5
Crédito	402.4	86.6	1.239.3	79.3
interno	173.3	35.6	484.1	31
Externo	229.1	47	755.2	48.3
Otros Recursos	64.4	13.2	222.4	14.2

Fuente: CONSUPLANE; Plan Global. 1979—1983. Ya citado

Anexo 2

SECTOR PUBLICO DISTIBUCCIÓN SECTORAL DE LA INVERSION REAL
(millones de lempiras de 1966)

1969—73 Total	1974—78 Estructura Porcentual		Total, Estructura Porcentual	
I. ESTRUCTURA	**279.1**	**83.2**	**433.7**	**68.9**
Transporte	166.7	49.7	227.4	36.1
Comunicaciones	11.1	3.3	44.5	7.1
Energía	74.6	22.2	95.8	15.2
Urbanismo	26.7	8	66	10.5
II. PRODUCTIVOS	**6**	**1.8**	**60.6**	**9.6**
Agropecuario	6.8	1.8	43.1	6.8
Forestal	—	—	13.1	2.1
Turismo	—	—	2.6	0.4
Industrial	—	—	1.8	0.3
III. SOCIALES	**39.9**	**11.9**	**120.9**	**19.2**
Educación	13.3	4	36.5	5.8
Salud	17.8	5.3	73.6	11.7
Vivienda Promoción Social	8.8	2.6	10.8	1.7
IV. OTROS	**10.5**	**3.1**	**14.5**	**2.3**
TOTAL	335.5	100	629.7	100

Fuente: Ídem.

Principales Siglas Utilizadas

Sigla	Nombre completo
AFL—CIO	America Federation of Labor—Congress of Industrial Organization
ANACH	Asociación Nacional de Campesinos de Honduras
BANAFOM	Banco Nacional de Fomento
CGT	Central General de Trabajadores
CEPAL	Comisión Económica Para América Latina
COHBANA	Corporación Hondureña del Banano
COHDEFOR	Corporación Hondureña de Desarrollo Forestal
CONADI	Corporación Nacional de Inversiones
CONSUPLANE	Consejo Superior de Planificación Económica
CORFINO	Corporación Forestal Industrial de Olancho
CTH	Confederación de Trabajadores de Honduras
DIFOCOOP	Dirección de Fomento Cooperativo
ENEE	Empresa Nacional de Energía Eléctrica
ENP	Empresa Nacional Portuaria
FECESITHLIH	Federación Central de Sindicatos Libres de Honduras
FECORAH	Federación de Cooperativas de Reforma Agraria de Honduras
FENACH	Federación Nacional de Agricultores y Ganaderos de Honduras
FESITRANH	Federación Sindical de Trabajadores Norteños de Honduras
FENAVI	Financiera Nacional de la Vivienda
HONDUTEL	Empresa Nacional de Telecomunicaciones
IHSS	Instituto Hondureño de Seguridad Social
INA	Instituto Nacional Agrario
IHCAFE	Instituto Hondureño del Café
INFOP	Instituto Nacional de Formación Profesional
INVA	Instituto de la Vivienda
JNBS	Junta Nacional de Bienestar Social
ORIT	Organización Regional Interamericana de Trabajadores
PANI	Patronato Nacional de la Infancia
PDRH	Partido Democrático Revolucionario Hondureño
PL	Partido Liberal
PN	Partido Nacional

SANAA	Servicio Autónomo Nacional de Acueductos y Alcantarillado
SITRATERCO	Sindicatos de Trabajadores de la Tela Rairoad Company
SUTRASFCO	Sindicato Unificado de Trabajadores de la Standard Fruit Company
SCIDE	Servicio Cooperativo Interamericano de Educación
SCOP	Servicio Cooperativo Interamericano de Salud Pública
STICA	Servicio Técnico Interamericano de Cooperación Agrícola
TELAS RR. Co.	Tela Railroad Company
UFCo.	United Fruit Company
UNC	Unión Nacional de Campesinos

BIBLIOGRAFÍA SUMARIA

Altvater, Elmar, Notas sobre algunos problemas del intervencionismo del Estado en Heinz Rudolf Sonntag y Héctor Vallecillos (editores), El Estado en el capitalismo contemporá—neo, Siglo XXI Editores SA, México 1977.

Brand, Charles A., The Background of Capitalistic Underdevelopment: Honduras to 1913, Ph. D. dissertation, University of Pittsburgh, 1972 (published by University Microfilms International).

Boatman—Guillán, Edward, (The Political Rol of the United Fruit Company in Honduras), unpublished Ph.D. dissertation (Working Draft).

CONSUPLANE, Manual de organización y funciones de los organismos descentralizados, Tegucigalpa, 1977.

Cecchi, Vicent, and Associates, Honduras. A Problem in Economic Development, The Twentieth Century Fund, New York, 1959.

Finney, Kenneth V. Precious Metal Mining and the Modernization of Honduras: In Quest of El Dorado (1880—1900), Ph. D. dissertation, Tulane University, 1973 (published by University Microfilms International).

Hirsch, Joachim, "Observaciones teóricas sobre el Estado burgués y su crisis" en Nicos Poulantzas, et. al., El marxismo y la crisis del Estado, Universidad Autónoma de Puebla, México, 1977.

Ianni, Octavio, Sociología del imperialismo, Sep—Setentas, México, 1974.

Instituto de Investigaciones Jurídicas, Índice clasificado por materia de leyes, decretos, reglamentos, acuerdos, etc publicados en La Gaceta (1895—1973), UNAH, Tegucigalpa, s.f.

Recopilación de las Constituciones de Honduras (1825—1965), UNAH, Tegucigalpa, s.f. Leiva Vivas, Rafael, Un país en Honduras, Imprenta Calderón, Tegucigalpa, 1969.

Lojkine, Jean, Contribución a una teoría marxista de la urbanización capitalista en estudios sociales centroamericanos No. 15, setiembre—diciembre, 1976.

Oquelí, Ramón Gobiernos hondureños durante el presente siglo en Economía Política... UNAH, Tegucigalpa.

Paulino Valladares(editor), El pensador y su mundo Editorial Nuevo Continente, Tegucigalpa, 1972.

Paredes, Lucas, El drama político de Honduras, Editorial Latinoamericana, México, 1959.

Pérez Brignoli, Héctor, La reforma liberal en Honduras, Cuadernos de Ciencias Sociales No. 2, Editorial Nuevo Continente, Tegucigalpa, 1973.

Molina Chocano, Guillermo, Honduras: de la guerra civil al reformismo militar (1925—1973), serie Textos No. 4 Programa Centroamericano de Ciencias Sociales, Csuca, San José, s.f.

Morris, James, Interest Groups and Politics in Honduras, Ph. D. dissertation The University of New Mexico, 1974 (published by Universitiy Microfilms International).

Ropp, Steve, The Honduran Army in the Sociopolitical Evolution of the Honduran State in The Americas, 30, 1974.

Salgado, Félix, Compendio de historia de Honduras, Imprenta El Sol, Comayagüuela, 1928.

Stokes, William S., Honduras: An Area Study in Gobernment, The University of Wisconsin Press, Madison, 1950.

Thompson, Joseph, An Economic Analysis of Public Expenditure in Honduras: 1925—1963, Ph. D. dissertation, University of Florida, 1968 (published by University Microfilms Inter—national).

Torres—Rivas, Edelberto, Poder nacional y sociedad dependiente: las clases y el Estado en Centroamérica en Estudios Sociales Centroamericanos No. 8, mayo—agosto, 1974.

Sínteis histórica del proceso político en Edelberto Torres—Rivas, et. al., Centroamérica: hoy, Siglo XXI Editores S. A., México, 1976.

Villanueva, Benjamín, The role of Institutional Innovation" in the Economic Development of Honduras, A research Paper, Land Tenure Center, Madison, 1968.

Young, Arthur, Reforma financiera en Honduras, Tegucigalpa, 1921.

***

Para la elaboración de este trabajo se ha usado ampliamente memorias oficiales, La Gaceta Oficial, así como la prensa periódica, El Cronista Y Tiempo, entre otros.

www.ingramcontent.com/pod-product-compliance
Lightning Source LLC
Chambersburg PA
CBHW071553210326
41597CB00019B/3231